『介護福祉士法改正と完全予想模試』
収録の予想問題が第36回
ズバリ的中！！しました。

JN027592

　コンデックス情報研究所では、長年の過去問題の分析結果にもとづき予想問題を作成しています。

　その結果、第36回本試験（2024年1月実施）においては、以下のように予想問題と同じ問題が本試験で多数出題されました。本書はその経験と研究の成果を活かして編集された書籍です。

本試験問題　問題13
〈障害者差別解消法〉
1　法の対象者は，身体障害者手帳を交付された者に限定されている。（正解は×）

完全予想模試①　問題12
〈障害者差別解消法〉
5　対象となる障害者は，障害者手帳を所有している者に限られる。（正解は×）

本試験問題　問題70
〈社会奉仕の精神をもって，住民の立場に立って相談に応じ，必要な援助を行い，社会福祉の増進に努める者〉
1　民生委員（正解は○）

完全予想模試①　問題73
〈保健・医療・福祉に関連する人材〉
5　民生委員は，常に住民の立場に立って相談に応じ，必要な援助を行うフォーマルな社会資源の1つである。（正解は○）

本試験問題　問題103
〈デスカンファレンス〉
4　亡くなった利用者の事例を振り返り，今後の介護に活用する。（正解は○）

完全予想模試②　問題101
〈デスカンファレンス〉
4　介護福祉職自身の振り返りに活かすことができる。（正解は○）

的中問題続出！！

本試験問題	完全予想模試
本試験問題14-2	完全予想模試②　問題9-2
本試験問題14-3	完全予想模試②　問題9-1
本試験問題21-5	完全予想模試①　問題90-3
本試験問題85-2　ズバリ的中！！	完全予想模試②　問題82-2
本試験問題86-1	完全予想模試②　問題85-5
本試験問題107-1	完全予想模試②　問題112-5
本試験問題107-4	完全予想模試②　問題112-4

他　多数!! 『介護福祉士法改正と完全予想模試'25年版』は2024年7月頃発売予定

本書の特色と使い方

■第 35 回試験からの新出題基準に対応！

　本書は、**新カリキュラムを踏まえた第 35 回からの新出題基準を分析**するとともに、過去に出題された内容から本試験と同じ形式の模擬問題を作成して、**3 回分**掲載しています。ビジュアル問題や組み合わせ問題、**統計に関する問題**なども収録していますので、本試験同様にいろいろな形式の問題にチャレンジすることができます。また、「**試験の攻略方法はこれだ！**」では、最新の第 36 回試験の**出題傾向を科目ごとまで細かく分析**し、それをふまえて**合格するための学習方法**をアドバイスしていますので、第 37 回試験対策として最適な問題集です。

■繰り返し解いて問題を解く力をつけよう！

　試験では、問題が何について書かれているのか、何について問われているのかを短時間で読み取り、**その選択肢の正誤を見極める**必要があります。そのための力は、単にテキストを読んで覚えるだけではなく、**問題を解いて養う**必要があります。

　そこで、この**本試験型問題集を3回解く**ことをおすすめします。1 回目の挑戦ではできないところも多いことでしょう。なぜできなかったのか、何を知らなかったのかを解説を読んで理解していきましょう。そこで身につけた知識をもとに2回目に挑戦です。ここでできなかったところは自分の不得意分野です。参考書などで復習をしてから3回目に挑戦してください。模擬問題では、**7割正解を目指して**取り組みましょう。3回目では、きっとたどり着けるはずです。

■事例を読んで総合問題対策をしよう！

　「総合問題」はすべてが事例問題です。全科目の知識が必要であると同時に、**事例を読むことに慣れる**必要があります。本書では、**本試験同様の事例問題が掲載**されています。選択肢の正誤の判断をするためにはどこに注意して事例を読めばいいのかを考えて取り組み、事例を読むことに慣れておきましょう。

※本書は、2025 年 1 月に実施予定の第 37 回介護福祉士筆記試験を対象とした書籍です。

CONTENTS

※現在、「障害」の表記を「障がい」あるいは「障碍」と
　改める動きがありますが、本書では、法律上の表記に則
　り、「障害」を用いています。
※本書は原則として2024年4月1日現在の情報に基づ
　いて編集しています。ただし、編集時点で入手できた法
　令等改正情報はできるだけ反映しています。

試験の攻略方法はこれだ！
第36回試験の出題傾向分析と第37回試験対策

　第36回試験は、第35回試験に比べると難易度は上がったものの、ほぼ例年通りであったと推察します。以下、第36回試験の傾向も踏まえた上で、第37回試験に向けた対策を5点示しておきます。

　第1は、**過去問題と類似・関連した内容**の出題が全体の**7割**程度を占めることです。このことから、合格に向けては過去問題を重視する必要があります。最低でも**過去5年分の問題は繰り返し解き、解説を読んで理解を深める**ようにしましょう。

　第2は、出題傾向にブレがあることです。例えば、例年出題されていた**ICF（国際生活機能分類）**が第35回試験で初めて出題されなかったものの、第36回試験では復活しています。また、第35回試験では出題数が少なかった**介護保険制度**に関する内容が第36回試験では増えています。一方、第36回試験では**口腔ケア**や**育児・介護休業法**等は出題されなかったものの、**介護福祉職チーム**と**集団凝集性**、**モルヒネ使用時に留意すべき観察点**、**スキャモンの発達曲線**、**アパシー**、**バリデーション**といった新たな内容も問われています。つまり、出題頻度が低くても、自分が受験する年には、その内容が出題される可能性もあるのです。以上を踏まえれば、①出題傾向を確認しつつも、偏った学習に陥るのではなく、**バランスよく幅広く学習**する、②日頃から**介護福祉の動向**や**社会情勢**に注意を向ける等、自らの見識を高めておくことが必要となります。

　第3は、**事例問題**が全体の**3割**程度（第36回試験：125問中45問）を占めることです。特に**介護福祉職の対応**を問う内容や**介護過程の展開**を絡めた問題が増加傾向にあります。事例問題を苦手とする人もいますが、まずは**過去問題**を繰り返し解き、事例問題への**抵抗感をなくす**ことが大切です。

　第4は、**「最も適切なものを1つ選びなさい」**という出題形式が多いことです。選択肢を2つくらいまでは絞れるものの、間違ってはいないため、最終的にどれを選べばよいのか迷う問題もあります。年々、**状況の判断**や**課題の解決**を求める問題が増えているため、日頃から**予想模試**等、多くの問題に挑戦して知識量を増やすほか、**演習・実践**を通して支援に必要な**判断力・応用力**を高めておきましょう。

　第5は、イラスト・図を用いた**ビジュアル問題**が出題されることです。第36回試験では、介護の基本で**「洪水・内水氾濫」**を表す防災標識（問題71）、生活支援

技術で杖の種類（問題105）が問われています。イラストの状況を見て**支援内容・方法を考えさせる実践的な問題**もあるため、**演習・実践も重視**し、そこで得た知識・技術を整理しておくとよいでしょう。

●領域：人間と社会●

科目1　人間の尊厳と自立

　この科目では、**人権**、**生存権**、**アドボカシー（権利擁護）**、**ソーシャル・インクルージョン**、**尊厳の保持**、**自立**と**自立支援**、**QOL**等に関する問題が出題されています。さらに社会の理解に関連する内容として、**日常生活自立支援事業**や**成年後見制度**、**障害者差別解消法**、**障害者虐待防止法**、**高齢者虐待防止法**等の法制度が出題される可能性もあります。以前は、**人権・福祉に影響を与えた人物**に関する内容も問われましたが、新出題基準が適用された第35回試験からは、そのような内容は出題されていません。代わりに第35回試験では**QOL**と**同行援護**を担当する介護福祉職の対応、第36回試験では**今後の生活に不安**を感じている利用者への対応が問われています。こうした**利用者一人ひとりの状況に適した対応**については、介護の基本や介護過程とも関連させながら、**事例を通して学ぶ**ことが重要です。

科目2　人間関係とコミュニケーション

　この科目では、**受容**、**ラポール**、**自己覚知**、**バイステックの7原則**、**コミュニケーションの方法**等に加え、**チームマネジメント**に関する内容も出題されます。第35回試験では**PDCAサイクル**や**OJT**、第36回試験では**集団凝集性**や**組織図**が問われています。今後も新出題基準に基づき、**フォロワーシップ**、**BCP**、**Off-JT**、**SDS**、**コーチング**、**スーパービジョン**等の出題が予想されます。

科目3　社会の理解

　この科目では、主に**社会保障**、**介護保険制度**、**障害者総合支援法**といった法制度に関する内容が出題されています。なかでも**介護保険制度**と**障害者総合支援法は毎回、必ず出題**されるため、しっかりと学習しましょう。第36回試験では、**セルフヘルプグループ**、**NPO法人**、**福祉事務所**のほか、**セツルメント**や**社会福祉基礎構造改革**といった**歴史**を踏まえた内容、**介護保険法**に基づき**都道府県が指定（許可）するサービス**、**障害者総合支援法**の**重度訪問介護**、**後期高齢者医療制度**等が出題されました。

特に**障害者差別解消法**については第 35 回試験に続いての出題となります。また、**災害対策基本法**に基づく**福祉避難所の位置づけ**や**感染症法**に基づく**保健所の役割**に関する出題もありました。これらは、2024（令和 6）年度から施設・事業所で義務化された BCP（業務継続計画）の策定を踏まえたものであったと考えられます。こうした**社会情勢**や**法制度の改正**を踏まえた問題も出題されやすいため、日頃から**介護・福祉の動向**に注視することが必要です。

●領域：こころとからだのしくみ●

科目４ こころとからだのしくみ

　この科目では、**適応機制**、**マズローの欲求階層説**、**記憶の種類**、**人体の構造**、**排泄や睡眠のしくみ**、**入浴の作用**、**口腔機能**等がよく出題されています。第 36 回試験では、マズローの欲求階層説のほか、**交感神経と副交感神経の作用**、**骨粗鬆症の予防**、成人の**爪**、**誤嚥**、**窒息**、**入浴の作用**、**尿路感染症**、**概日リズム睡眠障害**、**眠りが浅い原因**、**モルヒネを使用した際の観察点**等、専門知識を問う内容や詳細まで理解が必要な問題も出されました。特に日本は超高齢・多死社会にあるため、今後も、**人生の最終段階**に関する内容が出題されやすいといえるでしょう。この科目では、幅広い学習が必要です。まずは**専門用語とその意味**をしっかり覚えましょう。

科目５ 発達と老化の理解

　この科目では、**発達段階**や**老化に伴う心身の変化**、**高齢者に多い疾患・症状**に関する問題が高頻度で出題されています。学習範囲が広く難易度が高い分野であるため、まずは**喪失体験**や**フレイル**等を含めて老化に伴う心身の変化を押さえ、確実に正答を増やす必要があります。その上で過去に出題された疾患・症状等に的を絞って学習を進めましょう。第 36 回試験では、**健康寿命**、**エイジズム**、**生理的老化**のほか、**スキャモンの発達曲線**、**広汎性発達障害**のある園児への対応、症状から**心筋梗塞**を予測する内容、**前立腺肥大症**、高齢期に多い**筋骨格系疾患**等、専門的な内容も問われました。近年は、**乳幼児期の発達**に関する出題が続いています。

科目６ 認知症の理解

　この科目では、認知症の**中核症状**や BPSD（**行動・心理症状**）の種類とその内容、**認知症原因疾患**の種類とその特徴、**認知症ケア**、認知症の人を介護する**家族への支**

援からの出題が多いため、まずは、これらを中心に学習しましょう。特に**アルツハイマー型認知症、血管性認知症、レビー小体型認知症、前頭側頭型認知症**の特徴は、それぞれしっかりと把握することが重要です。また、**パーソン・センタード・ケア、認知症施策推進大綱**（たいこう）**、認知症初期集中支援チーム、認知症サポーター、認知症カフェ**等も出題されやすいため、確認が必要です。第36回試験では、**75歳**からの**自動車運転免許更新**時の**認知機能検査、アパシー、せん妄、レビー小体型認知症**にみられる**歩行障害、若年性認知症、嫉妬妄想**（しっともうそう）、家族や友人等の顔を見ても誰であるか認識できない**相貌失認**（そうぼうしつにん）等に加え、認知症ケアの方法の１つである**バリデーション**も出題されました。認知症ケアについては、**ユマニチュード**や**リアリティ・オリエンテーション、回想法、音楽療法**等の出題も予想されます。

科目7 障害の理解

　この科目では、障害の種類とその特徴を中心に、**ノーマライゼーション、ソーシャル・インクルージョン、障害受容**などの考え方や**障害者総合支援法**に基づく**障害福祉サービスの内容**なども出題されています。特に**障害の種類**には、**肢体不自由、視覚障害、聴覚障害、内部障害、知的障害、精神障害、発達障害**などがあり、それぞれ特徴が異なるため、まんべんなく学習するには時間がかなり必要です。あわせて、医学的な知識も求められるため、難しい内容も多く含まれます。特に**脊髄損傷**（せきずいそんしょう）や**筋萎縮性側索硬化症**（きんいしゅくせいそくさくこうかしょう）**（ALS）、パーキンソン病**に関する内容は出題されやすいため、しっかりと確認しておくとよいでしょう。第36回試験では、**ノーマライゼーション**の原理を盛り込んだ**1959年法**を制定した国、**障害受容、統合失調症、糖尿病性網膜症**（とうにょうびょうせいもうまくしょう）**、筋萎縮性側索硬化症（ALS）、合理的配慮、サービス等利用計画**を作成する**相談支援専門員**等の内容が出題されました。この科目では、難易度が高い問題も出されますが、まずは**原因疾患**や**障害の種類とその特徴**をしっかり押さえる必要があります。その上で**就労支援、障害受容、ピアカウンセリング、セルフヘルプグループ**等の支援方法、**関連法制度**を理解していきましょう。

●領域：医療的ケア●

科目8 医療的ケア

　この科目は、５問しか出題されませんが、**個人の尊厳と自立、医療行為に関する法律、保健医療制度、感染予防、健康状態の把握、チーム医療と介護職との連携、**

医療的ケアを安全かつ適切に実施するための知識、急変・事故発生時の対応、報告と記録等、他の科目で学習した知識の応用も含まれます。特に**喀痰吸引（口腔内吸引、鼻腔内吸引、気管カニューレ内部吸引）と経管栄養（胃ろう経管栄養、腸ろう経管栄養、経鼻経管栄養）を実施する際の知識や留意点は重要**です。喀痰吸引や胃ろうによる経管栄養についての基礎知識や留意点では、物品の取り扱いや安全管理、人体のしくみを理解した上での痰の吸引範囲、痰の吸引時の姿勢、吸引を実施する判断、人工呼吸器の吸引、パルスオキシメータによる測定、経管栄養の体位や栄養剤の取り扱い、注入時の留意点など、**医療ケアの実施に役立つ知識**が問われます。喀痰吸引、経管栄養のそれぞれの手順にそって根拠や留意点を十分に理解しておくことが必要です。

●領域：介護●

科目9 介護の基本

この科目では、**社会福祉士及び介護福祉士法**に基づく**介護福祉士の定義や義務、倫理綱領**と**介護の基本的な視点**の確認、**事故防止や安全対策（リスクマネジメント）、ICFの理解**などが出題されています。特に、**介護保険制度の改正**や**介護サービスの種類・内容**はほぼ毎年出題されています。また、**災害時の対応**や**感染症**のほか、**介護休暇**など介護職の**労働衛生**も問われることがあるので、注意が必要です。さらに、**各種調査**や**統計データ**に基づく出題も多いので、最新の資料に目を通しておくことも大切です。**性同一性障害、ジェンダーフリー**についての知識を深めるとともに、本人のみでなく家族に対して介護福祉職としてどういった対応が求められるのかも考える必要があります。また、チームアプローチについても理解しておきましょう。

科目10 コミュニケーション技術

この科目では、まず、基本的なコミュニケーションの技法である、要約、繰り返し、否定しないなどの、介護福祉職として必要なコミュニケーションの知識と技術を理解することが求められます。チームのコミュニケーションも理解しておきましょう。**アサーティブ・コミュニケーション**と**先天性の全盲や難聴の利用者**など、**それぞれの障害に応じたコミュニケーション技術**についても理解しておきましょう。

科目11 生活支援技術

　生活とは何か、利用者の生活を理解した上で**介護福祉職が行う生活支援**について幅広く知識があることが前提です。**常にリスクを予測して、適切な対応をする**生活支援技術の要点を押さえましょう。例年、**基本的な介護技術**と**障害や疾病に応じた介護技術**が出題されています。いずれも、ポイントを整理したうえで学習しておきましょう。また、近年は、**終末期（人生の最終段階）の介護**に関する問題が3問程度出題される傾向にあります。終末期の身体の特徴、**エンゼルケア**、**グリーフケア**のポイントについては必ず理解しておきましょう。

※一部の福祉用具は2024（令和6）年4月より「貸与と販売の選択制」が導入されました。対象となるのは、固定用スロープ、歩行器（歩行車を除く）、単点杖（松葉杖を除く）、多点杖の4点です。

科目12 介護過程

　この科目では、介護福祉職が行うアセスメントの方法、**介護計画の作成上の留意点**、**介護目標の設定**などに関する内容が頻繁に出題されています。短い事例問題が毎回出題されており、多くの事例に即して、くり返し学習すれば満点を取ることも十分可能です。介護過程の**意義**、**情報収集**、**生活課題**、**目標設定**と実際の**アセスメント**と**再アセスメント**を理解しておきましょう。家族の要望や思いと本人の要望や思いを区別し、**利用者主体**と**自立支援**の視点で事例問題は解くようにするとよいでしょう。

●総合問題●

　総合問題では**1事例：3問を1セット**にした事例問題が**4セット分**出題されます。ここ数年、**介護保険制度**と**障害者総合支援法**を活用する事例が**2セットずつ**出題されています。ほかの12科目で学んだ内容から出題される上、事例文が長いため、正答を導き出すまでに時間がかかります。**集中力**に加え、事例を読んで内容を理解する**読解力**も求められるため、事例文から逃げず、日頃から**事例問題と向き合う時間をつくる**必要があります。

　内容としては、**利用者に片麻痺や認知症、糖尿病、関節リウマチ、脊髄損傷、自閉症スペクトラム障害、統合失調症などの障害や疾患がある**という設定のものと、**その利用者の生活課題（ニーズ）に応じた支援について問われる**ことが多くなっています。近年では利用者の**家族への対応**も問われています。

　まずは**過去問**で出題された**事例問題を繰り返し解く**ことから始め、慣れてきた段階で**予想模試**等に掲載されている**様々な事例問題にチャレンジ**するとよいでしょう。

ココが変わった！
介護福祉士国家試験
第35回試験からの変更点とその対策

　前々回の第35回試験から新カリキュラムの内容を踏まえた新たな出題基準が適用されました。これまでの試験と何がどう変わったのか？―それをしっかりと把握することが合格への第一歩となります。ここでは、新カリキュラムや第35回試験から適用された新出題基準に関する情報をまとめてあります。必ず確認し、第37回試験での合格に向けた効果的な学習につなげましょう。

Ⅰ．介護福祉士養成課程における新カリキュラム

1．これまでの介護福祉士養成課程の変遷

　1987（昭和62）年に**社会福祉士及び介護福祉士法**が成立し、翌年4月から介護福祉士養成教育が開始されました。2007（平成19）年には、それまでの「老人福祉論」「医学一般」等による科目構成が抜本的に見直され、**「人間と社会」「介護」「こころとからだのしくみ」**の3領域に統合・再編成されました。2011（平成23）年の法改正で介護福祉士の定義に「喀痰吸引等」が盛り込まれると、養成カリキュラムの中に**「医療的ケア」**が追加されました。

2．「求められる介護福祉士像」の実現に向けた新カリキュラムの導入

　2017（平成29）年10月には「介護人材に求められる機能の明確化とキャリアパス実現に向けて」がまとめられ、社会情勢の変化や法制度の改正等を踏まえ、介護福祉士養成課程の見直しの必要性が指摘されました。これを受け、**「求められる介護福祉士像」**（図1）の実現に向けて、**5つの観点**（表1）から教育内容の見直しが行われ、2019（平成31・令和元）年度より順次、**新カリキュラムが導入され**ました（図2）。具体的には**介護過程、認知症ケア、多職種連携・協働、地域での生活支援を強化**したほか、介護福祉士が介護職の中核的な存在としてチームを牽引していく素養を高めるため、**リーダーシップやフォロワーシップ等のチームマネジメント**に関する内容が追加されました。

図1　求められる介護福祉士像

1. 尊厳と自立を支えるケアを実践する
2. 専門職として自律的に**介護過程の展開**ができる
3. 身体的な支援だけでなく、**心理的・社会的支援**も展開できる
4. 介護ニーズの複雑化・多様化・高度化に対応し、本人や家族等のエンパワメントを重視した支援ができる
5. QOL（生活の質）の維持・向上の視点を持って、介護予防からリハビリテーション、看取りまで、対象者の状態の変化に対応できる
6. **地域の中**で、施設・在宅にかかわらず、本人が望む生活を支えることができる
7. 関連領域の基本的なことを理解し、**多職種協働**による**チームケア**を実践する
8. 本人や家族、**チームに対するコミュニケーション**や、的確な記録・記述ができる
9. **制度**を理解しつつ、地域や社会のニーズに対応できる
10. 介護職の中で**中核的な役割**を担う

＋　高い倫理性の保持

表1　見直しの5つの観点

①**チームマネジメント能力**を養うための教育内容の拡充

②対象者の生活を**地域で支える**ための実践力の向上

③**介護過程**の実践力の向上

④**認知症ケア**の実践力の向上

⑤介護と医療の**連携**を踏まえた実践力の向上

図2　新カリキュラムの導入

養成課程	2019年度	2020年度	2021年度	2022年度	
4年課程 大学等	新カリキュラム 導入 ➡				第35回 介護福祉士 国家試験 から新出題基 準が適用
3年課程 高校等		新カリキュラム 導入 ➡			
2年課程 短大・専門学校等			新カリキュラム 導入 ➡		

Ⅱ．第35回介護福祉士国家試験から適用された新出題基準

1．新カリキュラムに対応した新たな国家試験の出題基準

　新カリキュラム導入に伴い、2023（令和5）年1月29日に実施された**第35回試験から新カリキュラムの内容に対応した新たな出題基準**に切り替わりました。

ただし、今回の新カリキュラムは、一部の内容を強化または追加したマイナーチェンジであるため、出題基準も**一部変更**にとどまった感じを受けます。

2. 新出題基準の解説と対策

　以下、公益財団法人社会福祉振興・試験センターから公表された**「介護福祉士国家試験出題基準」**に基づき、第35回試験からの新出題基準について解説します。

(1) 出題順の変更

　これまでの午後の試験科目「こころとからだのしくみ」「発達と老化の理解」「認知症の理解」「障害の理解」「医療的ケア」が**午前**に、午前の試験科目「介護の基本」「コミュニケーション技術」「生活支援技術」「介護過程」が**午後**に移動しました。

試験時間	領域	試験科目		出題数
午前 63問 100分	人間と社会	人間の尊厳と自立		18
		人間関係とコミュニケーション		
		社会の理解		
	こころとからだのしくみ	こころとからだのしくみ		40
		発達と老化の理解		
		認知症の理解		
		障害の理解		
	医療的ケア	医療的ケア		5
午後 62問 120分	介護	介護の基本		50
		コミュニケーション技術		
		生活支援技術		
		介護過程		
	総合問題			12

(2) 出題数の変更

　総出題数は**125問**で変わりませんが、学習時間が増えた**「人間関係とコミュニケーション」**は**2問→4問**に増え、その分**「コミュニケーション技術」**は**8問→6問**に減りました。

(3) 試験科目別にみる新出題基準とその傾向

①新出題基準における大・中・小項目の位置付け

　試験科目別の**新出題基準**は、大・中・小項目に分かれています。**大項目**は中項目

を束ねる見出しであり、**試験科目全体の範囲**を示すもの、**中項目**は**試験の出題内容**となる事項であり、**試験問題はこの範囲から出題**されること、**小項目**は中項目に関する事項を**わかりやすくするために例示**した事項です。各科目の出題傾向を把握するためにも、試験科目別の新出題基準については**しっかりと確認**しておきましょう。

②試験科目別にみる新出題基準の内容

　ここでは、まず科目別に出題基準の主な**異同状況（変更された点と同じ点）**を示します。次に**特に変更が大きかった2科目**をとりあげ、解説と補足を行います。

◆試験科目別にみる新出題基準のポイント

領域	試験科目	出題基準の主な異同状況
人間と社会	人間の尊厳と自立 （2問）	・ほぼ同じ
	人間関係とコミュニケーション （4問）	・追加➡**グループダイナミクス、対人関係とストレス、相談面接の基礎**（マイクロカウンセリング、感情の転移・逆転移等） ・追加➡**チームマネジメント**（福祉サービス提供**組織の機能と役割、コンプライアンス、PDCAサイクル、リーダーシップ、フォロワーシップ、OJT、Off-JT、SDS、**ティーチング、**コーチング、スーパービジョン、コンサルテーション**等）
	社会の理解 （12問）	・強化➡**地域共生社会**の実現に向けた制度や施策（地域福祉、**ソーシャル・インクルージョン、多文化共生社会、**地域包括ケア等） ・追加➡社会保障の実施運営体制（**社会福祉事務所、保健所**等）、**社会保障費用**の適正化・効率化、地方分権、**社会保障構造改革** ・追加➡**高齢者福祉**の動向（高齢者の現状、支援者の状況） ・強化➡介護保険制度の財源と利用者負担、**地域支援事業、地域包括支援センター、地域ケア会議、ケアマネジメントと介護支援専門員の役割**等 ・追加➡**障害者の定義**（障害児・者の法的定義、障害別の法的定義） ・強化➡障害者総合支援法におけるサービス事業者・施設、**地域生活支援事業**、地域での実施体制（**協議会**等）、ケアマネジメントと相談支援専門員の役割等 ・追加➡**児童虐待防止法、DV防止法** ・強化➡**地域生活**を支援する制度（バリアフリー法、**高齢者住まい法、**日常生活自立支援事業、**災害時の要配慮者支援**等） ・追加➡**薬剤耐性対策、生活困窮者自立支援法**

介護	介護の基本 (10問)	・追加➡**介護福祉士資格取得者**の状況 ・強化➡**ストレングス**、アクティビティ・サービス、**就労支援、多職種連携・協働**、チームアプローチ ・追加➡**薬剤の取り扱いに関する基礎知識と連携**(服薬管理の基礎知識、薬剤耐性の基礎知識)
	コミュニケーション技術 (6問)	・強化➡**介護職チーム**内のコミュニケーション、**多職種チーム**とのコミュニケーション
	生活支援技術 (26問)	・名称変更➡「終末期の介護」から**「人生の最終段階における介護」**へ ・追加➡**シーティング、アドバンス・ケア・プランニング、デスカンファレンス** ・追加➡**福祉用具**(福祉用具が活用できる環境整備、個人と用具の**フィッティング**、福祉機器利用時の**リスクマネジメント、福祉用具**と**介護保険制度・障害者総合支援法、移動支援機器、介護ロボット**等)
	介護過程 (8問)	・ほぼ同じ
こころとからだのしくみ	こころとからだのしくみ (12問)	・追加➡**健康の概念**(WHOの定義)、**アドバンス・ケア・プランニング**
	発達と老化の理解 (8問)	・強化➡老化に伴う心身の変化と特徴(予備力、防衛力、回復力、適応力、恒常性機能、**フレイル**等) ・追加➡**サクセスフルエイジング、プロダクティブエイジング、アクティブエイジング**
	認知症の理解 (10問)	・追加➡**認知症のある人の数**の推移等 ・強化➡認知症に伴う生活への影響と**認知症ケア**(認知症のある人の生活の**アセスメント、パーソンセンタード・ケア、ひもときシート、意思決定支援、バリデーション、ユマニチュード**等) ・強化➡連携と協働(**地域包括ケアシステム**からみた**多職種連携・協働**、認知症疾患医療センター、**認知症初期集中支援チーム、認知症ケアパス、認知症ライフサポートモデル**等)
	障害の理解 (10問)	・強化➡障害のある人の生活と障害の特性に応じた支援(障害のある人の特性を踏まえた**アセスメント**、身体障害・知的障害・精神障害・**発達障害・高次脳機能障害**・難病のある人の生活理解と支援、**合理的配慮**等)
医療的ケア (5問)		・ほぼ同じ
総合問題 (12問)		・ほぼ同じ

◆特に大きく変更される2科目の説明と補足

● 「人間関係とコミュニケーション」にチームマネジメントが新たに追加

　新カリキュラムの導入に伴い、**「人間関係とコミュニケーション」**の出題基準に**チームマネジメントに関する内容が新たに追加**されました。カタカナ語や略語、馴染みの少ない専門用語も多いため、まずはこれらを理解しておきましょう。第36回試験では、利用者の個別の介護目標を介護福祉職のチーム全員で共有するという、課題解決のための取り組みについて出題されています。そこで、参考に**チームマネジメントに関連する用語とその意味**を整理しました（表2）。

領域：人間と社会
科目：人間関係と
　　　コミュニケーション

人間関係とコミュニケーション

大項目	中項目	小項目（例示）
1　人間関係の形成とコミュニケーションの基礎	1）人間関係と心理	・自己覚知、他者理解、自己開示、ラポール ・グループダイナミクス
	2）対人関係とコミュニケーション	・コミュニケーションの意義と目的 ・コミュニケーションの特徴と過程 ・コミュニケーションを促す環境 ・対人関係とストレス（ストレスコーピング等）
	3）コミュニケーション技法の基礎	・言語的コミュニケーション ・非言語的コミュニケーション ・物理的距離、心理的距離 ・受容、共感、傾聴 ・相談面接の基礎
2　チームマネジメント	1）介護サービスの特性	・ヒューマンサービスの特性 ・介護実践とマネジメント
	2）組織と運営管理	・組織の構造と管理 ・福祉サービス提供組織の機能と役割 ・コンプライアンスの遵守
	3）チーム運営の基本	・チームの機能と構成 ・リーダーシップ、フォロワーシップ ・リーダーの機能と役割 ・PDCAサイクルなど
	4）人材の育成と管理	・OJT、Off-JT、SDS ・ティーチング、コーチング ・スーパービジョン、コンサルテーション

表2 チームマネジメントに関連する用語とその意味

用語	意味
グループダイナミクス	・小集団が個人に与える影響や個人が小集団に与える影響等、**小集団がもつ力動関係のこと**
コンプライアンス	・**法令遵守(じゅんしゅ)**に加え、倫理や社会貢献等に配慮した行動をとること
リーダーシップ	・**組織・チームをまとめ、その共通目的・目標に向かって導いていく能力**
フォロワーシップ	・リーダーの意思決定に誤りがあった場合等に**提言を行**う等、**組織・チーム**がその能力を最大限に発揮するために、自主的・主体的に**リーダーや他のメンバーに働きかけること**
メンバーシップ	・組織・チームの**メンバー**が自分の役割を果たし、組織・チームに**貢献すること**
PDCA サイクル	・施設・事業所等での事業内容や業務内容等を**改善するプロセス** ・Plan（計画）→ Do（実行）→ Check（評価）→ Action（改善）を繰り返す中で、事業や業務等を効果的に行えるようにする。
BCP (Business Continuity Plan)	・2021（令和3）年度介護報酬改定に伴い、2024（令和6）年度から施設・事業所に対して**感染症・災害対策として BCP（業務継続計画）の策定を義務付け** ・感染症や災害が発生した場合でも、サービスが安定的・継続的に提供されるよう、感染症・災害発生時の対応方針、職員体制、対応手順等を示した計画
OJT (On the Job Training)	・新人介護福祉職に対し日常の業務を通じ必要な知識・技術を指導する等、**職場内で行われる職員教育・研修**
Off-JT (Off the Job Training)	・外部講師によるセミナーや研修会等、通常の業務から離れて行われる**職場外教育・研修**
SDS (Self Development System)	・「自己啓発援助制度」と訳され、本人が必要とする知識・技能等を**自ら主体的に学ぶことを支援**すること
ティーチング	・経験の浅い人に対し、**経験豊かな人**が自分の知識・技術等を**教える**こと
コーチング	・相手の話をよく聴き、**適切な観察や質問**等を行う中で、その人の内側にある答えや能力を引き出し、**その人自身が目標を達成**できるようにすること
スーパービジョン	・経験の浅い援助者（**スーパーバイジー**）が、より熟達した援助者（**スーパーバイザー**）に**教育的な指導や訓練**を受けること
コンサルテーション	・介護福祉職が医師から疾病とそれに対する介護上の留意点について説明を受ける等、**他の領域の専門職から助言や示唆(しさ)を受ける**こと

● 「生活支援技術」の大項目に福祉用具が追加

　今までにも福祉用具の出題はありましたが、新出題基準では**「生活支援技術」の大項目の1つとして福祉用具（自助具を含む）が位置づけ**られました。いわば**福祉用具の内容が格上げ**されたわけです。それだけに杖、歩行器、車いすに加え、段差解消機、移乗台、浴槽設置式リフト等、**これまで以上に多種多様な福祉用具に関する内容の出題**が予測できます。第36回試験では、福祉用具を活用するときの基本的な考え方や、握力の低下がある利用者が使用する杖の選択等が問われました。また、**ノーリフティングケア**の観点からスライディングシート、スライディングボード、床走行式リフト、スタンディングリフト等、移乗・移動を支える福祉用具がより重要となるでしょう。さらに、**ICT**（Information and Communication Technology：情報通信技術）やロボットの導入推進は介護福祉業界にも求められています。そのため、施設・事業所での**ICT化**に加え、移乗・移動、排泄、見守り等の目的・場面別にどのような**介護ロボット**を活用できるかといった内容も問われる可能性があります。以下を参考に学習しておきましょう。

11 福祉用具の意義と活用	1) 福祉用具活用の意義と目的	• 福祉用具活用の意義と目的（社会参加、外出機会の拡大、快適性・効率性、介護者負担の軽減）
	2) 福祉用具活用の視点	• 自己実現 • 福祉用具が活用できるための環境整備 • 個人と用具をフィッティングさせる視点 • 福祉機器利用時のリスクとリスクマネジメント
	3) 適切な福祉用具選択の知識と留意点	• 福祉用具の種類と制度（介護保険、障害者総合支援法）の理解 • 移動支援機器の活用 • 介護ロボットの活用

※最新情報を必ず確認しておきましょう！

　ここで紹介した科目別新出題基準等の介護福祉士国家試験に関する情報は、以下のURLに詳しく記載されています。ただし、試験に関する情報は変更される可能性もありますので、最新の情報を必ず確認しておきましょう。

公益財団法人社会福祉振興・試験センター
介護福祉士国家試験出題基準
https://www.sssc.or.jp/kaigo/kijun/kijun_01.html

試験ガイダンス

ここに掲載したガイダンスについての情報は、原則として 2024 年 4 月 1 日現在のものです。変更される場合がありますので、受験される方は、必ずご自身で下記試験実施機関の公表する最新の情報を確認してください。

1 受験申し込みから筆記試験までの日程

（1）**受験申込手続詳細公表**：2024 年 7 月上旬

（2）**受験申込受付期間**：2024 年 8 月上旬～ 9 月上旬

（3）**筆記試験**：2025 年 1 月下旬

2 筆記試験内容

出題形式：五肢択一を基本とする多肢選択形式

3 試験に関する問い合わせ先

公益財団法人　社会福祉振興・試験センター
〒 150 － 0002　東京都渋谷区渋谷 1 － 5 － 6　SEMPOS ビル
（試験案内専用電話）　03-3486-7559
　　　　　　　　　　　（音声案内、24 時間対応）
（試験室電話）03-3486-7521（9 時～ 17 時、土、日、祝日除く）
（ホームページ）https://www.sssc.or.jp/

本試験型 **介護福祉士** 問題集

第**1**回

挑戦**1**回目	点数	／125
挑戦**2**回目	点数	／125
挑戦**3**回目	点数	／125

試験時間：220分
配点：1問1点
解答一覧は別冊p.158にあります。
p.188〜191の解答用紙をコピーしてお使いください。

問題 1　人間の尊厳と人権に関連する法律に関する次の記述のうち、**最も適切なもの**を1つ選びなさい。

1　日本で初めて生存権が規定された法律は「社会福祉法」である。

2　日本における「らい予防法」に基づくハンセン病の患者に対する隔離政策は、廃止された。

3　日本における「旧優生保護法」に基づく障害者への強制避妊手術は、人口抑制を目的としたものであった。

4　アメリカ合衆国は「国際障害者年」に先立ち、「ADA」（障害をもつアメリカ人法）を制定した。

5　「アメリカ合衆国憲法」において、世界で初めて生存権が憲法の中に規定された。

問題 2　HIV（ヒト免疫不全ウイルス）に感染した人への権利擁護に関する次の記述のうち、**最も適切なもの**を1つ選びなさい。

1　他の人に感染しないよう病院への長期入院を勧める。

2　判断力が低下しているため、家族が望むことを最優先にする。

3　本人の思いや意見を代弁することは支援者の役割ではない。

4　本人の支援には、その人の生活歴を知る必要はない。

5　本人の残存能力を活かし、日常生活の活性化を図る。

領域 人間と社会
2 人間関係とコミュニケーション 　解答・解説…別冊p.2

問題 3　ラポール（rapport）と自己覚知に関する次の記述のうち、**最も適切なもの**を1つ選びなさい。

1　ラポールは、利用者同士の信頼関係のことである。
2　ラポール形成の初期段階では、黙って聴くことに徹する。
3　自己覚知は、自分の価値観について客観的に気づくことである。
4　自己覚知は、自分の弱みを避け、自分の強みに気づくことである。
5　自己覚知は、相手をあるがままに受けいれることである。

問題 4　Aさん（73歳、男性）は介護老人福祉施設に入所して4日目である。まだ緊張しているためか、Aさんの表情は硬く、他の利用者や担当の介護福祉職との会話も少なく、一人でテレビを見て過ごすことが多かった。Aさんへの担当の介護福祉職の対応として、**最も適切なもの**を1つ選びなさい。

1　Aさんが孤独を感じないよう、最初は個別対応や少人数での交流を中心に行う。
2　座って話す場合、Aさんにとっては直角法よりも対面法の方が緊張しにくい。
3　Aさんとの会話は難しいと判断したため、声かけをしないで、そのまま他の業務を行う。
4　Aさんが不安を感じないように常に話しかけ続ける。
5　Aさんが話しやすいよう、できるだけ近づいて話しかけるのがよい。

問題 5 初対面の利用者の家族との関係を構築するために介護福祉職がとる対応として**最も適切なもの**を1つ選びなさい。

1 密接な距離を確保する。
2 会話が途切れないように積極的に話す。
3 たくさんの情報を収集することを目的に実施する。
4 スキンシップを図りながら話す。
5 相手のペースに合わせ、表情を確認しながら話す。

問題 6 スーパービジョン（supervision）に関する次の記述のうち、**適切なもの**を1つ選びなさい。

1 スーパービジョン（supervision）には、教育的機能、経営的機能、支持的機能がある。
2 スーパービジョン（supervision）は、事例研究のために開発された方法である。
3 個別スーパービジョンは、仲間同士や学生同士で行う形態のスーパービジョンである。
4 スーパービジョン（supervision）には、スーパーバイジーが業務内容を理解し、その業務を円滑に行えるように管理していく機能も含まれている。
5 スーパービジョン（supervision）は、スーパーバイザー同士が責任をもって相互に支援者としての教育訓練を行うことである。

領域 人間と社会
3 社会の理解

解答・解説…別冊p.4

問題 7 社会保障の概念と日本の社会保障制度に関する次の記述のうち、**最も適切なもの**を1つ選びなさい。

1 リスク分散とは所得を個人や世帯の間で移動させ、所得格差の縮小や低所得者の生活の安定を図る機能である。

2 社会保障とは公的な仕組みを通じて個人の自助努力だけでは対応困難な生活上のリスクを予防または救済し、最低生活保障を実現することである。

3 日本の社会保障制度は社会扶助と社会保険に大別され、公費（租税）方式を中心に制度が構築されている。

4 日本の社会保障制度の体系は1961（昭和36）年の社会保障制度審議会勧告によって構築された。

5 日本の社会保障給付費を部門別にみると「医療」が最も多く、以下「年金」「福祉その他」と続く。

問題 8 日本の家族に関する次の記述のうち、**適切なもの**を1つ選びなさい。

1 核家族とは、夫婦のみの家族をいう。

2 定位家族とは、自分自身が結婚することで構成する家族をいう。

3 生殖家族とは、自分が生まれ育った家族をいう。

4 直系家族とは、一人の未婚の子が親と暮らす家族をいう。

5 複合家族とは、複数の子どもの家族（核家族）が親と暮らす大家族をいう。

問題 9 労働者災害補償保険制度、または医療保険制度に関する次の記述のうち、**適切なもの**を1つ選びなさい。

1 労働者災害補償保険の場合、通勤途上の事故は保険給付の対象外となる。

2 労働者災害補償保険の場合、労働者には保険料の負担がない。

3 業務災害による療養で休業し、賃金を受けられていない日が4日以上続く場合は傷病手当金を受けられる。

4 市町村国民健康保険の場合、日本国籍があれば、住所がなくても被保険者となることができる。

5 市町村国民健康保険の場合、生活保護の受給者であっても、被保険者となる

ことができる。

問題 10 成年後見制度に関する次の記述のうち、**適切なもの**を1つ選びなさい。

1 後見人が行う身上監護（しんじょうかんご）とは、介護労働を行うことである。
2 法定後見開始の申立てができるのは、利用者本人と三親等内の親族に限られる。
3 法定後見制度では、常に判断能力が不十分な状況にある者を対象に、成年後見人が選任される。
4 後見人が被後見人の居住用の不動産を処分するときは、家庭裁判所の許可は必要ない。
5 後見人には同意権、代理権、取消権が与えられる。

問題 11 障害者総合支援法による給付に関する次の記述のうち、**適切なもの**を1つ選びなさい。

1 介護給付を希望する場合は、要介護区分認定が必要である。
2 介護給付に係る利用者の費用負担は、応益負担を原則としている。
3 訓練等給付には、自立訓練は含まれるが、就労移行支援は含まれない。
4 訓練等給付を希望する場合は、障害支援区分認定が必要である。
5 自立支援医療費は、育成医療、更生医療、精神通院医療に対して支給される。

問題 12 地域包括ケアシステムにおける自助・互助・共助・公助に関する次の記述のうち、**最も適切なもの**を1つ選びなさい。

1 ナショナルミニマム（national minimum）は、互助に位置づけられる。
2 生活保護制度や一般財源による高齢者福祉事業は、自助に位置づけられる。
3 市場サービスを自らの収入で購入することは、互助に位置づけられる。
4 介護保険制度は、共助に位置づけられる。
5 ボランティア活動は、共助に位置づけられる。

問題13 法制度と年齢に関する次の記述のうち、**適切なもの**を1つ選びなさい。

1 「障害者総合支援法」の障害者の定義は、20歳以上の者である。

2 国民年金の第1号被保険者は、20歳以上65歳未満の者である。

3 介護保険制度の第2号被保険者は、40歳以上60歳未満の者である。

4 後期高齢者医療制度の被保険者は、65歳以上の者である。

5 「高年齢者雇用安定法」では、70歳までの就業機会確保を努力義務としている。

問題14 介護保険制度の保険給付に関する次の記述のうち、**正しいもの**を1つ選びなさい。

1 福祉用具貸与は、居宅介護福祉用具購入費の対象になる。

2 介護給付を受けようとする被保険者は、要介護認定を受けなければならない。

3 要支援者は、施設介護サービス費の支給対象に含まれる。

4 市町村特別給付に要する費用は、当該市町村における第2号被保険者に係る保険料で賄うことを原則としている。

5 市町村特別給付の支給対象は、要介護状態にある被保険者に限定されている。

問題15 社会福祉法人に関する次の記述のうち、**適切なもの**を1つ選びなさい。

1 第二種社会福祉事業は、国、地方公共団体または社会福祉法人が経営することが原則となっている。

2 社会福祉法人は、社会福祉事業に支障がない範囲で収益事業として有料老人ホームの経営を行うことができる。

3 評議員は、理事や監事を兼ねることができる。

4 監事は、理事の職務執行を監査し、2名以上配置する。

5 社会福祉法人は、他の社会福祉法人と合併することはできない。

問題 16 日常生活自立支援事業に関する次の記述のうち、**正しいもの**を1つ選びなさい。

1 実施主体は、市町村である。
2 実施内容は、専門員が支援計画を策定し、生活支援員が計画に沿って支援する。
3 サービス内容には、法律行為が含まれる。
4 サービスの利用料は、すべて無料である。
5 精神障害がある人は、利用対象とならない。

問題 17 障害者総合支援法における障害福祉サービスに関する次の記述のうち、**適切なもの**を1つ選びなさい。

1 サービス等利用計画案は、支給決定前に作成する。
2 重度訪問介護を利用する場合、障害支援区分の認定を受けなくてもよい。
3 生活介護とは、利用者の自宅で入浴・排泄・食事の介護等を行うことである。
4 利用した障害福祉サービスにかかった費用の1割または2割を利用者が自己負担する。
5 指定障害福祉サービス事業者は、利用者からの苦情を受け付けるための窓口を設置するよう努める。

問題 18 「高齢者住まい法」で規定されているサービス付き高齢者向け住宅に関する次の記述のうち、**最も適切なもの**を1つ選びなさい。

1 有料老人ホームは、サービス付き高齢者向け住宅への登録はできない。
2 サービス付き高齢者向け住宅での義務付けサービスとして、食事の提供がある。
3 各戸専用部分の床面積が 25㎡以上であることとされている。
4 夫婦世帯での入居はできない。
5 契約は口頭により行われる。
  （注）「高齢者住まい法」とは、「高齢者の居住の安定確保に関する法律」のことである。

領域 こころとからだのしくみ
4 こころとからだのしくみ 解答・解説…別冊p.9

問題 19 摂食・嚥下のプロセスのうち、下図が表すものとして、**最も適切なもの**を1つ選びなさい。

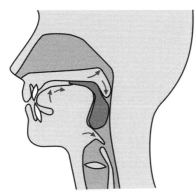

1 先行期
2 準備期
3 口腔期
4 咽頭期
5 食道期

問題 20 便秘と下痢に関する記述のうち、**適切なもの**を1つ選びなさい。

1 ストレスによって起こる便秘は器質性便秘に含まれる。
2 直腸まで便が到達しても便意を感じないで生じる便秘を弛緩性便秘という。
3 降圧剤の副作用で便秘が起きることはない。
4 副交感神経が優位であると排便を抑制する。
5 下痢が生じた場合、水分・電解質の補給が必要である。

問題 21 記憶の種類とその内容の組み合わせとして、**適切なもの**を1つ選びなさい。

1 「先週末にレストランで友人と一緒に食事をした」── 意味記憶
2 「1年は365日である」──────────── 作業記憶
3 「20－15＋1－6」という計算の暗算 ────── プライミング記憶
4 「調理を行う」───────────────── 手続き記憶
5 「ピアノを演奏する」──────────── エピソード記憶

問題 22 心的外傷後ストレス障害（Posttraumatic stress disorder：PTSD）に関する次の記述のうち、**最も適切なもの**を1つ選びなさい。

1 つらい体験の記憶を意識的に呼び起こす。
2 小さな苦痛の積み重ねが原因で生じる。
3 被害妄想は生じない。
4 不眠は生じない。
5 症状は一時的なものである。

問題 23 脳の構造や機能に関する次の記述のうち、**適切なもの**を1つ選びなさい。

1 小脳は、身体のバランスを保つ働きがある。
2 中脳は、知覚や思考、記憶などの脳の高次機能をつかさどる役割を果たしている。
3 大脳は、左右の大脳半球があり、前頭葉・頭頂葉・後頭葉の3つに区分される。
4 視床、視床下部、脳下垂体をあわせて脳幹という。
5 間脳は、心臓中枢や呼吸中枢の機能を果たしている。

問題 24 爪の変化とそこから推測される疾患・病態（しっかん）の組み合わせとして、**最も適切なもの**を1つ選びなさい。

1 陥入爪（かんにゅうそう）—糖尿病
2 ばち状爪—鉄欠乏性貧血
3 さじ状爪—重症の貧血
4 青紫色の爪—鉄欠乏性貧血
5 爪の白濁（はくだく）—栄養障害

問題 25 食事で上昇した血糖値を下げるホルモンの一種が分泌される臓器として、**正しいもの**を1つ選びなさい。

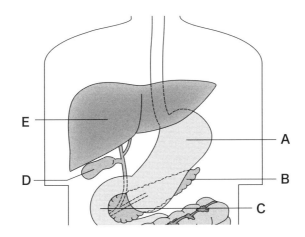

1 A
2 B
3 C
4 D
5 E

問題 26 42℃以上の高温による入浴が身体に与える影響として、**最も適切なもの**を 1 つ選びなさい。

1 腸の動きが促進される。
2 血圧が低下する。
3 腎臓の働きが抑制される。
4 筋肉が弛緩する。
5 心拍数が減少する。

問題 27 睡眠に関連した身体の仕組みに関する次の記述のうち、**適切なもの**を 1 つ選びなさい。

1 脳が覚醒状態に近い睡眠は、ノンレム睡眠である。
2 睡眠を促進させる自律神経は、交感神経である。
3 睡眠を促進させるホルモンは、ノルアドレナリンである。
4 睡眠のリズムは、90 分周期で、一晩に 3 回繰り返される。
5 概日リズムに関与している体内時計は、視交叉上核にある。

問題 28 死に関連する次の記述のうち、**適切なもの**を 1 つ選びなさい。

1 死の三徴候とは呼吸停止、心停止、チアノーゼのことである。
2 診察後 48 時間以内に死亡した場合、医師は改めて診察をすることなく、死亡診断書を交付できる。
3 死後硬直は、通常、死後 6 ～ 8 時間で始まる。
4 死斑が出現し始める時間は、通常、死後 2 ～ 4 時間である。
5 死後の身体変化には、角膜混濁がある。

問題 29 口臭とその予防に関する次の記述のうち、**最も適切なもの**を1つ選びなさい。

1 口臭は、会話の機会が減少した場合に起こりやすい。
2 口臭は、口腔内の湿潤の度合いが高いほど起こりやすい。
3 口臭予防のために、舌苔は残さず取り除く。
4 口臭予防のために、食事の際、咀嚼回数を少なくする。
5 口臭予防のために、洗口によって歯垢を取り除く。

問題 30 臨終期の身体的な変化に関する次の記述のうち、**適切なもの**を1つ選びなさい。

1 下肢に浮腫が出現することは少ない。
2 体幹に比べて、四肢は温かい。
3 傾眠状態に加え、聴力も低下する。
4 爪の色が暗紫色になる。
5 脈拍数は減少し、血圧はやや高くなる。

第1回 4 こころとからだのしくみ

31

問題 31 高齢者に関連する用語の説明として、**最も適切なもの**を1つ選びなさい。

1 プロダクティブ・エイジング（productive aging）に基づく活動には、セルフケア（self-care）が含まれる。

2 エイジズム（ageism）の一例として、加齢に伴う視力低下が挙げられる。

3 プロダクティブ・エイジング（productive aging）は、バルテス（Baltes, P.）によって提唱された。

4 サクセスフル・エイジング（successful aging）は、客観的な幸福感のことである。

5 アクティブ・エイジング（active aging）の3つの柱は、自立、健康、安心である。

問題 32 加齢に伴う身体機能や感覚機能の変化に関する次の記述のうち、**最も適切なもの**を1つ選びなさい。

1 赤血球とヘモグロビンがともに低下し、貧血を起こしやすくなる。

2 骨芽細胞の働きが破骨細胞の働きよりも優位になり、骨密度が減少する。

3 女性の場合、加齢とともに骨盤底筋群が低下し、機能性尿失禁を起こしやすくなる。

4 明順応と暗順応はともに低下するものの、両者を比較すると暗順応より明順応のほうが低下しやすい。

5 低音域よりも高音域のほうが聞き取りやすくなる。

問題 33 高齢者の長期臥床によって生じやすい病態とその対策の組み合わせとして、**最も適切なもの**を1つ選びなさい。

1 起立性低血圧 ——— 頭部の挙上

2 便秘 ——————— 水分制限

3 関節拘縮 ————— 運動制限

4 深部静脈血栓症 —— 安静

5 誤嚥性肺炎 ———— 口腔ケア

問題 34 くも膜下出血（subarachnoid hemorrhage）に関する次の記述のうち、**適切なもの**を1つ選びなさい。

1 脳の動脈硬化と高血圧によって動脈が破綻し、脳実質内に出血を生じる。
2 脳卒中（stroke）の約3割を占めている。
3 夜間の就寝時に発症することが多い。
4 消化管出血を合併する場合がある。
5 脳の局所症状を呈することが多い。

問題 35 Bさん（70歳、男性）は、最近まで理容店を営んでいたが、手指の巧緻性が低下してきたことをきっかけに、息子が店を継ぐことになった。現在は趣味の写真に打ち込んでいる。またBさんは、地域活動にも興味があり、地元で開催されている調理教室やウォーキング講習会にも積極的に参加している。ライチャード（Reichard, S.）の老年期における適応と人格の類型のうち、Bさんに該当するものとして**適切なもの**を1つ選びなさい。

1 自責（内罰）型
2 憤慨（外罰）型
3 安楽いす（依存）型
4 装甲（自己防衛）型
5 円熟型

問題 36 パーキンソン病（Parkinson disease）に関する次の記述のうち、**正しいもの**を1つ選びなさい。

1 40歳代で発症することが最も多い。
2 神経伝達物質であるドーパミンの増加によって引き起こされる。
3 筋肉のこわばりは上下肢に限定され、顔の表情は豊かである。
4 小刻み歩行や前かがみの姿勢、突進現象がみられる。
5 振戦は安静時よりも手などを動かしているときに多くみられる。

問題 37 関節リウマチ（rheumatoid arthritis）に関する次の記述のうち、**正しいもの**を 1 つ選びなさい。

1 自己免疫の異常により発症し、皮膚に赤い紅斑のような発疹ができる。
2 50 歳代以上の男性に発症することが多い。
3 雨や気温の低下によって症状が弱まることがある。
4 手の関節腫脹が左右対称である。
5 関節のこわばりが強くなるため、亜脱臼の危険性は低くなる。

問題 38 骨粗鬆症（osteoporosis）の人の日常生活上の留意点として、**最も適切なもの**を 1 つ選びなさい。

1 ビタミン E（vitamin E）を多く摂取する。
2 紫外線を浴びることは控える。
3 歩行の際は前傾姿勢をとる。
4 運動を行うことは控える。
5 喫煙を控える。

領域 こころとからだのしくみ
6 認知症の理解

解答・解説…別冊p.17

問題 39 認知症（dementia）の中核症状の中の実行機能障害に関する次の記述のうち、**最も適切なもの**を1つ選びなさい。

1 くしを見ても、それがなんであるのかわからなくなる。
2 自分の部屋やトイレの場所がわからなくなる。
3 テーブルを拭いたかどうか気になり、何度も拭く。
4 テレビのリモコンの操作ができなくなる。
5 午前中のレクリエーションに自分が参加したことを思い出せない。

問題 40 認知症（dementia）と診断されているCさん（80歳、女性）は、雑貨屋を営んでいる娘夫婦と同居している。Cさんは徘徊したり、意思疎通が困難だったりするときもあるが、日常生活動作はほぼ自立している。Cさん本人も家族もできるだけ自宅での生活を望んでいるので、ふだんは通所介護サービスを受けながら、ときには訪問介護サービスや短期間の宿泊サービスを受けたいと考えている。Cさんは少し気難しい性格で馴染みの関係になるのに時間がかかる。Cさんに対するサービスとして**最も適切なもの**を1つ選びなさい。

1 デイサービス
2 認知症カフェ
3 グループホーム
4 小規模多機能型居宅介護
5 介護老人保健施設

第1回

6 認知症の理解

問題 41 アルツハイマー型認知症（dementia of the Alzheimer's type）に関する次の記述のうち、**最も適切なもの**を 1 つ選びなさい。

1 男女比では 3：1 の割合で男性の罹患者が女性よりも多い。
2 些細な刺激で笑ったり、涙を流したりする。
3 原因疾患の 1 つにピック病がある。
4 症状が一気に進行することがある。
5 実行機能障害は軽度の段階で、失禁や嚥下障害は高度の段階で生じる。

問題 42 認知症（dementia）の行動・心理症状（BPSD）に関する次の記述のうち、**適切なもの**を 1 つ選びなさい。

1 一度出現した症状は、その後改善することはない。
2 衣服をうまく着ることができない。
3 「お金がない」「誰かが部屋に入ってきた」などの被害感が出てくる。
4 親しい人がわからなくなる。
5 「あれ」「それ」が多くなり言葉が出てこなくなる。

問題 43 血管性認知症（vascular dementia）に関する次の記述のうち、**最も適切なもの**を 1 つ選びなさい。

1 嚥下障害を伴うことはない。
2 言語障害を伴うことはない。
3 危険因子として甲状腺機能低下症が挙げられる。
4 初期にめまいを自覚することがある。
5 脳の全般的な萎縮や脳溝の拡大が認められる。

問題 44 見当識の状態を評価する質問として、**最も適切なもの**を 1 つ選びなさい。

1 「今日の曜日は何ですか」
2 「外出する際は、歩行器を使って歩いていますか」
3 「100 から 7 を引いてください」
4 「昨日は、夕食で何を食べましたか」
5 「何か文章を書いてください」

問題 45 レビー小体型認知症（dementia with Lewy bodies）に関する次の記述のうち、**最も適切なもの**を 1 つ選びなさい。

1 人格変化や反社会的行動がみられる。
2 具体的な内容の幻聴が聞かれる。
3 初期の段階から、もの盗られ妄想がみられる。
4 ドーパミン減少による嚥下障害が生じやすい。
5 歩行などの運動障害は起きにくい。

問題 46 認知症疾患医療センターに関する次の記述のうち、**最も適切なもの**を 1 つ選びなさい。

1 認知症（dementia）の人に対して成年後見人を選任する。
2 市町村が指定する地域包括支援センターに設置される。
3 認知症（dementia）が疑われる人や認知症の人を訪問し、アセスメント（assessment）や家族支援等の初期の支援を包括的・集中的に行う。
4 認知症（dementia）の専門医、作業療法士、保健師を配置する必要がある。
5 認知症（dementia）の鑑別診断に加え、行動・心理症状（BPSD）と身体合併症に対する急性期医療の役割も担う。

問題 47 アルツハイマー型認知症（dementia of the Alzheimer's type）のDさん（92歳、女性、要介護3）は、現在、介護老人福祉施設に入所している。日中、一人でいることが多く、他の人と会話をすることはほとんどない。一人でぶつぶつと文句を言っていたり、食事を勧めても強く嫌がり、職員の手を払いのけたり、テーブルをひどく叩いたりする。そこで介護福祉職は、Dさんよりも少し低い位置から目線を合わせ、落ち着いた声のトーンで優しく話しかけ続け、Dさんの反応をゆっくり待つように心がけた。また、手に触れる際にも優しく包み込むようにゆっくりと触れるようにした。

Dさんに行った対応を意味するものとして**最も当てはまるものを1つ**選びなさい。

1 リアリティ・オリエンテーション
2 回想法
3 ユマニチュード
4 パーソン・センタード・ケア
5 バリデーション

問題 48 Eさん（82歳、女性）は、夫と二人暮らしである。ある日、店でチョコレートを万引きしようとしたため夫が注意したが、Eさんは反省する様子もない。また、しだいに、同じ食材で同じ料理ばかりつくるようになったり、落ち着きがみられなくなったりするなど、人が変わったような態度をとるようになった。Eさんに考えられる疾患として、**最も適切なものを1つ**選びなさい。

1 レビー小体型認知症（dementia with Lewy bodies）
2 アルツハイマー型認知症（dementia of the Alzheimer's type）
3 統合失調症（schizophrenia）
4 前頭側頭型認知症（frontotemporal dementia）
5 慢性硬膜下血腫（chronic subdural hematoma）

領域 こころとからだのしくみ
7 障害の理解
解答・解説…別冊p.21

問題 49 障害者福祉に関する用語とその内容について、**適切なもの**を1つ選びなさい。

1 リハビリテーションは全人間的復権を目指すことで、ノーマライゼーション（normalization）とともに日本の障害福祉施策の理念に位置づけられてきた。

2 ソーシャルインクルージョン（social inclusion）とは、障害がある人を孤独や孤立、排除や摩擦から援護し、健康で文化的な生活の実現につなげるよう、社会の構成員として包み支え合うことである。

3 ノーマライゼーション（normalization）はスウェーデンのベンクト・ニィリエ（Nirje, B.）が提唱し、後にデンマークのバンク−ミケルセン（Bank-Mikkelsen, N.E.）がノーマライゼーション（normalization）の8つの原理を唱えた。

4 インテグレーション（integration）とは、障害のある人が教育を受ける上で合理的配慮の提供を受ける権利を有することである。

5 ユニバーサルデザイン（universal design）は高齢者や障害者が生活する上で支障となる障壁を除去することである。

問題 50 障害者差別解消法に関する次の記述のうち、**適切なもの**を1つ選びなさい。

1 合理的配慮とは、障害のある人たちに同じ配慮をすることである。

2 法の対象者は、身体障害者手帳、療育手帳、精神障害者保健福祉手帳の所持者に限らない。

3 不当な差別的取扱いの禁止について、民間事業者には努力義務が課せられている。

4 2021（令和3）年の法改正に伴い、民間事業者による合理的配慮の提供を努力義務とすることが定められた。

5 障害者等からの差別に関する相談窓口として、相談支援事業所が指定されている。

　　（注）「障害者差別解消法」とは、「障害を理由とする差別の解消の推進に関する法律」のことである。

問題 51 眼の症状とそれに関連が強い疾患の組み合わせとして、**最も適切なものを 1 つ選びなさい。**

1 結膜充血が起きる ──────── 網膜色素変性症
2 眼圧が上昇する ──────── 白内障
3 硝子体出血が起きる ─────── 糖尿病性網膜症
4 水晶体が混濁する ─────── ベーチェット病
5 ぶどう膜炎が起きる ─────── 加齢黄斑変性症

問題 52 下記の図の器具を使用する疾患や取り扱いについて、**最も正しいものを 1 つ選びなさい。**

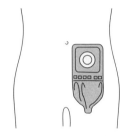

1 この器具を取り付けたり、ここにたまった物を捨てることは介護福祉職の役割となった。
2 この器具によって、腹腔内を使い腎臓の代わりに人工的に血液のろ過を行う。
3 この器具は膀胱にたまった尿が排出できない場合に使用する。
4 この器具を使用する疾患は慢性閉塞性肺疾患（chronic obstructive pulmonary disease）などである。
5 この器具を使用する疾患は直腸がんや大腸がん（colorectal cancer）などである。

問題 53 難病とそれに関連する法制度に関する次の記述のうち、**適切なものを 1 つ選びなさい。**

1 難病とは、発病の機構が明らかであるが、治療方法が確立していない希少な疾病のことを意味する。
2 障害者基本法の成立によって、障害者の定義の中に難病等が追加された。
3 難病医療費助成制度の対象となるのは、すべての難病患者である。
4 難病医療費助成制度を利用する際は、都道府県・指定都市に申請する。
5 難病の医療費の支給に必要な費用は、全額、国が負担する。

問題 54 言語・聴覚障害の特徴やその対応に関する次の記述のうち、**最も適切なもの**を1つ選びなさい。

1 伝音性難聴は、内耳から大脳皮質の障害によって生じる。

2 感音性難聴の場合、補聴器を使用すると音が明瞭に聞こえる。

3 高齢者の難聴の多くは感音性難聴である。

4 感覚性失語（ウェルニッケ失語）の場合、言葉の理解はできるが、なめらかに話せないという特徴がある。

5 構音障害の場合、筆談や手話を用いたコミュニケーションが有効である。

問題 55 障害・疾患の原因や症状等に関する次の記述のうち、**最も適切なもの**を1つ選びなさい。

1 脳卒中（stroke）は、高次脳機能障害の主な原因疾患である。

2 ダウン症候群（Down's syndrome）の原因は、先天性代謝異常である。

3 てんかん（epilepsy）は、予期不安が原因で生じる。

4 潰瘍性大腸炎（ulcerative colitis）は、嚥下障害を引き起こす難病である。

5 クローン病（Crohn disease）は、言語機能障害を引き起こす難病である。

問題 56 身体障害に関する次の記述のうち、**適切なもの**を1つ選びなさい。

1 心臓ペースメーカーを装着している人は、異常があった場合のみ、検診を受ける必要がある。

2 人工透析をしている人は、出血に気をつける。

3 腰髄損傷（lumbar spinal cord injury）では、四肢麻痺が生じる。

4 脳性麻痺（cerebral palsy）のアテトーゼ型では、随意運動が生じる。

5 膀胱留置カテーテルを使用している場合は、水分をできるだけ控える。

問題 57 障害のある児童に対するサービス・支援の説明として、**適切なもの**を1つ選びなさい。

1 福祉型障害児入所施設では、入所する障害のある児童に対し、保護、日常生活の指導、独立自活に必要な知識技能の付与および治療を行う。

2 居宅訪問型児童発達支援では、重度の障害等で外出が著しく困難な障害のある児童の居宅を訪問して発達支援を行う。

3 児童発達支援では、障害のある児童を施設に通わせ、日常生活の基本動作の指導、知識技能の付与、集団生活への適応訓練、その他の必要な支援および治療を行う。

4 保育所等訪問支援では、就学している障害のある児童を対象に授業の終了後または休日に施設に通わせ、生活能力向上のために必要な訓練や社会との交流促進等に必要な支援を行う。

5 障害児入所支援や障害児通所支援は、障害者総合支援法に基づくサービスに位置付けられ、原則として20歳未満の人を対象としている。

問題 58 Fさん（35歳、男性）は、1年前から呂律（ろれつ）が回らず、食事の時にむせることが多くなった。その後、両足に力が入りにくくなり、たびたび転倒するようになった。そこで病院を受診した結果、筋萎縮性側索硬化症（きんいしゅくせいそくさくこうかしょう）（amyotrophic lateral sclerosis：ALS）と診断された。Fさんにみられた初期の症状に該当するものとして、**最も適切なもの**を1つ選びなさい。

1 単麻痺（たんまひ）
2 対麻痺（ついまひ）
3 四肢の運動障害
4 球麻痺（きゅうまひ）
5 間欠性跛行（かんけつせいはこう）

領域 医療的ケア
8 医療的ケア

解答・解説…別冊p.26

問題 59 介護福祉士が「医療的ケア」として実施できる医行為に関する次の記述のうち、**正しいもの**を1つ選びなさい。

1 医療法によって規定された。

2 喀痰吸引等を行うための指示書は介護支援専門員（ケアマネジャー）が作成する。

3 人工呼吸器を装着中の利用者には実施できない。

4 医療的ケア修了者が喀痰吸引等を実施するためには、実地研修の修了が必要である。

5 認定特定行為業務従事者認定証の交付は市町村に登録し、申請する。

問題 60 救急蘇生に関する次の記述のうち、**適切なもの**を1つ選びなさい。

1 呼びかけに反応がない傷病者が不規則でしゃくりあげるような呼吸をしているときは、胸骨圧迫をせず経過を見る。

2 胸骨圧迫の部位は、胸骨の中央とする。

3 圧迫の速さは1分間に100〜120回のテンポとする。

4 圧迫の深さは胸が6cm以上沈むように圧迫する。

5 AEDが到着したら、胸骨圧迫を終了する。

問題 61 子どもの吸引に関する次の記述のうち、**最も適切なもの**を1つ選びなさい。

1 子どもの吸引準備・吸引方法は、成人の場合と何ら変わりがない。
2 気管カニューレ内吸引では、吸引圧を少しかけながら吸引チューブを挿入する。
3 吸引を嫌がって、手足をバタつかせたりしてもすぐに吸引を行う。
4 吸引カテーテルのサイズには、年齢や体格による目安はない。
5 吸引圧は、年齢や体格による目安はない。

問題 62 Gさん（76歳）は、日頃から痰がからむことがあり、介護福祉士が喀痰吸引を行っている。鼻腔内吸引を実施したところ、吸引物に血液が少量混じっていた。
Gさんは、「痰が取り切れたようだ」と言っており、呼吸は落ち着いている。
このときの介護福祉士の対応に関する次の記述のうち、**最も適切なもの**を1つ選びなさい。

1 出血していそうなところに吸引チューブをとどめる。
2 鼻腔と口腔の中を観察する。
3 血液の混じりがなくなるまで繰り返し吸引する。
4 鼻腔内を消毒する。
5 吸引圧を弱くして再度吸引をする。

問題 63 経管栄養の実施で起こりうる身体の異常に関する次の記述のうち、**最も適切なもの**を1つ選びなさい。

1 栄養剤の濃度が低すぎると下痢を起こすことがある。
2 経管栄養の実施で誤嚥を引き起こすことがある。
3 栄養剤の注入速度が遅すぎると嘔気・嘔吐を起こすことがある。
4 栄養剤の温度が低すぎると便秘を起こすことがある。
5 栄養剤の注入量が少なすぎると嘔気・嘔吐を起こすことがある。

領域 介護
9 介護の基本

解答・解説…別冊p.27

 問題 **64**　　災害時における介護福祉士の役割と機能に関する次の記述のうち、**正しいもの**を **1** つ選びなさい。

1　災害時の避難所は様々な人が利用しているため、「個」よりも「全体」を重視する。
2　特殊事態のため、平常時との継続性よりも補完的介護に重点を置く。
3　災害時はトイレが不足しがちなので、高齢者には水分の摂取は控えるように助言する。
4　深部静脈血栓症予防のために、下肢の運動を勧める。
5　介護を通して得た情報は関係者であっても提供することはできない。

問題 **65**　　「令和5年版高齢社会白書」(内閣府)における高齢者の世帯に関する次の記述のうち、**正しいもの**を **1** つ選びなさい。

1　65歳以上の高齢者のいる世帯について世帯構造別の構成割合でみると、三世代世帯は増加傾向にある。
2　65歳以上の高齢者のいる世帯について世帯構造別の構成割合でみると、夫婦のみの世帯は減少傾向にある。
3　65歳以上の高齢者のいる世帯は全体の約5割で、そのうち単独世帯と夫婦のみの世帯が約6割を占める。
4　65歳以上の高齢者について親と未婚の子のみの世帯をみると、1980（昭和55）年に2割であったものが、2021（令和3）年には約1割となっている。
5　65歳以上の一人暮らし高齢者については、男性は増加、女性は減少傾向にある。

問題 66 社会資源に関する次の記述のうち、フォーマルサービスに該当するものとして、**適切なもの**を 1 つ選びなさい。

1 一人暮らしの高齢者への見守りを行う地域住民
2 買い物を手伝ってくれる友人・知人
3 定期的に様子を見に来る家族
4 見守りを行うボランティア団体
5 介護の相談に行くことができる地域包括支援センター

問題 67 次の行為のうち、介護福祉職が利用者に行える行為として**正しいもの**を 1 つ選びなさい。

1 糖尿病（diabetes mellitus）の利用者の足趾の爪切り、爪やすりによるやすり掛け
2 インスリンの注射
3 軽微な切り傷、擦り傷、やけど等について専門的な判断や技術を必要としない処置
4 軟膏塗布による褥瘡処置
5 一包化されていない内服薬の内服介助

問題 68 地域包括支援センターに関する次の記述のうち、**正しいもの**を 1 つ選びなさい。

1 地域包括支援センターの設置者は、包括的支援事業を実施するために必要なものとして都道府県知事が定める基準を遵守しなければならない。
2 市町村は、地域包括支援センターを設置しなければならない。
3 地域包括支援センターの設置者は、自ら実施する事業の質の評価を行うことなどにより、実施する事業の質の向上を図らなければならない。
4 地域包括支援センターは、都道府県知事の指定を受けた上で指定介護予防支援も提供することができる。
5 地域包括支援センターの設置者は、地域住民に対して単独で支援を行わなければならないことから、介護サービス事業者や医療機関などと連携を図る必要はない。

問題69 Aさん（66歳、戸籍上の性別は男性、要介護3）は、性同一性障害であることを理由に施設利用を避けてきた。最近、数年前の脳卒中（stroke）の後遺症がひどくなり、一人暮らしが難しくなってきた。Aさんは、担当の訪問介護員（ホームヘルパー）に施設入所について、「性同一性障害でも施設に受け入れてもらえるでしょうか」と相談した。訪問介護員（ホームヘルパー）の応答として、**最も適切なもの**を1つ選びなさい。

1 「性同一性障害と言わない方がいいかもしれないですね」
2 「今はいろいろな方がいらっしゃるので、どうなんでしょうね」
3 「施設での生活で心配なことは何ですか」
4 「入浴については問題がありますね」
5 「同性による介護が原則です」

問題70 介護保険のサービスを利用する人の家族が、サービスの内容についての苦情を申し立てたいときの窓口となるところはどこか。下記の中から**最も適切なもの**を1つ選びなさい。

1 国民健康保険団体連合会
2 都道府県の介護保険審査会
3 国民生活センター
4 警察署生活安全課
5 簡易裁判所

問題71 小規模多機能型居宅介護に関する次の記述のうち、**正しいもの**を1つ選びなさい。

1 小規模多機能型居宅介護事業者は、すべての登録者に対して、通いサービス、宿泊サービス、訪問サービスを一括して提供しなければならない。
2 小規模多機能型居宅介護事業所の宿泊室の定員は、原則として4人である。
3 小規模多機能型居宅介護は、通いサービスの利用者が登録定員に比べて著しく少ない状態が続くものであってはならない。
4 小規模多機能型居宅介護事業者は、利用者の外出の機会を確保してはならない。
5 登録者に係る居宅サービス計画は、居宅介護支援事業所の介護支援専門員（ケアマネジャー）が作成しなければならない。

問題 72 リハビリテーションの領域に関する次の記述のうち、**適切なもの**を1つ選びなさい。

1 WHOでは、リハビリテーションの領域を、医学的リハビリテーションや地域リハビリテーションなどの5つに分類している。

2 教育リハビリテーションは、主に中途肢体不自由者や精神障害者を対象に実施するものである。

3 職業リハビリテーションは、身体障害者のみを対象に実施されるものである。

4 医学的リハビリテーションは、急性期・回復期・維持期(生活期)の3段階に区分することができる。

5 地域リハビリテーションは、医学的リハビリテーションの回復期に位置づけられるものである。

問題 73 介護福祉職のBさんは、小学校就学前の子どもを育てながら両親の介護をしているが、人手不足のため離職もできず、介護休暇も取れず悩んでいる。Bさんへの助言として**最も適切なもの**を1つ選びなさい。

1 要介護状態にある対象家族の介護をする必要がある労働者は、対象家族1人について年に5日介護休暇が取れるので、対象家族2人では年間10日間介護休暇が取れる。

2 社会福祉事業等に従事していた介護福祉士等の資格を有する者が離職した場合、市町村シルバーセンターに住所・氏名を届ける制度がある。

3 介護休業は、2週間以上要介護状態が続いている家族を介護するためのもので、対象家族1人につき2回を上限として通算73日まで取得できる。

4 子どもがインフルエンザに罹患し、仕事を休まなければならないが、親の介護休暇で休むことが多いので、有給休暇で休むのがよい。

5 人手不足のため、他の介護福祉職が夜勤業務を断れないのと同様に残業や夜勤業務をしなければならない。

領域 介護
10 コミュニケーション技術　解答・解説…別冊p.31

問題 74 介護福祉職が行う傾聴について、次の記述のうち、**最も適切な**ものを1つ選びなさい。

1 介護福祉職は、利用者が抱いている感情をできるだけ推察する。

2 利用者が話す内容を、介護福祉職の価値観で判断することが望ましい。

3 利用者との対話は、介護福祉職主導で展開するとよい。

4 利用者が話す内容は、客観的な事実のみ把握することが重要である。

5 介護福祉職は利用者と対話する際、利用者が沈黙しないように、常に話しかけるよう心がける。

問題 75 視覚障害者とのコミュニケーションに関する次の記述のうち、**最も適切なもの**を1つ選びなさい。

1 挨拶するときは肩に手を触れてから声をかける。

2 聴覚のみを活用する。

3 位置や方角を伝える方法にクロックポジションがある。

4 声の強弱などの準言語の活用は控える。

5 方向を示すときは「あちら」「そちら」と表現する。

問題 76 コミュニケーションの技法に関する次の記述のうち、**最も適切なものを1つ**選びなさい。

1　利用者の話を聞き、それを繰り返すことを反射という。

2　援助者が利用者の話す内容を受け止めた上で、重要な部分に焦点を絞って質問を行うのは、要約である。

3　利用者が話した内容を利用者自身が理解できるように整理して端的にまとめて伝えることを明確化という。

4　利用者の感情と行動の矛盾点を指摘し、利用者が自分自身と向き合う機会を提供するのは、直面化である。

5　利用者が伝えたい内容を上手く表現できない場合に、質問等を行って、利用者が伝えたい内容を明らかにすることを言い換えという。

問題 77 介護福祉職に求められるコミュニケーション技術等に関連した次の記述のうち、**最も適切なものを1つ**選びなさい。

1　介護福祉職は、イーガン（Eagan, G.）が提唱した SOLER 理論の1つである Eye contact に基づき、利用者と関わる際は利用者の目を見つめ続けるようにする。

2　介護福祉職は自己開示を行うために、ジョハリの窓（Johari Window）の1つである「未知の窓」（Unknown self）を大きくする。

3　介護福祉職チームでのカンファレンスの際は、ブレインストーミング（brainstorming）に基づき、奇抜な意見を除いて、自由に意見を出し合うようにする。

4　多職種協働を推進するため、介護福祉職は、意見の質より量を重視し、発言者の意見を批判しないアサーティブ・コミュニケーション（assertive communication）を行う。

5　バイステック（Biestek, F.）の7原則の1つである統制された情緒的関与に基づき、利用者が表出した感情に対し、介護福祉職は自らの感情を保って、その利用者と共感的に関わる。

問題 78 介護福祉職によるアサーティブ・コミュニケーション（assertive communication）として、**最も適切なもの**を1つ選びなさい。

1 利用者の要求はそのまま受け入れる。
2 利用者から苦情を言われた時は、自分の意見を主張し、納得してもらう。
3 利用者にしてほしいことで、言わなくてもわかりそうなことは、あえて伝えない。
4 利用者が介護福祉職の提案を受け入れるまで説得を続ける。
5 利用者の思いを尊重しながら、介護福祉職の意見を率直に伝える。

問題 79 多職種間でのコミュニケーションを図るために必要なこととして、**最も適切なもの**を1つ選びなさい。

1 多職種とコミュニケーションを図る際は、できるだけ利用者の情報は伏せて行う。
2 多職種間での情報共有には必ず利用者が同席しなければならない。
3 家族の情報は伝えてはならない。
4 形式的に行うカンファレンスの他に、日々の申し送りや報告、連絡が重要である。
5 チームの連携において、口頭のみの報告が重要である。

問題 80 介護老人福祉施設における居室の環境整備で留意するべき内容として、**最も適切なもの**を1つ選びなさい。

1 居室には不必要な物は一切置かせない。
2 居室のドアを閉めないように張り紙をする。
3 居室で食事摂取しないように冷蔵庫の持ち込みを禁止する。
4 利用者が使い慣れた家具を置く。
5 居室の温度は、介護福祉職に合わせて設定する。

問題 81 高次脳機能障害（higher brain dysfunction）による着衣失行のある人に対する着衣の介護の方法として、**最も適切なもの**を1つ選びなさい。

1 着衣前に口頭ですべての手順を説明する。
2 衣服を畳んで渡す。
3 着替えができない理由を本人から聞き取る。
4 介護福祉職間で統一した着衣の方法で支援する。
5 衣服の左側だけに印をつける。

問題 82 老化に伴う機能低下のある高齢者の住まいに関する次の記述のうち、**最も適切なもの**を1つ選びなさい。

1 寝室はトイレに近い場所が望ましい。
2 夜間の移動に配慮して、目の高さの壁面に光源を設ける。
3 浴室やトイレのドアは内開き戸とする。
4 照明はベッドの真上に配置する。
5 壁紙と手すりは同色にするのが望ましい。

問題 83 感染症のスタンダードプリコーション（standard precautions：標準予防策）に関する次の記述のうち、**適切なもの**を1つ選びなさい。

1 ほかの利用者の介助に入る前に、手洗いをする。
2 マスクを着用する前に、手袋をはめる。
3 排泄介助では、利用者の衣服を整えた後に手袋をはずす。
4 マスクの前面（皮膚に接していない面）は、汚染されていない。
5 感染症が確認されていない場合は、スタンダードプリコーション（standard precautions：標準予防策）を意識する必要はない。

問題 84 経管栄養を行っている利用者の口腔ケアに関する次の記述のうち、**最も適切なもの**を1つ選びなさい。

1 スポンジブラシは水を大量に含ませて使用する。
2 上顎部は口腔の手前から奥に向かって清拭をする。
3 口腔ケアは1日1回実施する。
4 硬い毛の歯ブラシを使用し、強く磨く。
5 満腹時の口腔ケアは避ける。

問題 85 便秘の傾向がある高齢者に自然排便を促すための介護として、**最も適切なもの**を1つ選びなさい。

1 水分摂取を控えるように勧める。
2 油を控えるように勧める。
3 散歩をするように勧める。
4 腹部全体を冷やすように勧める。
5 夕食後にトイレに座るように勧める。

問題 86　移動を支援する福祉用具に関する次の記述のうち、**最も適切なもの**を１つ選びなさい。

1　Ｔ字杖は、介護保険制度の福祉用具貸与の対象になっている。
2　松葉杖は、介護保険制度の福祉用具貸与の対象になっていない。
3　ロフストランドクラッチ（Lofstrand Crutch）は、握力の弱い人に適している。
4　交互型歩行器は、片麻痺のある人に適している。
5　電動車いすにはカート型やスクーター型等の種類があるが、いずれも運転免許が必要である。

問題 87　視覚障害のある利用者の外出に同行するときの支援に関する次の記述のうち、**最も適切なもの**を１つ選びなさい。

1　トイレを使用するときは、トイレ内の情報を提供する。
2　階段を上るときは、利用者の手首を握って誘導する。
3　狭い場所を歩く時は、利用者の後ろに立って誘導する。
4　バスに乗るときは、利用者が先に乗る。
5　駅では、点状のブロックの上を歩くよう誘導する。

問題 88　慢性腎不全がある人の食事に関して、**最も適切なもの**を１つ選びなさい。

1　味噌汁を毎食とる。
2　バナナ、メロン、キウイフルーツといった生の果物を多く摂取する。
3　水分を摂取してはならない。
4　野菜はできるだけ控える。
5　ハム、ソーセージを多く摂取する。

問題89 排泄の介助に関する次の記述のうち、**適切なもの**を1つ選びなさい。

1 排泄に失敗した利用者に対し、厳しく叱責することで、排泄に失敗する回数が減っていく。

2 腹部のマッサージは、便秘を起こすなどの悪影響を与えるので行わない。

3 排泄用具を選択する際は、介助の行いやすいものを最も重視する。

4 尿に混濁がみられた場合、膀胱炎（cystitis）の疑いがあるため、直ちに主治医などの医療職者に報告する。

5 女性の場合、排尿後の清潔保持として、陰部を肛門部から前方に向かって拭くことで、尿路感染症（urinary tract infection）の予防にもなる。

問題90 入浴の介助に関する次の記述のうち、**最も適切なもの**を1つ選びなさい。

1 入浴前に、利用者の健康状態を観察した場合には、入浴後に利用者の健康状態を観察する必要はない。

2 入浴は、血行を促進し、爽快感を得ることができるが、入眠の妨げになるため、就寝する1～2時間前の入浴はできる限り避けた方がよい。

3 居室、脱衣場、浴室の温度は、生活空間のメリハリをつけるため、その差がなるべく大きくなるように調節する。

4 利用者にシャワーをかける際は、まず介護職員自身の肌で温度を確認する。

5 入浴後の高齢者には、身体をタオルで拭くよりも前に、まず水分を補給させる必要がある。

問題91 ノロウイルス（Norovirus）に関する記述のうち、**適切なもの**を1つ選びなさい。

1 カキ等の二枚貝を食べても感染することはない。

2 流行しやすい時期は、毎年8月から9月頃である。

3 感染すると激しい嘔気、嘔吐、下痢のみが生じ、発熱することはない。

4 消毒には、アルコールよりも次亜塩素酸ナトリウムの方が効果的である。

5 飛沫感染の心配はない。

問題92

1か月の実収入が14万円の高齢者世帯で、消費支出が13万円、非消費支出が2万円の場合、可処分所得金額として**正しいもの**を1つ選びなさい。

1　11万
2　12万
3　13万
4　14万
5　15万

問題93

次の図中のA～Eのうち、右半身麻痺の人がベッドから車いすに移乗する場合の車いすの位置として、**正しいものを1つ**選びなさい。

1　A
2　B
3　C
4　D
5　E

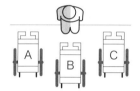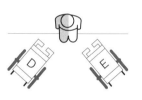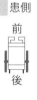

問題94

利用者の誤嚥、窒息に関する次の記述のうち、**最も適切なもの**を1つ選びなさい。

1　誤嚥の予防のために、食事前に嚥下体操を行う。

2　利用者が食事中に首を押さえるような仕草をしていたが、首の痛みだと判断した。

3　吐き気を催すことがあるため、誤嚥の予防のために舌は刺激してはいけない。

4　唾液腺は耳下腺、顎下腺の2種類である。

5　誤嚥予防のために、自力で食べることができる利用者にも介助で食事を食べてもらう。

問題 95 介護保険の給付対象となる福祉用具に関する次の記述のうち、**正しいもの**を 1 つ選びなさい。

1 移動用リフトは、つり具の部分も含め、特定福祉用具販売の対象となる。
2 自動排泄処理装置は、交換可能部品も含め、福祉用具貸与の対象となる。
3 設置工事を伴う手すりは、福祉用具貸与の対象にはならない。
4 体位変換器は、福祉用具貸与の対象にはならない。
5 入浴補助用具は、特定福祉用具販売の対象にはならない。

問題 96 口腔ケアに関する次の記述のうち、**最も適切なもの**を 1 つ選びなさい。

1 口腔ケアは摂食機能の改善には効果的であるが、誤嚥性肺炎の予防にはつながらない。
2 経口摂取ができない対象者には行わなくてよい。
3 歯みがきの前にうがいを行う。
4 臥床中の利用者は、できるだけギャッチアップをし、頸部を後屈させた姿勢で行う。
5 舌苔はすべて取り除く。

問題 97 褥瘡とその予防に関する次の記述のうち、**最も適切なもの**を 1 つ選びなさい。

1 ベッド上で過ごす時間が長い要介護 5 の利用者の踵に発赤があった場合、その発赤部分をマッサージする。
2 対麻痺のため、車いすで過ごす時間が長い利用者の場合、肩甲骨部への褥瘡の発生に注意する。
3 おむつ交換の際、仙骨部の皮膚が赤くなり一部に水疱ができていた場合、体位変換はできる限り避ける。
4 加齢による全身状態の低下は、褥瘡の発生要因ではない。
5 要介護 2 の利用者の場合、原則として介護保険制度を活用して床ずれ防止用具を貸与することはできない。

問題 98 利用者から洗濯の依頼があった。以下に示す取り扱い表示について、**適切なもの**を1つ選びなさい。

1 家庭での洗濯はできない。
2 タンブル乾燥してはいけない。
3 ボタンを取り外して洗う。
4 タンブル乾燥ヒーターは強に設定して乾燥できる。
5 アイロンの使用が可能である。

問題 99 グリーフケア（grief care）について求められる態度について、**最も適切なもの**を1つ選びなさい。

1 グリーフケア（grief care）とは、利用者の死の直前に行われる。
2 グリーフケア（grief care）を通して、死別後の家族は、悲嘆作業、喪の作業を十分に行うことが大切である。
3 グリーフケア（grief care）において、介護福祉職は利用者の家族を励ますことに注力する。
4 介護福祉職は、利用者の死後のケアのみに注力する。
5 介護福祉職は、家族の悲しみに共感しないように気をつける。

問題 100 睡眠の特徴と睡眠障害に関する次の記述のうち、**適切なもの**を1つ選びなさい。

1 一般的に睡眠中は、浅い眠りのノンレム睡眠と深い眠りのレム睡眠を周期的に繰り返す。
2 一般的に高齢になると夜間の眠りは深く、睡眠時間は短くなる。
3 中途覚醒は、朝早く目が覚めてしまうことである。
4 早朝覚醒は、ぐっすりと眠った感じがしないことである。
5 関節リウマチ（rheumatoid arthritis）は、不眠の原因になり得る。

問題 101 車いすを使用して移動をしている利用者の家族から、「通院介助のため、電車の乗り降りや段差の通行をしなければならず、そのうえ途中の道には急な坂道がある。どのように介助したらよいかわからない」と相談を受けた。

この場合の介護福祉職の説明として、**最も適切なもの**を1つ選びなさい。

1 電車に乗る場合は、車いすを電車に対して直角にして、後ろ向きで乗車する必要があると説明した。

2 電車から降りる場合は、介護者が先にホームに降りて、車いすの前に立ち、車いすを前向きのまま降ろす必要があると説明した。

3 段差を降りるときは前輪から降ろすように説明した。

4 車いすの移動速度は、できる限り速くする方がいいと説明した。

5 急な坂道を下る際には、車いすを後ろ向きにし、介護者も後ろ向きになる必要があると説明した。

問題 102 パーキンソン病（Parkinson disease）（ホーエン・ヤール重症度分類ステージ3）の高齢者の寝室環境に関する次の記述のうち、**最も適切なもの**を1つ選びなさい。

1 ベッドは、介護者の高さに設定する。

2 利用者の体格等に合わせて、ベッドに手すりをつける。

3 マットレスは、身体が沈み込むものを選ぶ。

4 ベッドサイドの床にクッション性のあるマットを敷く。

5 枕は、頸部前屈になるような高さにする。

問題 103 人工肛門（ストーマ）に関する次の記述のうち、**最も適切なもの**を1つ選びなさい。

1 入浴時は、人工肛門から湯が入るおそれがある。

2 人工肛門では、便秘にはならない。

3 身体障害者手帳の交付対象ではない。

4 便意は正常に保たれる。

5 人工肛門が形成された部位により、便の性状が異なる場合がある。

問題 104 パーキンソン病（Parkinson disease）の人の身じたくに関する次の記述のうち、**最も適切なもの**を 1 つ選びなさい。

1 着替えは、立位で行う。
2 袖口にボタンがついたものが望ましい。
3 ズボンのウエストは、ベルトで調節が望ましい。
4 伸縮性のある衣類が望ましい。
5 履きものはサンダルが望ましい。

問題 105 死亡後の介護に関する次の記述のうち、**最も適切なもの**を 1 つ選びなさい。

1 亡くなった直後から開始する。
2 生前と同じように、利用者に声をかけながら介護を行う。
3 義歯を外す。
4 家族には退室してもらい、介護者のみで処置を行う。
5 着物の場合、帯は蝶結びにする。

領域 介護
12 介護過程

解答・解説…別冊p.42

問題 106 介護過程の目的に関する次の記述のうち、**最も適切なもの**を1つ選びなさい。

1 利用者の自立を支援する。
2 画一的に介護を実践する。
3 介護福祉職の尊厳を保持する。
4 家族介護者の介護負担を軽減する。
5 経験則に基づいて介護を実践する。

問題 107 利用者の情報収集に関する次の記述のうち、**最も適切なもの**を1つ選びなさい。

1 情報は多ければ多いほど有効である。
2 プライバシーに配慮し、無理に聞き出そうとしない。
3 情報は、面接、計測から得る。
4 家族からの情報の方が大事である。
5 客観的情報は他職種の情報が優先される。

問題 108 介護計画の立案に関する次の記述のうち、**最も適切なもの**を1つ選びなさい。

1 安全性よりも効果を優先する。
2 本人や家族の希望どおりでなく、介護福祉職の経験で立案する。
3 介護福祉職の望む利用者像を目指す。
4 現実的かつ実践可能な内容にする。
5 毎回、新たな介護計画を立案する。

問題 109 チームアプローチとケアプランに関する次の記述のうち、**最も適切なもの**を1つ選びなさい。

1 介護福祉職は、他職種の役割を理解する必要はない。
2 サービス担当者会議を行う際は、介護福祉職が利用者や家族、他職種を招集する。
3 介護支援専門員（ケアマネジャー）が作成するケアプランに基づいて各専門職が個別の支援計画を作成することはない。
4 認知症（dementia）があって意思疎通が困難な利用者は、チームアプローチの中心に据えない。
5 利用者が訪問看護の利用を希望した場合は、主治医に意見を求めなければならない。

問題 110 介護福祉職が事例研究を行う目的として、**最も適切なもの**を1つ選びなさい。

1 事業所の評価の向上
2 介護福祉職の実施内容の紹介
3 介護過程から介護実践を振り返ること
4 成功した介護事例の報告
5 介護福祉職自身の満足度の充足

問題 111 右片麻痺の利用者Cさん（要介護2）に対する長期目標を「リビングでいすに座って食事を家族と一緒にとる」とし、その短期目標の1つを「居室からリビングまで四点杖を使って転ぶことなく自分で歩くことができる」に設定した場合の支援方法に関する次の記述のうち、**適切なもの**を1つ選びなさい。

1 食事の時間になったら、声かけ・見守りをしてリビングに移動するように促す。
2 一緒に食事をつくろうと声かけする。
3 食事を居室まで運んでもらい、家族と一緒に食事をする。
4 四点杖よりも歩行器を使ってリビングまで歩く練習をするように促す。
5 リビングまで車いすで移動し、家族と一緒に食事をする。

次の事例を読んで、問題112、問題113について答えなさい。

〔事 例〕

Dさん（75歳、男性、要介護2）は、妻と二人暮らしである。定年まで中学校の音楽教諭で、合唱部の顧問であった。日常生活に介助を要さないが、認知症と診断され、ほとんど自宅で生活していた。自宅でテレビを見ていた時に中学生の合唱が流れ、急に興奮した様子でテレビに向かって「ハーモニーができていない。だから金賞が取れないんだ！」と叫んだ。妻は自宅での対応が難しいと地域包括支援センターに相談し、近所の通所介護（デイサービス）を週3回利用することとなった。通所介護では、個別介護計画の短期目標として「役割を持ち意欲的に生活することができる」と設定し、Dさんに役割として歌の指導をお願いした。1か月後、Dさんはテレビから流れてきた合唱曲を聴き、急に介護福祉職に「合唱コンクールで生徒が金賞を取れなかったのは、自分の指導不足だ。だから…」と歌の指導を断ってきた。

問題 112 Dさんが歌の指導を断った理由の解釈として、**最も可能性が高いもの**を1つ選びなさい。

1　妻と喧嘩をしたから。
2　音楽の授業を行うため。
3　合唱コンクールのことが気になっているため。
4　のどが痛いため。
5　介護福祉職に迷惑をかけたくないため。

問題 113 Dさんは、その後は落ち着いて歌の指導を続けていたが、ある日、指導の途中に音程がズレて利用者から笑われたことから意欲を失い、一人で過ごす時間が増えた。しかし、歌の時間になると、離れた場所からその様子を眺めていた。
Dさんが今後も現在の役割を継続するために、優先して取り組むべき課題として、**最も適切なもの**を1つ選びなさい。

1　音程がずれていると笑った利用者に謝罪すること。
2　歌の時間への関心を取り戻すこと。
3　歌の選曲を童謡のみにすること。
4　歌の時間に入浴を促す。
5　歌を指導する自信を回復すること。

総合問題
【事例問題1】

解答・解説…別冊p.45

次の事例を読んで、問題114から問題116までについて答えなさい。

〔事　例〕

Eさん（20歳、女性）には不注意、多動、衝動性を特性とする発達障害がある。具体的にはコミュニケーションには支障はないものの、集中力が続かず、授業中に先生の話を聞けなかったり、授業中に席を離れて、ウロウロと歩き回ったり、思いつきで突発的な行動をとったりすることがみられた。Eさんは、自宅で母親（60歳）と2人で暮らしている。Eさんの母親は家計を支えるため、日中は会社勤めをしている。また、食事の準備や掃除、洗濯等、Eさんの身の回りの支援も母親が担っている。特別支援学校を卒業したEさんは、現在、一般企業に就職することを目標とし、ある障害福祉サービスを利用している。そこでは就労に必要な知識・能力を身につける職業訓練を行ったり、担当の職員から履歴書や応募書類の添削、模擬面接の指導を受けたり、職場探しの支援を受けたりしている。

問題 114 Eさんに該当すると考えられる発達障害として、**最も適切なもの**を1つ選びなさい。

1　学習障害（LD）
2　自閉症スペクトラム障害（autism spectrum disorder）
3　注意欠陥多動性障害（Attention-Deficit Hyperactivity Disorder：ADHD）
4　ダウン症候群（Down's syndrome）
5　デュシェンヌ型筋ジストロフィー

問題 115　現在、Eさんが利用している障害福祉サービスとして、**最も適切なもの**を1つ選びなさい。

1　自立生活援助
2　就労定着支援
3　就労継続支援A型
4　就労継続支援B型
5　就労移行支援

問題 116　最近、Eさんの母親は「前よりも疲れる日が増えた」と周囲の人たちに話すことが多くなった。今後、Eさんとその母親に必要となる支援として、**最も適切なもの**を1つ選びなさい。

1　ピアカウンセリング
2　レスパイトサービス
3　スーパービジョン
4　セルフヘルプグループ
5　バリデーション

総合問題
【事例問題2】

解答・解説…別冊p.47

次の事例を読んで、問題117から問題119までについて答えなさい。

〔事　例〕

Fさん（66歳、男性）は、妻と二人暮らしをしていた。一人息子の長男は遠方で生活している。Fさんは7年前に医師から2型糖尿病（diabetes mellitus、type2）の診断を受けた。

そのため現在も、血糖降下薬の服用と適度な運動の実施に加え、医師から食事の摂取カロリーを1日1400kcalに制限するように指示を受けている。5年前まではFさん自身が杖歩行で自宅から500mほど先にあるスーパーに買い物に出かけていた。しかし、その途中で自転車にぶつかりそうになって恐怖を感じてからは、外出を控えるようになった。そのため、日頃の買い物や調理、洗濯等は、すべて妻が行うようになった。ところが、その妻は入浴中に心筋梗塞（myocardial infarction）で急死した。

Fさんのことを心配した長男は、すぐに地域包括支援センターに相談した。相談を受けた地域包括支援センターの職員がFさんの自宅に訪問し、Fさんの意向を確認した。Fさんは「一人暮らしになってしまったが、妻と息子と3人で一緒に暮らしてきた、この思い出の家を離れたくない」と職員に伝え、介護保険制度の申請を行うことを決めた。要介護認定の結果、Fさんは要介護2の認定を受け、訪問介護を利用することになった。

問題 117　訪問介護員（ホームヘルパー）がＦさんの自宅を訪問して生活援助を行っていると、Ｆさんは「これからもよろしくお願いします。お礼に今から宅配のピザを注文するので、一緒に食べませんか」と言った。この時の訪問介護員（ホームヘルパー）の発言として、**最も適切なもの**を１つ選びなさい。

1　「一緒に食べるので、このことは内緒にしておいて下さいね」
2　「なぜ、訪問介護計画書に記載されていない内容を頼むのですか」
3　「お気持ちは嬉しいのですが、一緒に食べることはできません」
4　「一緒に食べることはできませんが、Ｆさんがピザを全部食べて下さいね」
5　「一人暮らしだと寂しいですよね。では、一緒に食べましょうか」

問題 118　妻が亡くなってから初めての定期受診の時、Ｆさんは主治医から「血糖値が高くなってきているので、食生活に気をつけ、合併症に注意してください」と言われた。Ｆさんの合併症を早期発見するために訪問介護員（ホームヘルパー）が特に注視すべきＦさんの心身の変化として、**最も適切なもの**を１つ選びなさい。

1　小刻み歩行
2　聴力低下
3　足白癬（はくせん）
4　不眠
5　うつ症状

問題 119 訪問介護員（ホームヘルパー）によるFさんへの訪問介護の内容とその区分の組み合わせとして、**最も適切なもの**を1つ選びなさい。

1 糖尿病食の調理 —— 身体介護
2 買い物 ———————— 身体介護
3 薬の受け取り ——— 身体介護
4 窓の掃除 ————— 生活援助
5 庭の草むしり ——— 生活援助

総合問題
【事例問題3】

解答・解説…別冊p.49

次の事例を読んで、問題 120 から問題 122 までについて答えなさい。

〔事 例〕

Gさん（50歳、男性）は、双極性感情障害（bipolar affective disorder）の診断を受け、入退院を繰り返していた。3年前に退院し、その後は母親（80歳）と一緒に暮らしている。

2週間に一度内服薬をもらいに外出する程度で、そのほかはほとんど家にこもり、母親がすべての面倒を見ていた。母親が転倒による骨折（fracture）で入院することとなり、居宅介護が始まった。

訪問介護員（ホームヘルパー）が初回訪問で家に入ったところ、部屋中にコンビニエンスストアで買った弁当の空き容器やスナック菓子の空き袋が散乱していた。中には食べ残しにかびが生えているものもあった。カーテンは閉めたままで部屋の中は暗く、Gさんの体臭がこもっている。風呂には1か月入っていないという。病院からもらった薬もここ1か月飲んでいないため、そのままの状態で袋に入っている。挨拶をしてもGさんは黙ったままで目を合わせず、部屋の隅で横たわっている。

問題 **120**　双極性感情障害（bipolar affective disorder）に関する次の記述のうち、**最も適切なもの**を1つ選びなさい。

1　発症は65歳以上の高齢者が多い。

2　躁状態のときは、感情のコントロールができなくなる。

3　治療は短期間での薬物療法が行われる。

4　高齢になると、精神症状が急激に悪化しやすい。

5　リハビリテーションとして、社会生活技能訓練がある。

問題 121 Gさんに対する訪問介護員（ホームヘルパー）の支援として、**最も適切なもの**を1つ選びなさい。

1 「臭いがこもっていますので窓を開けますね」と言って窓を開ける。
2 「食べ残しにかびが生えていますよ」と言って、ごみをすぐに捨てる。
3 「お風呂に入ってさっぱりしませんか」と声をかける。
4 「どうして薬を飲まないのですか」と言って薬と水を渡す。
5 「コンビニエンスストアのお弁当では栄養のバランスが取れませんよ」と指摘する。

問題 122 今後Gさんと良好な援助関係を築くための訪問介護員（ホームヘルパー）の態度に関する次の記述のうち、**最も適切なもの**を1つ選びなさい。

1 Gさんとはコミュニケーションが取れないので、会話はしない。
2 母親と同じように、Gさんのすべての面倒をみる。
3 Gさんに対して指示的・支配的に関わる。
4 気持ちを汲みながらも、程よい距離感を保つ。
5 訪問介護員（ホームヘルパー）は一人で課題の解決に努める。

総合問題【事例問題4】

解答・解説…別冊p.50

次の事例を読んで、問題123から問題125までについて答えなさい。

〔事 例〕

　脳梗塞で右片麻痺となったHさん（82歳、男性、要介護4）は、以前、妻と息子と一緒に自宅で暮らしていた。しかし、身体機能が低下して日常生活を送る際に車いすが必要になったこと、息子との関係性が悪化したことを契機に2年前から介護老人福祉施設に入所している。Hさんは、入所後も「息子とは生活費のことで言い争いとなったから、しばらく顔も見たくない」と介護福祉職に訴えていた。

　一方、Hさんは自宅で生活していた頃、友人たちと趣味の将棋を毎日のように行っていた。施設入所後も、自宅近くに住む友人のJさんが週に4回ほど施設を訪れ、Hさんと将棋を行っていた。Hさんも「Jさんと将棋で対戦したり、有名な棋士について話したりする時間が生きがい」と介護福祉職に話す等、Jさんが施設に来るのを楽しみにしていた。

　ところが、最近、Hさんは食事中にむせることが増え、思うように食事ができなくなり、体重の減少もみられるようになった。近頃は、友人のJさんが来ても「今日は疲れているから」と言い、将棋をJさんと行う機会も少なくなった。そしてその矢先、Hさんは誤嚥性肺炎で入院となってしまった。実は、Hさんは過去にも誤嚥性肺炎で入院した経緯があり、担当の医師からは「栄養をしっかりと摂るためにも、胃ろうの造設を検討してみてはどうか」とHさんに提案がなされた。この提案を聞いたHさんは、担当の医師に「できれば自分の口で食べたい」と要望したとともに、胃ろうに関していくつか質問を投げかけた。

問題123 介護老人福祉施設で働く介護福祉職はHさんに関する情報をICF（International Classification of Functioning, Disability and Health：国際生活機能分類）に基づいて整理した。Hさんに関する情報とICFの各要素の組み合わせとして、**適切なものを1つ選びなさい。**

1　脳梗塞 ————— 個人因子
2　右片麻痺 ————— 健康状態

3　車いす ――――――― 活動

4　食事中のむせ ――― 心身機能・身体構造

5　Jさん ――――――― 参加

問題 124　担当の医師がHさんに説明した胃ろうに関する内容として、**適切なもの**を1つ選びなさい。

1　胃ろうを造設した場合は、入浴を控える。

2　胃ろうを造設した場合は、経口摂取との併用も可能である。

3　胃ろうによる経管栄養を行う場合は、ベッドを水平に保ち、仰臥位（ぎょうがい）とする。

4　胃ろうによる経管栄養で用いる栄養剤の種類を変更したい時は、介護福祉職に依頼する。

5　ろう孔（こう）は、カテーテルの抜去後、14時間で閉鎖する。

問題 125　病院に入院していたHさんは、胃ろうを造設しないまま退院し、介護老人福祉施設に再び入所となった。しかし、その後もHさんは食事中にむせることが多く、その様子を見て心配したHさんの妻は介護福祉職に相談を持ちかけた。Hさんに対する意思決定支援を意識した介護福祉職の対応として、**最も適切なもの**を1つ選びなさい。

1　入院中の医師の診断結果を受け、Hさんに胃ろうの造設を提案する。

2　胃ろうの造設に関して、介護福祉職の考えをHさんに伝える。

3　入院時のHさんの要望を尊重し、胃ろうの造設については検討しない。

4　今後の生活について、Hさんの思いを確認する。

5　Hさんと話し合う前に相談内容を妻や息子に伝える。

本試験型 **介護福祉士** 問題集

第**2**回

挑戦**1**回目	点数	／125
挑戦**2**回目	点数	／125
挑戦**3**回目	点数	／125

試験時間：220分
配点：1問1点
解答一覧は別冊p.159にあります。
p.188～191の解答用紙をコピーしてお使
いください。

問題 1

Aさん（65歳、女性）には、脳梗塞（cerebral infarction）での後遺症により右片麻痺がある。現在は、週2回の訪問介護と週1回の通所介護を利用しながら、自宅での一人暮らしを継続している。ある日、Aさんは床に散らばっていた新聞紙で足を滑らせ、転倒してしまった。幸いにもケガはなかったが、訪問介護員（ホームヘルパー）は、週2回の訪問介護だけでは室内清掃が十分に行われず、安全な生活環境を保てないと考えた。遠方で暮らす息子は、転倒したAさんのことを心配し、Aさん宅に隣接するサービス付き高齢者向け住宅PへのAさんの入居を考え始め、そのことを訪問介護員に相談した。Aさんの息子から相談を受けた訪問介護員が最初に取り組む対応として、**最も適切なもの**を1つ選びなさい。

1 新聞紙は転倒の原因になるため、新聞をとらないことをAさんに提案する。
2 Aさんの息子の意見を尊重し、サービス付き高齢者向け住宅PへのAさんへAさんに提案する。
3 Aさんを担当する介護支援専門員に訪問介護の回数増加について相談する。
4 Aさんの息子から聞いた内容をサービス提供責任者に伝える。
5 Aさんの気持ちを確認する。

問題 2

介護老人福祉施設や介護老人保健施設で、やむを得ずに行う身体拘束に関する次の記述のうち、**最も適切なもの**を1つ選びなさい。

1 利用者を落ち着かせるために向精神薬を過剰に服用させることは、身体拘束とはならない。
2 身体拘束を行った際は、その態様、時間、利用者の身体の状況、緊急やむを得ない理由を記録する。
3 利用者の安全を確保するための身体拘束は、個々の職員の判断で実施できる。
4 施設は、身体的拘束等の適正化のための対策を検討する委員会を、6か月に1回以上開催しなければならない。
5 切迫性、非代替性、一時性のいずれかの要件を満たせば、身体拘束ができる。

領域 人間と社会
2 人間関係とコミュニケーション 解答・解説…別冊p.53

問題 3　介護福祉職としての自己覚知に関する次の記述のうち、**最も適切なもの**を1つ選びなさい。

1　自分の価値観を利用者に合わせる。

2　利用者とコミュニケーションを図る際は、自分を肯定的にとらえる。

3　自分の弱みより強みを重視し、アクティビティ・サービスを企画する。

4　自分の感情や言動の傾向を理解し、利用者と関わる。

5　介護福祉職として、自分の将来の目標を設定する。

問題 4　Bさん（70歳、女性）は、訪問介護を利用しながら自宅で一人暮らしをしている。最近、自宅近くの食料品店まで買い物に行く際、膝が痛むことがある。訪問介護員（ホームヘルパー）がBさんに「お一人での買い物は大丈夫ですか。何か困っていることはありませんか」と尋ねたところ、Bさんは「特に問題ありません」と心配そうな表情で話された。Bさんが伝えようとしたメッセージに関する次の記述のうち、**最も適切なもの**を1つ選びなさい。

1　言語メッセージと矛盾する内容を非言語メッセージで伝えようとしている。

2　非言語の代わりに言語を用いてメッセージを伝えようとしている。

3　非言語メッセージと同じ内容を言語メッセージで強調しようとしている。

4　非言語メッセージを用いて言葉の流れを調整している。

5　言語で伝えた内容を非言語メッセージで補強しようとしている。

問題 5 施設・事業所の経営や人材マネジメントに関する次の記述のうち、**適切なもの**を1つ選びなさい。

1 BCP（Business Continuity Plan：業務継続計画）とは、サービスが安定的・継続的に提供されるよう、感染症・災害発生時の対応方針や職員体制、対応手順等を示した計画のことである。

2 SDS（Self Development System：自己啓発援助制度）とは、法令遵守に加え、倫理や社会貢献に配慮した行動をとることである。

3 PDCAサイクルでは、ストレス要因に働きかけ、その要因を除去することで、そのストレスの解決を図る。

4 コンサルテーション（consultation）では、意見の質よりも、数多くの意見を出すことに価値を置く。

5 アカウンタビリティ（accountability）とは、利用者や家族に対して十分な説明を行った上で同意を得ることである。

問題 6 OJT（On the Job Training）と Off-JT（Off the Job Training）に関する次の記述のうち、**最も適切なもの**を1つ選びなさい。

1 OJTに比べてOff-JTのほうが、体系的に知識の整理を行える。

2 OJTに比べてOff-JTのほうが、学びと実践のずれが少ない。

3 OJTに比べてOff-JTのほうが、チームの形成に役立つ。

4 Off-JTに比べてOJTのほうが、効果が出るまで時間を要する。

5 Off-JTに比べてOJTのほうが、指導する側の負担が小さい。

解答・解説…別冊p.55

問題 7 介護保険制度の保険者と被保険者に関する次の記述のうち、**適切なもの**を1つ選びなさい。

1 第1号被保険者は、市区町村に住所を有する70歳以上の者である。

2 保険者は、市町村及び都道府県である。

3 第2号被保険者は、市区町村に住所を有する40歳以上70歳未満の者で、かつ医療保険に加入している者である。

4 生活保護を受給している第1号被保険者の保険料は、介護扶助として支給される。

5 居住地以外の市区町村の介護保険施設等に入所して住所を変更した場合は、入所前の市区町村の被保険者となる。

問題 8 日本における年金保険制度に関する次の記述のうち、**適切なもの**を1つ選びなさい。

1 国民年金の第2号被保険者は民間企業等の会社員や公務員等である。

2 2017（平成29）年8月から老齢年金を受け取るために必要な資格期間が10年以上から25年以上に変更となった。

3 国民年金加入者は国民年金基金、厚生年金加入者は国民年金にそれぞれ加入する必要がある。

4 満20歳以上の学生で経済的な理由がある場合、国民年金の保険料を納めなくてもよい。

5 老齢基礎年金は60～64歳での繰り下げ支給や66～70歳までの繰り上げ支給も選択できる。

問題 9 指定障害福祉サービス事業者に関する次の記述のうち、**適切なもの**を 1 つ選びなさい。

1 事業所に配置される人員の基準は、事業者の事情を考慮して各事業所が調整することができる。

2 事業者の指定は、市町村長が行う。

3 事業者の責務として、障害者等の日常生活動作の支援に配慮することが定められている。

4 事業者の指定には有効期間があり、5 年ごとの更新が定められている。

5 事業者はサービスの質の評価を行い、サービスの質の向上に努めなければならない。

問題 10 C さん（59 歳、女性）は、緑内障によって全盲となった。近隣に住む C さんの娘が日常の買い物や家事を行っており、食事や排泄、入浴なども自立できている。C さんは長年、地域の世話役をしており、皆で旅行に行くことが楽しみの一つであった。目が見えなくなったので、気軽に旅行には行けなくなったが、デパートに久しぶりに買い物に行きたいと考えている。

この場合、C さんに利用を勧めるサービスとして、**最も適切なもの**を 1 つ選びなさい。

1 施設入所

2 重度訪問介護

3 居宅介護

4 同行援護

5 行動援護

問題 11 介護保険法等の動向に関する次の記述のうち、**適切なもの**を 1 つ選びなさい。

1 2011（平成 23）年の介護保険法改正によって、地域包括支援センターが創設された。

2 2011（平成 23）年の介護保険法改正によって、介護予防通所介護と介護予防訪問介護は廃止され、それらに代わるサービスが地域支援事業の中に位置づけられた。

3 2014（平成 26）年の介護保険法改正によって、介護医療院が創設された。

4 2017（平成 29）年の介護保険法改正によって、医療・介護のデータ基盤の整備の推進が謳われた。

5 2020（令和2）年の社会福祉法等の一部を改正する法律によって、重層的支援体制整備事業が創設された。
　　（注）2020（令和2）年の社会福祉法等の改正とは、「地域共生社会の実現のための社会福祉法等の一部を改正する法律（令和2年法律第52号）」をいう。

問題 12 介護保険制度の財源と保険料に関する次の記述のうち、**適切なもの**を1つ選びなさい。

1 保険給付は、サービス利用者の自己負担額を除いて、公費の40％と保険料の60％で賄われている。
2 保険料の負担割合は介護報酬とともに5年ごとに見直される。
3 第1号被保険者の保険料の徴収については、年額18万円以上の年金受給者の場合が直接市区町村に納める普通徴収となり、年額18万円未満の年金受給者の場合が年金から天引きされる特別徴収となる。
4 介護保険料を1年6か月以上滞納している者は、給付が一時差し止めとなる。
5 事業者は、利用者に提供した介護サービスについて、その費用を算出し、都道府県に請求する。

問題 13 2021（令和3）年度における日本の社会保障の財政に関する次の記述のうち、**正しいもの**を1つ選びなさい。

1 国の一般会計予算に占める社会保障関係費の割合は、3割を超えていない。
2 社会保障財源を項目別にみた場合、「公的負担」の占める割合が最も大きい。
3 社会保障給付費の総額は90兆7,433億円であり、100兆円を超えていない。
4 社会保障給付費を「医療」「年金」「福祉その他」に分類した場合、「年金」の構成割合が最も大きい。
5 「福祉その他」に含まれる「介護対策」の給付費は、10兆円を超えていない。

問題 14 共生型サービスの対象となるサービスとして、**適切なもの**を 1 つ選びなさい。

1 居宅介護
2 共同生活援助
3 通所リハビリテーション
4 訪問看護
5 重度障害者等包括支援

問題 15 介護予防・日常生活支援総合事業のうち、介護予防・生活支援サービス事業に含まれるものとして、**正しいもの**を 1 つ選びなさい。

1 権利擁護業務
2 地域介護予防活動支援事業
3 第 1 号生活支援事業（生活支援サービス）
4 包括的・継続的ケアマネジメント支援業務
5 家族介護支援事業

問題 16 障害者総合支援法における地域生活支援事業に関する次の記述のうち、**最も適切なもの**を 1 つ選びなさい。

1 実施主体は市町村である。
2 移動支援事業とは、訪問介護員（ホームヘルパー）を派遣して自宅内の生活を支援するサービスである。
3 地域活動支援センターは、利用者（障害者・児）が地域において自立した生活を営むことができるよう、利用者が通って創作的活動や生産活動、社会との交流促進等を行う施設である。
4 福祉ホームとは、5 人から 9 人の少人数の利用者が家庭的な雰囲気の中で共同生活を営む施設である。
5 相談支援事業あるいは専門性の高い相談支援事業を行うかどうかは、実施主体ごとに判断される。

問題 17 日本の医療保険制度に関する次の記述のうち、**適切なものを**1つ選びなさい。

1 正常分娩は保険診療の対象外である。

2 生活保護世帯は国民健康保険に加入する。

3 保険給付は現物給付に限られている。

4 病院・診療所でかかった医療費の自己負担は、年齢に関係なく3割負担である。

5 後期高齢者医療制度は、65歳以上の人を対象としている。

問題 18 生活困窮者自立支援法に関する次の記述のうち、**最も適切なもの**を1つ選びなさい。

1 住居確保給付金は、福祉事務所設置自治体が直営または委託により実施する任意事業である。

2 生活保護の受給者を対象に自立支援策を講じ、その自立の促進を図ることを目的としている。

3 窓口に来訪しない者に対しては、ワンストップ型の相談支援を展開する。

4 自立相談支援事業は、社会福祉法人やNPO（特定非営利活動：Non-Profit Organization）法人に委託することもできる。

5 就労準備支援事業では、家計の状況を把握することや家計の改善の意欲を高めることを支援の目的としている。

問題 19 副交感神経の作用として、**正しいもの**を1つ選びなさい。

1 気道の収縮
2 消化の抑制
3 血管の収縮
4 瞳孔の散大
5 血糖値の上昇

問題 20 良肢位に関する次の記述のうち、**正しいもの**を1つ選びなさい。

1 良肢位は基本肢位とも呼ばれ、関節への負担が少ない角度とした姿勢を意味する。
2 良肢位を保持する際は、クッションを用いてはならない。
3 良肢位の場合、つま先は下を向いた姿勢となる。
4 膝関節の良肢位は、膝関節を10度程度に屈曲した姿勢である。
5 肘関節の良肢位は、肘関節を伸ばした姿勢である。

問題 21 脳の器官のうち、記憶をつかさどる部位として、**正しいもの**を1つ選びなさい。

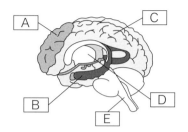

1　A
2　B
3　C
4　D
5　E

問題 22 側臥位（そくがい）における褥瘡（じょくそう）の好発（こうはつ）部位として、**最も適切なもの**を1つ選びなさい。

1　膝関節部（しつかんせつ）
2　踵骨部（しょうこつ）
3　尾骨部（びこつ）
4　仙骨部
5　大転子部

問題 23 消化器系の構造・機能・疾患に関する次の記述のうち、**適切なもの**を1つ選びなさい。

1　小腸では、水分の吸収が行われる。
2　下行結腸に続いて直腸がある。
3　喉頭（こうとう）がんは、男性より女性の方が発病しやすい。
4　食道静脈瘤（りゅう）の原因と肝硬変（liver cirrhosis）の関連はない。
5　胃十二指腸潰瘍（かいよう）（gastroduodenal ulcer）の原因には、ストレスや喫煙のほかにヘリコバクター・ピロリ菌によるものもある。

問題 24 マズロー（Maslow, A.H.）の欲求階層説における各欲求とその説明の組み合わせとして、**適切なもの**を1つ選びなさい。

1 生理的欲求—食事、睡眠、排泄等、生命を維持するために必要な最も高次の欲求

2 安全欲求—社会的欲求（二次的欲求）に含まれる欲求

3 所属・愛情の欲求—自分の能力を最大限に発揮したいという欲求

4 承認欲求—他の人から価値ある存在として認められたいという欲求

5 自己実現の欲求—安全な環境、経済的な安定、よい健康状態の維持を求める欲求

問題 25 廃用症候群（disuse syndrome）に関する次の記述のうち、**最も適切なもの**を1つ選びなさい。

1 めまいや立ちくらみが起きることはほとんどない。

2 うつ状態になる。

3 心筋の動きが活発になる。

4 不顕性誤嚥による誤嚥性肺炎の危険性が低下する。

5 1回換気量が増加する。

問題 26 筋肉に関する次の記述のうち、**最も適切なもの**を1つ選びなさい。

1 筋肉には、主として内臓を保護する役割がある。

2 骨格筋は、随意筋である横紋筋の1つである。

3 下肢よりも上肢のほうが筋肉の量が減少しやすい。

4 車いすのハンドリムを前方に押す際に必要となる筋肉は、大腿二頭筋である。

5 僧帽筋は、立位姿勢を維持するための抗重力筋の1つである。

問題 27 血液と血管系に関する次の記述のうち、**適切なもの**を1つ選びなさい。

1 血小板には、食作用の働きがある。

2 血色素（ヘモグロビン）には、血液凝固の働きがある。

3 血漿は、血液の約55％を占めている。

4 肺動脈には、動脈血が流れている。

5 左心室から出た血液は、大静脈へ流れる。

問題 28 疾病による食事療法に関する次の記述のうち、**最も適切なもの**を1つ選びなさい。

1 糖尿病（diabetes mellitus）の場合、高カロリーの食品を多く摂取する。
2 慢性腎不全（chronic renal failure）の場合、たんぱく質を多く摂取する。
3 脂質異常症（dyslipidemia）の場合、コレステロールの摂取を控える。
4 肝硬変（liver cirrhosis）の場合、ビタミン類を控える。
5 痛風（gout）の場合、たんぱく質を控える。

問題 29 唾液と唾液腺に関する次の記述のうち、**適切なもの**を1つ選びなさい。

1 交感神経が優位となった場合、唾液の分泌は促進される。
2 唾液には、糖質の消化を助ける酵素が含まれている。
3 小唾液腺には、耳下腺、顎下腺、舌下腺がある。
4 唾液の分泌中枢は、小脳にある。
5 唾液は、1日に2.5ℓほど分泌される。

問題 30 死を受容する過程に関する次の記述のうち、**最も適切なもの**を1つ選びなさい。

1 キューブラー・ロス（Kübler-Ross, E.）は死を受容する過程を否認、怒り、抑うつ、受容の4段階に理論化した。
2 キューブラー・ロス（Kübler-Ross, E.）のいう「否認」の段階とは、「病気さえ治れば何でもします」等と何かと取引するかのように奇跡を願う段階のことをいう。
3 キューブラー・ロス（Kübler-Ross, E.）のいう「怒り」の段階とは、「なぜ自分が」という死の根拠を認めず、問いかける段階のことをいう。
4 すべての人がキューブラー・ロス（Kübler-Ross, E.）の死を受容する過程をたどる。
5 終末期では、利用者が死を受容できていれば、家族もその死を受容していると考えて対応する。

問題 31 喪失体験と悲嘆に関する次の記述のうち、**最も適切なもの**を1つ選びなさい。

1 ボウルビィ（Bowlby, J.）は、悲嘆の過程について、①離脱・再建、②断念・絶望、③無感覚・情緒危機という順序性があることを説明した。

2 ハグマン（Hagman, G.）は、死別した人との関係性は継続されず、その代わりに新たな人間関係が形成されることを説明した。

3 ラザルス（Lazarus, R.S.）とフォルクマン（Folkman, S.）は、悲嘆モデルの死別へのコーピングに関して二重過程モデルを提唱した。

4 ストローブ（Stroebe, M. S.）とシュト（Schut, H.）は、喪失の現実と向き合い、喪失自体への対処を図ることを回復志向コーピングとして説明した。

5 フロイト（Freud, S.）は、死別後の悲しい気持ちを乗り越え、平穏な状態に回復していく心理的な過程をモーニングワーク（Mourning Work）として説明した。

問題 32 高齢者の掻痒感に関する次の記述のうち、**最も適切なもの**を1つ選びなさい。

1 高齢者の皮膚はドライスキンになりやすい。

2 老人性乾皮症は、湿気の多い夏季に悪化しやすい。

3 掻痒感を起こす刺激には、物理的刺激と化学的刺激の2種類がある。

4 頭皮や眉毛、耳介等にふけのような付着物を伴った紅斑ができるものを、皮脂欠乏性皮膚炎という。

5 おむつ使用者のし尿汚染によって接触性皮膚炎を起こすことはない。

問題 33 高齢者のうつ病（depression）と精神疾患（mental disease）に関する次の記述のうち、**最も適切なもの**を 1 つ選びなさい。

1 高齢者のうつ症状は、睡眠障害や食欲低下等の身体症状に限られる。

2 せん妄（delirium）は、夜間よりも昼間に生じやすい。

3 高齢者のうつ病（depression）は、若年者のうつ病（depression）と比べると、自殺の危険性が高い。

4 高齢者のうつ病（depression）は、若年者のうつ病（depression）と比べると、抑うつ気分が重い傾向にある。

5 老年期に発症した統合失調症（schizophrenia）は、妄想型が少ない。

問題 34 めまいを症状とする疾患等に関する次の記述のうち、**適切なもの**を 1 つ選びなさい。

1 加齢黄斑変性症の場合、動悸を伴うめまいが生じる。

2 メニエール病（Ménière disease）の場合、突然聴力が低下し、一時的にめまいが生じる。

3 良性発作性頭位めまい症の場合、急に起き上がると浮動性のめまいが生じる。

4 中枢性めまい症は、脳梗塞（cerebral infarction）で生じる。

5 不整脈によるめまいでは、頭痛を伴う。

問題 35 高齢期に心不全（heart failure）が進行した際に現れる症状に関する次の記述のうち、**最も適切なもの**を 1 つ選びなさい。

1 呼吸数が減少し、チアノーゼ（cyanosis）が出現する。
2 体重が減少する。
3 呼吸苦は、仰臥位よりも座位のほうが増す。
4 尿量が増加する。
5 軽い労作でも動悸を感じる。

問題 36 急性心筋梗塞（acute myocardial infarction）に関する次の記述のうち、**適切なもの**を 1 つ選びなさい。

1 徐々に発症する。
2 胸痛を伴わないこともある。
3 冷や汗を伴うことは少ない。
4 胸痛は数分程度で消失する。
5 ニトログリセリンが効く。

問題 37 高齢者の肝機能障害に関する次の記述のうち、**適切なもの**を
1つ選びなさい。

1 肝機能障害では、初期の段階から黄疸がみられる。

2 飲酒による肝機能障害は、肝硬変に進行することはない。

3 解毒作用が低下し、薬の副作用が生じやすい。

4 インスリン（insulin）の分泌が低下する。

5 肝臓での薬剤の代謝に要する時間は短くなる。

問題 38 知能に関する次の記述のうち、**適切なもの**を1つ選びなさい。

1 結晶性知能は、20歳頃を過ぎると低下しやすい。

2 新しい内容を学習することは、結晶性知能に該当する。

3 計算する力は、流動性知能に該当する。

4 結晶性知能よりも流動性知能のほうが、維持されやすい。

5 流動性知能は、学校教育等の環境条件の影響を受けやすい。

問題 39 認知症（dementia）の人とその家族への支援体制に関する次の記述のうち、**適切なもの**を１つ選びなさい。

1 認知症施策推進大綱では認知症疾患医療センターを地域の認知症に関する医療提供体制の中核と位置付けた。

2 認知症バリアフリーとは、認知症になった後も地域で安全に暮らすために物理的障壁を除去することである。

3 認知症サポーターは各自のできる範囲内で、認知症の人やその家族を支えることが義務づけられている。

4 認知症地域支援推進員は、市町村社会福祉協議会に配置されている。

5 認知症初期集中支援チームは、認知症介護研究・研修センターに配置されている。

問題 40 認知症の行動・心理症状（BPSD）に関する次の記述のうち、**最も適切なもの**を１つ選びなさい。

1 トイレの水を流すことができなくなる。

2 財布をどこに置いたか思い出せなくなる。

3 買い物に行く途中で道に迷うようになる。

4 「外出したい」という意欲がなくなり、家に閉じこもるようになる。

5 字の読み書きができなくなる。

問題 41 アルツハイマー型認知症（dementia of the Alzheimer's type）に関する次の記述のうち、**最も適切なもの**を１つ選びなさい。

1 女性に比べて男性に多い。

2 感情失禁がみられる。

3 多発性脳梗塞（multiple cerebral infarction）が原因であることが多い。

4 意識障害が顕著にみられる。

5 末期の段階では、けいれん発作を伴うこともある。

問題 42 イギリスの心理学者トム・キットウッド（Kitwood, T.）が提唱したパーソン・センタード・ケア（person-centered care）に関する次の記述のうち、**最も適切なもの**を1つ選びなさい。

1 認知症ケアを専門的に研究する中央組織のことである。
2 周囲の人との人間関係づくりを最も重視したケアである。
3 認知症（dementia）の中核症状に着目して行うケアである。
4 認知症（dementia）の人のその人らしさを高めるケアである。
5 その人の権利を守るため、認知症（dementia）の人を保護することを重視したケアである。

問題 43 認知症（dementia）の中核症状に関する次の記述の組み合わせのうち、**最も適切なもの**を1つ選びなさい。

1 自分の家の場所がわからなくなる ———————————— 徘徊
2 普段の生活で使用している物が何かわからなくなる ————— 妄想
3 調理を計画的に行うことが難しくなる ————————————— 失行
4 「今日は何月何日ですか」と質問しても答えることができない — 見当識障害
5 ボタンをかけ間違えたり、ズボンを腕に通したりする ——— 実行機能障害

問題 44 バリデーション（validation）に関する次の記述のうち、**最も適切なもの**を1つ選びなさい。

1 見る、話す、触れる、立つ、を介護の4つの柱と名づけている。
2 人生の再評価やアイデンティティの強化を促すことになる。
3 いつでも、どこでも、その人らしくという利用者本位のケアの実現を目指す。
4 共感を通して認知症高齢者の心の現実に合わせていく。
5 思考の転換と思考の展開の2つの意義がある。

問題 45 軽度認知障害（Mild Cognitive Impairment：MCI）の特徴に関する次の記述のうち、**最も適切なもの**を１つ選びなさい。

1 65歳未満で発症する認知症のことである。
2 物忘れについての自覚がある。
3 日常生活動作（ADL）が低下している。
4 性格の変化がみられる。
5 睡眠中に激しく身体を動かすことがある。

問題 46 Dさん（80歳、男性）は、レビー小体型認知症（dementia with Lewy bodies）の妻を自宅で介護している。Dさんはいつも妻に寄り添い家事も頑張ってこなしている。最近、妻は夜間に「子どもが遊びに来ている」と言って寝なくなったり、日中は小刻み歩行により転倒しそうになり、思わず大声で怒鳴ってしまうことが多くなった。Dさんは通所介護（デイサービス）の職員との会話で「自分が情けない。どうしていいかわからない」と気持ちを語った。

介護福祉職の対応として、**最も適切なもの**を１つ選びなさい。

1 施設への入所を勧める。
2 まずはDさんの思いを共感的態度で受容する。
3 睡眠薬を服用させることを提案する。
4 怒鳴ることは妻を傷つける行為だと非難する。
5 病気の症状でどうしようもないので、怒鳴ってもいいと励ます。

問題 47　E さん（65 歳、男性）は、慢性硬膜下血腫（chronic subdural hematoma）に罹患しており、認知症（dementia）の症状が現れている。E さんの家族は、E さんの今後について不安を抱いたことから、主治医に相談した。
主治医が行った慢性硬膜下血腫（chronic subdural hematoma）の説明として、**最も適切なもの**を 1 つ選びなさい。

1　脳の前頭葉と側頭葉に限定し、脳の萎 縮 が起きる特徴があると説明した。

2　異常化したプリオン蛋白が脳に蓄積することで、脳神経細胞の機能障害が起こる疾患であると説明した。

3　脳卒中（stroke）発作の度に階段状に進行する特徴があり、治療によって大きく改善されるものであると説明した。

4　正常圧水頭症（normal pressure hydrocephalus）などと同様、治療や手術によって改善が望める疾患であると説明した。

5　変性疾患による認知症（dementia）原因疾患であり、治療によって大きく改善することは望めないと説明した。

問題 48　自宅で生活する F さん（68 歳、男性）は、主治医から「認知症の疑いがある」と言われ、MMSE（Mini-Mental State Examination: ミニメンタルステート検査）を受けることになった。MMSE に関する説明として、**最も適切なもの**を 1 つ選びなさい。

1　日常生活動作（Activities of Daily Living：ADL）の状況からアルツハイマー型認知症（dementia of the Alzheimer's type）の進行度を判定する。

2　質問ではなく、主に日常生活の行動を観察し、そこから認知症の進行度を評価する。

3　個人面接を通して一般的な知能指数（Intelligence Quotient：IQ）を評価する。

4　6 項目に関して観察式で評価し、その結果がスコア 1 の場合、軽度認知症の可能性がある。

5　口頭での回答と図形の模写から認知機能を評価し、その結果が 23 点以下の場合、認知症の疑いがある。

問題 49　障害受容の過程には個人差があるものの、一般的に5段階に分けて考えることができる。障害受容の各段階とその名称と意味に関する3つの組み合わせとして、**最も適切なもの**を1つ選びなさい。

1　第1段階 ― ショック期 ― 障害という現実を実感できず、突然の状態を受け入れられない時期
2　第2段階 ― 混乱期 ― 障害を受け入れられず、否定する時期
3　第3段階 ― 否認期 ― 現状の不安や将来への恐怖を感じ、気分が落ち込む時期
4　第4段階 ― 努力期 ― 障害を受け入れる時期
5　第5段階 ― 受容期 ― 障害を受け入れるために努力する時期

問題 50　自閉症スペクトラム障害（autism spectrum disorder）と自閉症スペクトラム障害（autism spectrum disorder）がある人への支援に関する次の記述のうち、**最も適切なもの**を1つ選びなさい。

1　思考の流れに関連性や統一性がない。
2　他の人の気持ちを読み取ることは難しいが、協調性は高い。
3　不適切な行動をとったときには、その都度、場所を変更する。
4　情報を伝えるときには、二重否定の表現を含むようにする。
5　こだわり行動をとったときには、介入する。

問題 51　G さん（32 歳、男性）は軽度の知的障害があり、両親の世話を受けながら自宅で暮らしている。G さんは生活意欲が高く、家に閉じこもらずに地域の人たちとの交流を増やしたり、簡単な作業を行ったりして、「地域での居場所ができたらいいな」と思い、「障害者総合支援法」の地域生活支援事業を活用しようと考えている。

G さんが受けるサービスとして**最も適切なもの**を 1 つ選びなさい。

1　地域活動支援センター
2　行動援護
3　地域定着支援
4　福祉ホーム
5　自立訓練
　（注）「障害者総合支援法」とは「障害者の日常生活及び社会生活を総合的に支援するための法律」のことである。

問題 52　障害者の権利施策に関する次の記述のうち、**正しいもの**を 1 つ選びなさい。

1　1975（昭和 50）年に国際連合総会（国連総会）において障害者の権利保障を求める「障害者の権利に関する条約」（障害者権利条約）が採択された。
2　国際連合（国連）は「完全参加と平等」をテーマに 2006（平成 18）年を「国際障害者年」とした。
3　アメリカ合衆国の自立生活運動（IL 運動：Independent Living Movement）は、障害者における身体機能の回復及び経済的自立を求めた運動である。
4　1999（平成 11）年にアメリカ合衆国が制定した ADA（Americans with Disabilities Act：障害をもつアメリカ人法）は、「すべての世代のための社会を目指して」をスローガンとしている。
5　日本では「障害を理由とする差別の解消の推進に関する法律」（障害者差別解消法）が 2013（平成 25）年に成立した。

問題 53 慢性閉塞性肺疾患（まんせいへいそくせいはいしっかん）（chronic obstructive pulmonary disease）のため、在宅酸素療法を受けている利用者への支援に関する次の記述のうち、**最も適切なもの**を 1 つ選びなさい。

1 酸素供給器による酸素流量の調整は介護福祉職が行う。

2 立ち上がる際は、口をすぼめ、ゆっくり時間をかけて吐き出すように促す。

3 座位よりも仰臥位のほうが楽に呼吸できることを伝える。

4 外出は避け、居室で過ごすように伝える。

5 食事は1回量を多くし、回数を少なくする。

問題 54 難聴の種類と原因に関する次の記述のうち、**最も適切なもの**を 1 つ選びなさい。

1 滲出性中耳炎（しんしゅつ）（serous otitis media）で聞こえにくくなるのは、感音性難聴である。

2 感音性難聴（sensorineural hearing loss）の場合、大きい音は聞きやすい。

3 突発性難聴（sudden hearing loss）は、原因不明の伝音性難聴である。

4 耳垢塞栓（じこうそくせん）の利用者を発見した場合、介護福祉職は速やかに耳垢（じこう）の除去を行う。

5 老人（加齢）性難聴（presbycusis）は、認知症（dementia）の発生や進行につながることもある。

問題 55 内部障害に関する次の記述のうち、**最も適切なもの**を 1 つ選びなさい。

1 ヒト免疫不全ウイルス（HIV）に感染した場合、症状がなくても後天性免疫不全症候群（AIDS）と診断される。

2 心臓弁膜症で人工弁置換手術を行った場合、血栓ができやすくなるため、血液が固まりにくくなる薬を一生服用する。

3 腎不全で連続的携行式腹膜灌流（れんぞくてきけいこうしきふくまくかんりゅう）（CAPD）を行う場合、週2～3回、病院や診療所への通院が必要となる。

4 人工肛門のうちS状結腸ストーマを造設した場合、液状便が排泄される。

5 肝機能障害が起きると、初期の段階から痛みや黄疸（おうだん）等の自覚症状がみられる。

問題 56 ホーエン・ヤール（Hoehn & Yahr）重症度分類のステージⅢに関する次の記述のうち、**適切なもの**を1つ選びなさい。

1 食物繊維の多い食べ物は避ける。
2 立位での更衣は避ける。
3 屋内での履物はスリッパを使用する。
4 症状は両側性であるものの、姿勢保持が可能である。
5 ベッドサイドの床にクッション性のあるマットを敷く。

問題 57 脊髄損傷（spinal cord injury）に関する次の記述のうち、**最も適切なもの**を1つ選びなさい。

1 損傷部位が頸髄 $C_1 \sim C_3$ の場合、四肢麻痺はあるが、呼吸障害はみられない。
2 損傷部位が頸髄 $C_4 \sim C_8$ の場合、下肢の麻痺はあるが、上肢の麻痺はみられない。
3 損傷部位が胸髄 $T_1 \sim T_{12}$ の場合、両下肢の筋力低下がみられる。
4 損傷部位が仙髄 $S_3 \sim S_5$ の場合、排尿・排便障害がみられる。
5 脊髄の完全損傷で、プッシュアップが可能となる最上位のレベルは胸髄 T_1 である。

問題 58 内因性精神障害に分類される疾患として、**正しいもの**を1つ選びなさい。

1 双極性感情障害（bipolar affective disorder）
2 アルコール依存症
3 パニック障害
4 血管性認知症（vascular dementia）
5 社交不安障害

問題 **59** 感染予防に関する次の記述のうち、**適切なもの**を 1 つ選びなさい。

1 特定の利用者に対して行う標準予防策で、感染の可能性を最小限に抑えるための基準をスタンダードプリコーション（standard precautions：標準予防策）という。

2 手指の消毒に速乾式手指消毒液を使った場合、手が乾く前にタオルで拭きとる。

3 気管カニューレを使用している場合、口腔内の吸引に加え、口腔ケアも行う。

4 吸引操作を行う場合、吸引チューブの挿入部分を手で触りながら確実に行う。

5 家族から経済的な理由で「吸引器具の消毒液の利用を控えてほしい」と言われた場合、その要望を尊重する。

問題 **60** 人工呼吸器に関する次の記述のうち、**適切なもの**を 1 つ選びなさい。

1 人工呼吸器の回路の接続は、はずれない構造になっている。

2 人工呼吸器のコンセントから、停電時には、バッテリーなどを用い稼働できるようになっている。

3 非侵襲的人工呼吸療法で使用するマスクは、鼻のみを覆う鼻マスクだけである。

4 侵襲的人工呼吸療法とは、口・鼻または鼻のみを覆うマスクを通して酸素を送り込むことをいう。

5 人工呼吸器装着者は、全面的に人工呼吸器に合わせて呼吸する。

問題 61 気管カニューレ内部の喀痰吸引で、指示された吸引時間よりも長くなった場合、吸引後に注意すべき項目として、**最も適切なもの**を1つ選びなさい。

1 腹痛
2 嘔気
3 動脈血酸素飽和度
4 痰の色
5 脈拍数の低下

問題 62 子どもの経管栄養の留意点に関する次の記述のうち、**最も適切なもの**を1つ選びなさい。

1 子どもは、腹式呼吸や泣くことによる腹圧の亢進や抱っこ等による体位により、チューブが移動しやすく栄養剤が漏れやすい。
2 腹痛がないため、排便状態は確認しなかった。
3 経管栄養チューブにつけた印が少し抜けていたが、呼吸状態を確認しながらそのまま注入した。
4 栄養剤の注入後は排痰を十分に行い、呼吸状態を整えた。
5 開封した栄養剤は、冷凍保管し定められた時間内に使用する。

問題 63 施設に入所しているHさん（88歳、女性、要介護5）は円背の上、寝たきりで難聴である。胃ろうによる経管栄養の注入前から注入中に関する次の記述のうち、**最も適切なもの**を1つ選びなさい。

1 円背なので、いつも寝ている側臥位のままで注入を開始した。
2 眠っていたのだが、声をかけ、起きたので説明し、状態を確認して注入を開始した。
3 難聴のため、イリゲーター（栄養剤を入れる容器）とベッドのネームプレートで名前を確認した。
4 注入中、しゃっくりがでたので、注入速度を遅くして様子をみた。
5 注入直後、痰のからみがあったので、注入速度を遅くして様子をみた。

領域 介護
9 介護の基本

問題64 ICF（International Classification of Functioning,Disability and Health：国際生活機能分類）の視点に基づく環境因子と心身機能の関連を表す記述として、**最も適切なもの**を１つ選びなさい。

1 妊娠すると、靴下が履きにくくなる。
2 車いすを自操して、外食にでかける。
3 視力が低下すると、本を読むことができない。
4 右下肢切断すると、車いすでしか移動できない。
5 ちょっとした段差だと、バランスを崩す。

問題65 「令和４年度『高齢者虐待の防止、高齢者の養護者に対する支援等に関する法律』に基づく対応状況等に関する調査結果」（厚生労働省）における高齢者虐待に関する次の記述のうち**適切なもの**を１つ選びなさい。

1 養護者による高齢者虐待の種類は、心理的な虐待が最も多く、次に身体的虐待が多い。
2 養護者による高齢者虐待における虐待者の続柄は、息子が最も多く、被虐待高齢者は男性より女性のほうが多い。
3 養介護施設従事者による高齢者の虐待において、虐待の発生要因としては介護福祉職のストレスや感情コントロールの問題が最も多い。
4 養介護施設従事者による高齢者虐待で最も多く虐待が起こっている施設の種類は、認知症対応型共同生活介護（グループホーム）で、認知症日常生活自立度Ⅳ及びＭの場合、虐待を受ける割合が高い。
5 養介護施設従事者による高齢者虐待の種類は、身体的虐待が最も多く、性的虐待は全くみられない。

問題 66 社会福祉士及び介護福祉士法に関する次の記述のうち、**正しいものを1つ選びなさい。**

1 「社会福祉士及び介護福祉士法第44条の2」の誠実義務規定違反に該当する者は、登録の取り消しが命じられる。

2 「社会福祉士及び介護福祉士法第45条」の信用失墜行為の禁止に違反した者は、30万円以下の罰金が命じられる。

3 「社会福祉士及び介護福祉士法第46条」の秘密保持義務に違反した者は、登録の取り消し、または期間を定めて介護福祉士の名称の使用の停止、1年以下の懲役または30万円以下の罰金が命じられる。

4 「社会福祉士及び介護福祉士法第47条第2項」の連携に違反した者は、介護福祉士の名称の使用の停止が命じられる。

5 「社会福祉士及び介護福祉士法第48条第2項」の名称の使用制限に違反した者は、1年以下の懲役または20万円以下の罰金が命じられる。

問題 67 事故予防に関する次の記述のうち、**最も適切なものを1つ選びなさい。**

1 事故予防のため、介護福祉職は個人で対策をとる。

2 事故を防ぐためには、拘束はやむを得ないとして認められている。

3 緊急時のマニュアルは、一度作成すれば更新する必要はない。

4 救急対応時の訓練は、定期的に行う。

5 リスクマネジメントのマニュアルは、介護福祉職のみが確認する。

問題 68 下記のマークが示しているものとして、**正しいもの**を1つ選びなさい。

1 オストメイト対応のトイレの入り口、案内誘導プレートに表示されている。
2 献血ルームに表示されている。
3 外見からは分からなくても援助を必要としている人らが、周囲に配慮を必要としていることを知らせるマークである。
4 対象者が運転する自家用車に表示する。
5 妊娠初期の人は対象とならない。

問題 69 夜間対応型訪問介護に関する次の記述のうち、**正しいもの**を1つ選びなさい。

1 夜間対応型訪問介護では、定期巡回サービス、オペレーションセンターサービス、随時訪問サービスのいずれか1つのサービスを選択して提供する。
2 夜間対応型訪問介護事業者は、利用者の状態に応じて必要があると認められる場合に限り、オペレーションセンターに通報できる端末機器を利用者に配布する。
3 社会福祉士は、オペレーションセンターのオペレーターの資格要件に含まれていない。
4 夜間対応型訪問介護事業所では、利用者の心身状況などの情報をオペレーターが常時閲覧できるようにしなければならない。
5 すでに居宅サービス計画が作成されている利用者に対しては、夜間対応型訪問介護計画は作成しなくてよい。

問題 70 育児・介護休業法に関する次の記述のうち、**最も適切なもの**を1つ選びなさい。

1 育児休業期間は、原則として子が3歳になるまでの期間である。
2 子の看護休暇や介護休暇は、時間単位での取得が可能である。
3 介護休業の対象家族に、別居している兄弟姉妹は含まれない。
4 子の看護休暇は、小学校就学後の子が病気やけがをした場合に、1人につき、年5日まで取得できる。
5 介護休暇とは、要介護状態にある対象家族の介護などの世話を行う場合に取得することができ、通院等の付添いではなく、自宅で介護する場合がその対象となる。

問題 71 介護実践における多職種連携に関する次の記述のうち、**最も適切なもの**を1つ選びなさい。

1 民生委員やボランティアは、多職種連携のチームの一員である。
2 多職種連携においては、医師を中心としたチームづくりを行う。
3 多職種連携のチームは、それぞれの専門職が情報共有せずにケアすることである。
4 多種職連携のチームの目標は、ケアプランを立案することである。
5 多種職連携のチームケアは、介護福祉職を他職種が助けることである。

問題 72 定期巡回・随時対応型訪問介護看護事業者に関する次の記述のうち、**正しいもの**を1つ選びなさい。

1 オペレーターは、保健師または社会福祉士でなければならない。

2 訪問看護サービスの提供を開始する場合、主治医による指示を文書または口頭で受けなければならない。

3 訪問看護サービスを提供した場合には、訪問看護報告書を作成しなければならない。

4 午後6時から午前8時までの間は、オペレーターを随時訪問サービスに従事させることができない。

5 設置した介護・医療連携推進会議に対し、月1回以上、サービスの提供状況などを報告しなければならない。

問題 73 Aさん（64歳、男性）は、脊髄損傷（T_1）により肢体不自由があり、障害支援区分は4である。ホームヘルパーによる介護・家事援助・外出支援と通所による自立訓練を受けている。これからも、できるだけ今の生活を維持したいが、65歳になり、介護保険を利用するようになっても慣れたヘルパーさんに来てもらえるのかと、相談支援専門員に相談があった。訪問介護、通所介護の事業所はともに共生型サービスの指定を受けている。
相談支援専門員の回答として、**最も適切なもの**を1つ選びなさい。

1 介護保険が優先となるので、事業所は変更になります。

2 現在利用中のホームヘルパーさんと通所は、共生型サービスの指定を受けているので引き続き利用できます。

3 お年を召されてきていますので、在宅から施設入所を検討されてはいかがでしょうか。

4 ヘルパーさんは来ていただくことができますが、通所はできなくなります。

5 通所は継続できますが、ヘルパーさんは変更になります。

問題 74　コミュニケーション技術の基本に関する次の記述のうち、**最も適切なもの**を1つ選びなさい。

1　家族の介護方法が間違っている場合は、すぐにはっきりと誤りを指摘する。

2　利用者が言っていることが分からない場合は、「なぜ」「どうして」と聞く。

3　うなずきやあいづちを打ちながら話を聞くことは、失礼である。

4　傾聴とは、相手の話を受け身で聞くだけでなく、相手の感情をも理解しようとする聴き方である。

5　焦点化とは、「それは、○○ということですね」と、相手が話したいと思っていることを聴き手が言語化することである。

問題 75　Bさん（30歳、女性）は、パートタイムで仕事をしながら、自宅で母の介護をしてきた。ある日、母の訪問介護（ホームヘルプサービス）で訪れたC訪問介護員（ホームヘルパー）に対して、Bさんは、「寝ている間に頭の中に機械が埋め込まれて、行動を監視されている」と興奮気味に訴えた。このときのM訪問介護員（ホームヘルパー）の対応として、**最も適切なもの**を1つ選びなさい。

1　そんなことはあり得ないと否定する。

2　別の話題に変えて話をそらす。

3　Bさんの訴えを肯定も否定もせずに聞き、辛さを受け止める。

4　監視されているのは間違いないと肯定する。

5　頭に機械が埋め込まれた経過をこと細かく聞く。

問題 76 利用者の家族と信頼関係を形成するための留意点として、**最も適切なもの**を 1 つ選びなさい。

1 家族の希望を優先する。
2 話し合いの機会を丁寧にもつ。
3 知識・技術に関する専門用語を使い、信頼を得る。
4 誤った介護方法はその場で訂正する。
5 家族の気持ちを考え、家族の一員のようにふるまう。

問題 77 事故報告に関する次の記述のうち、**最も適切なもの**を 1 つ選びなさい。

1 事故報告は口頭で行えば文書での報告はいらない。
2 事故報告書の記述方法は、特に指定はない。
3 事故報告書は事故の原因を分析するために有効である。
4 事故報告書は、介護福祉職の対応方法のみを記述する書式である。
5 事故報告書は、インシデントを共有する目的がある。

問題 78

Dさん（68歳、女性）は、抑うつ状態（depressive state）があり、介護老人福祉施設に入所している。Dさんは1日中、いすに座って天井を見上げていることが多く、他の入所者と交流を図ろうとしない。Dさんは、介護福祉職に対して毎日、「もう死にたい」という発言をしている。介護福祉職は、Dさんの発言を受けて、カンファレンス（conference）のときに、Dさんへの対応について提案した。

Dさんが「もう死にたい」という発言をした場合の介護福祉職の返答として、**最も適切なもの**を1つ選びなさい。

1 「落ち込んだらだめですよ」
2 「他の方と交流を図らないから、そのような気持ちになってしまうのですよ」
3 「昨日も同じことを言っていましたよ」
4 「そんなことを言わずに頑張って生きていきましょう」
5 「今の気持ちをお聞かせくださいますか」

問題 79

Eさん（83歳、女性、要介護2）は、自宅近くの通所介護を利用している。最近、他の利用者や介護福祉職の声が聞こえないことに気づき、耳鼻科を受診したところ、老人性難聴（presbycusis）と診断された。

老人性難聴（presbycusis）のあるEさんと通所介護員のコミュニケーションに関する次の記述のうち、**最も適切なもの**を1つ選びなさい。

1 「サ行」を含む言葉を発する場合には、特に聞き取りにくいため、はっきりと話すよう注意する。
2 低い声で話しかけると聞こえにくいので、高い声で話す。
3 真後ろから話しかけるようにする。
4 補聴器の使用を勧める。
5 手話を覚えるよう勧める。

問題 80 生活支援に関する基本的な考え方に関する記述のうち、**適切な**ものを1つ選びなさい。

1 生活に関するすべてを援助する。
2 安全確保を優先し、利用者の活動を制限する。
3 利用者本人の意欲を引き出す支援を心がける。
4 利用者の家族の意向を優先する。
5 介護福祉職の意向を優先する。

問題 81 介護保険の給付対象となる住宅改修を利用してトイレを改修するとき、介護福祉職が助言する内容として、**正しいもの**を1つ選びなさい。

1 「工事不要な取り外しできる手すりを設置することができますよ」
2 「滑りにくい床材に変更することができますよ」
3 「現在の洋式便器に、洗浄機能付便座を付けることもできますよ」
4 「現在のトイレのドアを引き戸の自動ドアに変えることもできますよ」
5 「現在の洋式便器の上に、腰掛け便座を設置することもできますよ」

問題 82 右片麻痺の利用者が仰臥位から立位になるための介助方法に関する次の記述のうち、**最も適切なもの**を1つ選びなさい。

1 長時間、右側を下にした側臥位の状態の後、ベッド上に端座位になる。
2 端座位になったら、両足のかかとが膝より前に位置していることを確認する。
3 立ち上がる際、介護福祉職は利用者の正面で介助する。
4 立ち上がる際、介護福祉職は利用者の右膝を支える。
5 立ち上がる際、介護福祉職は利用者の左右両方の腋窩から手を入れて持ち上げる。

問題 83 排泄介護に関する次の記述のうち、**最も適切なもの**を1つ選びなさい。

1 腰掛け便座は、介護保険制度の福祉用具貸与の種目である。
2 補高便座は、座位姿勢が不安定な人に適している。
3 洋式トイレで排泄する際は、後ろに重心がかかるように伝える。
4 尿量が多い利用者には、尿取りパッドを複数枚重ねてあてる。
5 男性が臥床状態で尿器を使用する場合は、側臥位で排尿するよう伝える。

問題 84 右片麻痺のある利用者が、ベッドに端座位になっている状態からスライディングボードを活用してアームサポートが跳ね上がるタイプの車いすに移乗する方法として、**最も適切なもの**を1つ選びなさい。

1 端座位になっている利用者の左側のベッドの真横に車いすを置く。
2 端座位になっている利用者の右側45度の角度に車いすを置く。
3 車いすの座面の高さよりもベッドの高さのほうが少し低くなるように調整する。
4 車いすの左側のアームサポートを上げておく。
5 スライディングボードは、利用者の大腿部の下に差し込む。

問題 85 膀胱留置カテーテルを使用している利用者への介護福祉職の対応として、**最も適切なもの**を1つ選びなさい。

1 水分摂取を控えてもらう。
2 カテーテルが折れていないことを確認する。
3 採尿バッグは膀胱より高い高さに置く。
4 尿漏れが見られたらバルン内の固定液を確認する。
5 尿量の確認は利用者本人に依頼する。

問題 86　F さん（68 歳、女性）には、視覚障害がある。F さんは、自宅内の移動は自立して行えるが、屋外を移動する際には手引き歩行が必要である。
　　　　　　介護福祉職が行う手引き歩行の方法として、**適切なものを1つ**選びなさい。

1　介護福祉職は、F さんの半歩後ろを歩いて誘導する。
2　階段を上るときは、介護福祉職が F さんの後ろを歩いて、F さんの背中を支える。
3　溝をまたいで越えなければならない場合には、介護福祉職が先に渡る。
4　いすに誘導する際は、F さんに座席の位置を口頭で知らせて座ってもらう。
5　F さんが移動することに集中できるように、声かけを極力控える。

問題 87　爪切りに関する次の記述のうち、**最も適切なものを1つ**選びなさい。

1　巻き爪を防ぐために、バイアス切りで爪切りを行った。
2　指先から少し上部分の伸びた部分を直線に切り、その後、角を少し切ることをスクエアオフという。
3　爪切りの目的は、衣服に引っかからないようにすることである。
4　介護福祉職は爪切りを行ってはならない。
5　爪白癬とは、爪が異常に厚くなることをいう。

問題88 「身体拘束ゼロへの手引き」(2001(平成13)年厚生労働省)の身体拘束の内容に関する次の記述のうち、**適切なもの**を1つ選びなさい。

1 座席から立ち上がろうとする利用者に、「トイレの時間ではないので、立たないでください」と大きな声で、立つのを制止した。

2 自分で降りないようにベッドの四方をベッド柵で囲むことは身体拘束には当たらない。

3 医師の指示があれば、切迫性、代替性に関係なく両手にミトンをつけることができる。

4 車いす座面に滑り止めシート、体圧分散クッションを敷き、利用者が車いすから転落するのを防いだ。

5 事前に、施設の考え方として家族から理解を得ていれば、いつでも身体拘束することができる。

問題89 左側半側空間無視のある利用者への介助の方法として、**最も適切なもの**を1つ選びなさい。

1 食事を残している場合、そのまま下膳する。

2 歩行時は、利用者の右側に付き添ってガイドする。

3 話しかけるときは、左側から話しかける。

4 絵を描くレクリエーションを積極的に勧める。

5 車いすのブレーキは左側を常に確認する。

問題90 自己導尿を行っている利用者に対する介護福祉職の対応として、**最も適切なもの**を1つ選びなさい。

1 座位が不安定な場合は、体を支える。

2 自己導尿の準備は利用者が行い、介護福祉職は実施することができない。

3 利用者と一緒にカテーテルを持ち、挿入する。

4 再利用のカテーテルはそのまま消毒液につけ、乾燥させる。

5 尿の観察は利用者自身で行い、異常時は医療者へ報告するように伝える。

問題 91 洗濯に関する次の記述のうち、**適切なもの**を１つ選びなさい。

1 ポリエステル (polyester) は、塩素系漂白剤を使って漂白するのに適さない素材である。

2 ナイロン（nylon）は、塩素系漂白剤を使って漂白するのに適した素材である。

3 血液等のたんぱく質の汚れを高温のお湯で洗濯すると、汚れが落ちやすくなる。

4 液体酸素系漂白剤を、水洗いできる絹に用いてはならない。

5 淡色のものを洗う場合に、蛍光増白剤の入った洗剤を使用すると、変色することがある。

問題 92 調理方法の特徴に関する次の記述のうち、**適切なもの**を１つ選びなさい。

1 蒸し料理は、型くずれしにくいが、ビタミンＣ（vitamin C）などの栄養素の損失が大きい。

2 酢のものは、魚類の生臭さなどを抑える効果があるが、脂っこさを抑えることはできない。

3 電磁調理器での調理は、高齢者でも安心してできるが、熱効率が悪い。

4 電子レンジでの調理は、速く加熱することができるが、栄養分の損失が大きい。

5 電子レンジでの調理は、火事の危険性は低く便利だが、硬くなりやすい。

問題 93 高齢者のリハビリテーションに関する次の記述のうち、**最も適切なもの**を１つ選びなさい。

1 機能訓練は、1回の量を多くして、継続して行う。

2 基本的な動作を行う訓練は理学療法と作業療法である。

3 関節障害のある人の筋力訓練は、関節に強い負荷をかけて動かすことが効果的である。

4 パーキンソン病（Parkinson disease）の人の訓練では体幹をひねることは避ける。

5 関節リウマチ（rheumatoid arthritis）の人の訓練は関節が痛むときは、関節を冷やしながら行うことが効果的である。

問題 94　Gさん（74歳、男性、要介護2）は、脳梗塞（cerebral infarction）で入院したが回復し、自宅への退院に向けてリハビリテーションに取り組んでいる。トイレへは、手すりを使って移動し、トイレ動作は自立している。退院後も自宅のトイレでの排泄を希望している。Gさんが自宅のトイレで排泄を実現するために必要な情報として、**最も適切なもの**を1つ選びなさい。

1　飲食の状況
2　便意・尿意の有無
3　家族介護者の有無
4　衣服の着脱動作の獲得状況
5　トイレまでの自宅の状況

問題 95　食中毒の予防に関する次の記述のうち、**最も適切なもの**を1つ選びなさい。

1　生の肉を切った包丁とまな板は、使いまわさずにすぐに洗い、熱湯をかける。
2　豚肉は中心部75℃以下で1分以上加熱する。
3　解凍した冷凍食品の残りは、再度、冷凍保管しても問題はない。
4　カレーやシチューは常温で保存しても、菌の増殖はしない。
5　卵は菌の増殖がない食品である。

問題 96 緊急時の対応に関する次の記述のうち、**最も適切なもの**を1つ選びなさい。

1 利用者の状態が急変した場合、緊急時であっても介護福祉職は救命処置ができないので、すぐに救急車を手配する。

2 切り傷などで出血した場合は、綿などを傷口に直接あてて止血する。

3 転倒により骨折（fracture）をしたため、骨折部位の上の関節を1箇所固定して、病院に連れて行った。

4 廊下で倒れている利用者を発見した場合には、まずは肩を軽くたたいて、耳元で名前を呼ぶ。

5 脱水症状がみられたので、水分摂取量のみを確認した。

問題 97 福祉用具に関する次の記述のうち、**適切なもの**を1つ選びなさい。

1 車いすは、福祉用具貸与の対象ではない。

2 要介護2以上の利用者は、特殊寝台をレンタルできる。

3 腰掛便座はレンタルできる。

4 福祉用具のレンタルは、医療費控除の対象となる。

5 福祉用具の購入は、一律3割負担である。

問題 98 入浴介助に関する次の記述のうち、**適切なもの**を1つ選びなさい。

1 利用者が片麻痺の場合、患側から浴槽に入る。

2 湯の温度を確認するため、最初に利用者の手に湯をかける。

3 入浴中の浮力作用によって血行が促進し、新陳代謝が活発になる。

4 食事直後の入浴は避ける。

5 入浴後は、休息をとった後に身体の水分を拭き取る。

問題 99 低栄養が疑われる状態として、**最も適切なもの**を1つ選びなさい。

1 体重が増加した。
2 風邪など感染症にかかりやすくなった。
3 BMI が 35.0 以上になった。
4 高血圧症状が改善された。
5 低血圧症状が現れた。

問題 100 Hさん（75歳、女性）は、左片麻痺があるが座位姿勢が安定しており、自立度も高い。Hさんが、自身で介助バーを使って仰臥位から端座位にする場合の、体位変換の手順に関する記述として、**最も適切なもの**を1つ選びなさい。

1 左側の手で介助バーをつかんで、身体を右側に向ける。
2 左側の足は膝を曲げた右側の足の下に入れて、身体を横に傾ける。
3 左側の足を使って下肢をベッドの右端に寄せる。
4 足を下ろしながら、介助バーをつかんでいる側の肘を使って、頭を上げて上半身をおこす。
5 足を浮かせたまま、座位姿勢をとる。

問題 101 安眠を促す生活習慣に関する次の記述のうち、**最も適切なもの**を1つ選びなさい。

1 就寝直前に熱い風呂に入浴する。
2 日中に、日光を浴びると疲労するので外出はしない。
3 就寝前に、コーヒーや紅茶を飲んでリラックスする。
4 就寝前に、軽いストレッチ体操を行う。
5 就寝前に飲酒する。

問題 102 「人生の最終段階における医療・ケアの決定プロセスに関するガイドライン」(2018（平成 30）年改訂)において示されている内容に関して**最も適切なもの**を１つ選びなさい。

1 アドバンス・ケア・プランニング（ACP）が重要視されている。
2 意思確認は口頭で示しておくことが求められている。
3 万一に備えて、家族の意思のみが重要視されている。
4 終末期の本人の意思は必要ないとされている。
5 意思決定は一度示したら変更できない。

問題 103 施設入所者の終末期から死後における家族への支援として、**最も適切なもの**を１つ選びなさい。

1 付き添う家族が寂しくないように、賑やかな環境を整える。
2 在宅よりも、家族への配慮の必要性はない。
3 家族室よりも、利用者の傍で過ごせるように勧める。
4 死後の処置は家族とともに行う。
5 利用者との思い出話を行う。

問題 104 デスカンファレンス（death conference）についての次の記述のうち、**最も適切なもの**を1つ選びなさい。

1 死別後の家族に悲しみを思い出させないために行う。
2 介護福祉職と家族のみで行う。
3 介護福祉職の感情を出してはいけない。
4 介護福祉職自身の振り返りに活かすことができる。
5 利用者家族に対して励ましの言葉を中心に行う。

問題 105 薬の服用や副作用に関する次の記述のうち、**適切なもの**を1つ選びなさい。

1 利尿薬や抗うつ薬の服用は、高齢者の口腔乾燥の原因になり得ない。
2 経管栄養を実施している高齢者は、錠剤の内服薬を投与することができない。
3 薬剤の種類によっては、同時に摂取しない方がよい食品がある。
4 認知症高齢者に対しては、経皮吸収型貼付剤（パッチ剤）を用いることができない。
5 定期的に緩下剤を服用している高齢者に下痢が見られた場合には、介護福祉職の判断で服用を中断する。

問題 106 介護過程におけるアセスメント（assessment）の目的として、**最も適切なもの**を１つ選びなさい。

1 アセスメント（assessment）とは、利用者の情報収集から生活課題を明確化することである。

2 介護者が観察できる利用者の情報は、主観的情報である。

3 情報収集した情報は、そのまますべて記録する。

4 収集した情報は、結論を引き出すのに十分な情報であったか検討しなくてもよい。

5 アセスメント（assessment）の基本的な視点は、生命の安全と生活の安定である。

問題 107 介護過程の目的に関する次の記述のうち、**適切なもの**を１つ選びなさい。

1 介護福祉職には、すべての利用者に画一的な支援を行うことが求められている。

2 根拠に基づいた介護福祉実践を展開することができる。

3 利用者が望んでいることは、すべて実現することができる。

4 家族の自己実現を支援することができる。

5 多職種との連携を図るなかで、介護福祉職の望む仕事を実現することができる。

問題 108 介護過程における生活課題に関する次の記述のうち、**最も適切なもの**を１つ選びなさい。

1 現在表面化している解決するべきこと。

2 家族が望む生活の実現ために実施するべきこと。

3 介護福祉職が実施したい援助の裏付けのこと。

4 利用者の生活を改善するために思いついたこと。

5 利用者が望む生活を実現するために解決するべきこと。

問題 109 Jさんはアルツハイマー型認知症（dementia of the Alzheimer's type）で、認知症対応型共同生活介護施設に1週間前に入所したばかりである。自分の部屋がわからず他の利用者の部屋に入ってしまうことがある。

Jさんの生活課題として、**最も優先すべきものを1つ選びなさい**。

1 介護職員を呼ぶことができる。
2 回廊型の廊下を自由に歩き回れる。
3 他の利用者と一緒に過ごした後、自分の部屋に戻ることができる。
4 自分の家ではないことを理解する。
5 自分の部屋には戻らず、居間でずっと過ごし、他の利用者と仲良くなる。

問題 110 次のうち、介護過程を展開した結果を評価する項目として、**最も優先すべきものを1つ選びなさい**。

1 介護福祉職チームの満足度
2 収集した情報の量
3 ADL の改善度合い
4 短期目標の達成度
5 長期目標の達成度

問題 111 介護支援専門員（ケアマネジャー）とケアプランに関する次の記述のうち、**最も適切なものを1つ選びなさい**。

1 介護支援専門員（ケアマネジャー）の指導により、介護福祉職はケアプランを作成できる。
2 訪問介護計画は、居宅サービス計画のことである。
3 ケアプランと介護計画は異なる内容とする。
4 介護計画は、ケアプランよりも詳細な計画となる場合が多い。
5 介護支援専門員（ケアマネジャー）は、利用者に提供されるサービスを総合的に評価する。

次の事例を読んで、問題112、問題113について答えなさい。

〔事　例〕
　Kさん（80歳、女性、要介護3）は、パーキンソン病（Parkinson disease）と診断されている。診断後も家業を手伝いながら、地域の活動に参加していた。半年前からパーキンソン病（Parkinson disease）が悪化し、動作は不安定となったが、「家族に迷惑をかけたくない」と、できることは自分で取り組んでいた。また、主となる介護者である娘に服薬を管理してもらいながら、通所介護（デイサービス）を週3回利用し、なじみの友人と話すことを楽しみにしていた。最近、通所介護（デイサービス）の職員から娘に、昼食時にむせることが多く食事を残していること、午後になると、「レクリエーションには参加したくない」と落ち着かない様子になることが報告された。

問題 112　介護福祉職がKさんについて、**主観的に記録したもの**を1つ選びなさい。

1　パーキンソン病（Parkinson disease）と診断されている。
2　帰宅願望から、レクリエーションの参加を拒否した。
3　半年前からパーキンソン病（Parkinson disease）が悪化し、動作は不安定となった。
4　娘に服薬を管理してもらっている。
5　午後になると、「レクリエーションには参加したくない」と落ち着かない様子になる。

問題 113 その後、娘が腰痛を発症し、Kさんは短期入所生活介護（ショートステイ）を利用することになった。
次の記述のうち、短期入所生活介護（ショートステイ）におけるKさんの生活課題として、**最も優先すべきもの**を1つ選びなさい。

1 食事を安全に摂取できること。
2 ふらつかず転倒しないこと。
3 レクリエーションに参加できること。
4 なじみの友人ができること。
5 自分でできることが増えること。

総合問題
【事例問題1】

解答・解説…別冊p.96

次の事例を読んで、問題114から問題116までについて答えなさい。

〔事 例〕

　10年前に関節リウマチ（rheumatoid arthritis）を発症したLさん（50歳、女性）は、会社員の夫（55歳）と二人でX市に在住している。現在、Lさんは治療の効果もあり、関節リウマチの進行が抑えられている。一方、肩関節や肘関節、股関節の可動域が狭く、利き手である右手の巧緻性も低下している。自宅内では歩行時にバランスを崩すこともあるが、何とか自分の力で歩くことができている。ただ、1年前に自宅の庭で転倒して以来、転倒するのが心配で、今ではほとんど自宅の外に出なくなった。

　Lさんは「本当は短時間でも自宅の庭を散歩したい」という希望を持っている。そして、そのためには「リハビリを行ったほうがよいのではないか」とも考えている。調理や入浴には夫の支援が必要であるものの、Lさんは自助具を使用して身の回りのことはできるだけ自分で行うようにしていた。

問題 114 Lさんが罹患している関節リウマチ（rheumatoid arthritis）とその支援に関する次の記述のうち、**最も適切なもの**を1つ選びなさい。

1　手関節のこわばりは朝が強いため、朝食はパンのみで済ませる。

2　関節拘縮を防ぐため、関節への負荷を徐々に強めながら動かす訓練を行う。

3　寝る時は高い枕を使用する。

4　洋式便器に据置式便座をのせる。

5　慢性期に手浴や足浴を行う。

問題 115　最近、夫の足腰が弱り、夫がLさんの入浴支援を行うのが徐々に大変になってきた。Lさんと夫は相談した結果、公的な法制度を活用することにした。Lさんが優先的に使用するサービスを規定している法律と、そのサービスの組み合わせとして、**最も適切なもの**を1つ選びなさい。

1　介護保険法 —————— 通所リハビリテーション
2　介護保険法 —————— 通所介護
3　生活保護法 —————— 訪問入浴介護
4　障害者総合支援法 ——— 生活介護
5　障害者総合支援法 ——— 居宅介護

問題 116　下図は、Lさんが日常生活の中で使用している自助具である。この自助具の使用目的として、**適切なもの**を1つ選びなさい。

1　片手で整髪する際に使用する。
2　ボタンを留める際に使用する。
3　片手で爪を切る際に使用する。
4　ストッキングを履く際に使用する。
5　カーテンを開ける際に使用する。

総合問題
【事例問題2】

解答・解説…別冊p.97

次の事例を読んで、問題117から問題119までについて答えなさい。

〔事　例〕

　Mさん（80歳、要介護2）には糖尿病（diabetes mellitus）があり、毎日、朝食後に自分でインスリン注射をしている。これまで夫と一緒に自宅で二人暮らしをしていた。夫がフランス料理のシェフをしていたこともあり、食事づくりは夫の役割となっていた。Mさんは編物が得意で、夫のために手作りのマフラーやセーターをよく編んでいた。ところが、3か月前に、夫はくも膜下出血（subarachnoid hemorrhage）で急死した。

　現在、Mさんは歩行器を使用しているものの、歩き始めてしばらくすると右足が痛くなるため、休みながらでないと歩けない状態である。通所介護を週2回利用しているが、雨の日は「足の調子が悪い」と言い、通所介護を休むことが多い。Mさんは、1年前に腰椎椎間板ヘルニア（lumbar disc hernia）の診断を受けたものの、手術はせず、保存療法を続けている。

　また週2回、訪問販売を利用し、お弁当やパン、カップラーメン等を購入している。口腔内の状況は良好であり、自分の歯が20本以上残っている。

問題 117

次の歩行障害の種類のうち、現在、Mさんにみられるものとして、**適切なもの**を1つ選びなさい。

1　間欠性跛行
2　動揺性歩行
3　失調性歩行
4　墜落性跛行
5　痙性歩行

問題118 夫が亡くなって3か月後の定期受診のとき、Mさんは主治医から「血糖値が高くなってきているので、食生活に気をつけ、合併症に注意してください」と言われた。
Mさんの合併症を早期発見するために介護福祉職が特に注視すべきMさんの心身の変化として、**最も適切なもの**を1つ選びなさい。

1 歯周病
2 不眠
3 目のかすみ
4 うつ症状
5 小刻み歩行

問題119 ある日、Mさんは通所介護の介護福祉職に対して「夫が亡くなったときは気が動転して何も考えられなかったが、今頃になって、とても寂しい」と伝えた。
Mさんへの介護福祉職の対応として、**最も適切なもの**を1つ選びなさい。

1 「気分転換に、ご主人が得意だったフランス料理を食べに行ったらどうですか」と声かけする。
2 「ご主人に編んでいたマフラーやセーターをまた編んでみてはどうですか」と声かけする。
3 「もしかしたら、ご主人は雨の日に亡くなられたのですか」と尋ねる。
4 「もしよければ、ご主人との思い出話を聞かせてくれませんか」と声かけする。
5 寂しさは糖尿病には影響しないため、しばらく無言のまま様子をみる。

総合問題
【事例問題3】

解答・解説…別冊p.100

次の事例を読んで、問題120から問題122までについて答えなさい。

〔事 例〕

Aさん（56歳、女性、障害支援区分1）は、現在、自宅で夫と一緒に暮らしている。以前は、夫と2人で洋菓子店を営んでいた。当時のAさんは、穏やかで真面目な性格の持ち主であり、夫がつくるケーキやクッキー等を丁寧な受け答えで販売していた。そのため、常連客からの評判も高く、2人が経営する洋菓子店は繁盛していた。ところが、4年前、Aさんは自転車に乗って買い物に行く途中、自動車との接触事故に遭い、頭部を強打し、救急車で運ばれて入院となった。その後、奇跡的に意識が回復し、歩行や排泄、入浴等にも特に支障はみられなかった。ただ、交通事故に遭う前と比べ、ちょっとしたことで感情を爆発させることが多くなった。また、2つ以上のことを同時にしようとすると混乱したり、次に何を行ってよいのかわからず、夫に指示してもらわないと動けなかったりすることが目立つようになった。Aさん自身も、以前のように物事を計画的に進めることができない自分に対してストレスが溜まり、意欲の低下がみられた。その後、Aさんは洋菓子店の経営を夫に任せ、自宅内でテレビを見て過ごす時間が多くなった。

問題 120　ICF（International Classification of Functioning、Disability and Health：国際生活機能分類）における個人因子を表す記述として、**最も適切なもの**を1つ選びなさい。

1　夫と一緒に暮らしている。
2　以前、洋菓子店を営んでいた。
3　常連客からの評判が高い。
4　ストレスが溜まり、意欲の低下がみられる。
5　歩行や排泄、入浴には支障はみられない。

問題 121　A さんにみられる症状から考えられる障害・疾病とそれを認定する手帳の組み合わせとして、**最も適切なもの**を 1 つ選びなさい。

1　脊髄小脳変性症（spinocerebellar degeneration）──────── 身体障害者手帳
2　前頭側頭型認知症（frontotemporal dementia）── 精神障害者保健福祉手帳
3　高次脳機能障害（higher brain dysfunction）── 精神障害者保健福祉手帳
4　自閉症スペクトラム障害（autism spectrum disorder）──────── 療育手帳
5　注意欠如・多動性障害（ADHD）────────────────── 療育手帳

問題 122　自宅に閉じこもりがちな生活となった A さんのことを心配した夫は、A さんとともに T 市役所に相談に行った。T 市役所の担当職員が A さんと夫と面接を行った結果、「他の人に迷惑をかけたくないから家に閉じこもってしまう。でも、本当はいろいろな人と話したいし、何か役割を持ちたい」という A さんの思いが明らかとなった。そこで T 市役所の担当職員は、創作的活動や生産活動、社会との交流の促進等を図る事業を A さんと夫に紹介した。T 市役所の担当職員が A さんと夫に紹介した事業として、**最も適切なもの**を 1 つ選びなさい。

1　移動支援事業
2　生活介護
3　地域活動支援センター機能強化事業
4　意思疎通支援事業
5　自発的活動支援事業

総合問題
【事例問題4】

次の事例を読んで、問題123から問題125までについて答えなさい。

〔事 例〕

現在、Bさん（35歳、男性）は、母親（75歳）とU市内で一緒に生活している。Bさんは中学校・高校・大学と陸上部に所属し、長距離走や駅伝チームの選手として活躍してきた。

大学卒業後は運送会社に就職し、配達部門の職員として働き始めた。就職後も仕事が終わってからランニングする等、トレーニングを続け、休日等を利用して各地のマラソン大会に参加してきた。

ところが、5年前にオートバイで転落事故を起こし、損傷レベルC₆の頸髄損傷（cervical cord injury）となった。入院先の病院で関節可動域訓練や上肢の筋力向上訓練等を行って退院したものの、移動には車いすが必要な状態となった。

Bさんは職場で配達部門から事務部門へと異動になったものの、現在も運送会社で働き続けている。その際、自宅から1km程度離れた職場までは電動車いすで通勤している。

Bさんは景色を見ながら走ることの楽しさを忘れられず、車いすマラソン大会への出場を目指すことにした。その準備として、BさんはU市が主催するパラスポーツ教室に週1回参加することにした。ただし、その教室が開催される陸上競技場までは自宅から5km離れている上、歩道が整備されていない等、電動車いすでの移動には危険を伴うことが予測された。

また、Bさんの母親は運転免許を持っていない。そこでBさんはU市の担当者に相談したところ、移動支援事業についての情報を得ることができた。

問題 123 Bさんに関する次の記述のうち、ICF（International Classification of Functioning, Disability and Health：国際生活機能分類）における「個人因子」と「参加」の関係を示すものとして、**最も適切なもの**を1つ選びなさい。

1 会社の事務部門で新たに働き始め、出勤には電動車いすを使用している。
2 頸髄損傷（cervical cord injury）のため、排泄のコントロールが困難となった。
3 景色を見ながら走ることの楽しさを忘れられず、車いすマラソン大会に出場する準備を始めた。
4 玄関の段差を解消したことにより、自宅から一人で外出できるようになった。
5 指先が思うように動かないため、自助具を使用して食事をしている。

問題 124 Bさんが日常生活を送る上で注意すべき点として、**最も適切なもの**を1つ選びなさい。

1 ズボンの着衣は座位のままで行う。
2 自己導尿は自宅以外の場所では実施しないようにする。
3 ベッドから車いすに移乗後、起立性低血圧を起こした際は、頭部を冷やす。
4 うつ熱を起こした際は、冷房を使用する。
5 尿や便の溜まりすぎにより、血圧が急激に低下することがあるため、注意する。

問題 125 U市の担当者がBさんに説明した移動支援事業に関する内容として、**最も適切なもの**を1つ選びなさい。

1 対象は、都道府県が外出時の移動の支援が必要と認めた障害者等である。
2 「障害者総合支援法」では、訓練等給付に分類されるサービスの1つである。
3 通勤や営業活動等の社会経済活動に関する外出以外の目的で利用することはできない。
4 利用する場合、障害支援区分の認定は必要ない。
5 65歳に達した時、介護保険制度における移動支援事業に移行できる。

MEMO

本試験型 **介護福祉士** 問題集

第**3**回

挑戦 **1** 回目	点数	／125
挑戦 **2** 回目	点数	／125
挑戦 **3** 回目	点数	／125

試験時間：220分
配点：1問1点
解答一覧は別冊p.160にあります。
p.188〜191の解答用紙をコピーしてお使いください。

問題 1 1960年代後半からアメリカで始まったIL運動（Independent Living Movement：自立生活運動）に関する次の記述のうち、**適切なもの**を1つ選びなさい。

1 アメリカのソロモン（Solomon, B.）が中心となって展開した。

2 1981年に世界で初めて自立生活センター（Center for Independent Living）が創設された。

3 重度の障害がある場合は、施設での生活が望ましいとされた。

4 自立とは、人の助けを借りず、できる限り依存しない生活を送ることである。

5 1990年に成立したADA（Americans with Disabilities Act：障害をもつアメリカ人法）に影響を与えた。

問題 2 施設において、やむを得ず身体拘束を行う場合の留意点として、**適切なもの**を1つ選びなさい。

1 虐待の種類のうち、身体拘束は、心理的虐待として認識する。

2 利用者の安全を確保する身体拘束を行う場合は、介護福祉職個人の判断で実施できる。

3 利用者を落ち着かせるために、向精神薬を過剰に服用させる行為は身体拘束となる。

4 本人の同意なく、やむを得ず、おむつを着用させることは、身体拘束となるため、禁止されている。

5 やむを得ず身体拘束を行う際は、切迫性、非代替性、一時性のいずれかの要件を満たす必要がある。

問題 ③

U 介護老人福祉施設に就職して 5 年目になる A 介護福祉職が 1 年目の B 介護福祉職に対し、車いすからトイレへの移乗介護を指導することになった。その際、A 介護福祉職が用いるコーチングの方法として、**最も適切なもの**を 1 つ選びなさい。

1 B 介護福祉職に対し、移乗時の介護動作について順を追って説明する。

2 B 介護福祉職に適宜質問を行い、移乗介護の方法について考える機会を提供する。

3 B 介護福祉職が行う移乗介護に対して、その場で直接助言する。

4 B 介護福祉職が移乗介護を行う前に移乗介護の模範を見せる。

5 B 介護福祉職に対し、理学療法士や作業療法士から移乗介護の方法を教わるように指示する。

問題 ④

視覚障害や聴覚障害のある人のコミュニケーション手段とその説明に関する次の組み合わせのうち、**最も適切なもの**を 1 つ選びなさい。

1 点字 ——— 凹んでいる面を指先の感触を使って読みとる。

2 手話 ——— 高齢の中途失聴者に用いると有効である。

3 筆談 ——— グループディスカッションに用いると有効である。

4 読話 ——— 手話と併用すると有効である。

5 触手話 ——— 手指を使って 50 音やアルファベット、数字を表現する。

問題 5 チームマネジメントに関する次の記述のうち、**最も適切なもの**を1つ選びなさい。

1 新人の介護福祉職に対して日常の業務を通じて必要な知識・技術を指導することは、Off-JT（Off the Job Training）に該当する。

2 利用者の病状に応じた介護を行うため、介護福祉職が医師から助言を得ることは、コンサルテーションに該当する。

3 スーパービジョンとは、スーパーバイザー（新人の介護福祉職等）がスーパーバイジー（主任の介護福祉職等）から教育的な指導や訓練を受けることである。

4 介護福祉職チームの目標達成のため、自主的にリーダーや他の介護福祉職に働きかけることは、コーチングに該当する。

5 リーダーシップとは、法令遵守に加え、倫理や社会貢献に配慮した行動をとることを指す。

問題 6 利用者と介護福祉職における人間関係とコミュニケーションに関する次の記述のうち、**最も適切なもの**を1つ選びなさい。

1 傾聴は、利用者が発した言葉の内容のみを集中して聴きとることである。

2 自己覚知は、利用者に対して介護福祉職が自らの氏名や役割等について説明することである。

3 ラポールは、利用者の潜在的な力を引き出し、活用していくことができるようにすることである。

4 パターナリズム（paternalism）は、弱い立場にある利用者の意思を尊重した上で、介護福祉職が支援や介入を行うことである。

5 自己開示では、ジョセフ・ルフト（Luft, J）とハリー・インガム（Ingham, H）が提唱した「ジョハリの窓」を活用するとよい。

領域 人間と社会
3 社会の理解

解答・解説…別冊p.107

問題 7　2022（令和4）年「国民生活基礎調査」（厚生労働省）に基づく世帯に関する次の記述のうち、**正しいもの**を1つ選びなさい。

1　世帯人員1人当たり平均所得金額をみると、最も低いのは「70歳以上」の194万6千円となっている。

2　各種世帯の意識をみた場合、生活が「苦しい」（「大変苦しい」と「やや苦しい」）の割合は、「高齢者世帯」が75.2％となっている。

3　1世帯当たりの平均世帯人員は、2.0人を下回っている。

4　65歳以上の者のいる世帯のうち、高齢者世帯の世帯構造をみると「夫婦のみの世帯」が最も多い。

5　65歳以上の「単独世帯」をみると、女性は35.9％、男性は64.1％となっている。

問題 8　障害者虐待防止法（障害者虐待の防止、障害者の養護者に対する支援等に関する法律）に関する次の記述のうち、**正しいもの**を1つ選びなさい。

1　障害者権利擁護センターで実施する業務は、民間団体などに委託できない。

2　障害者に対する脅し、侮辱、無視、嫌がらせといった対応は、身体的虐待に含まれる。

3　障害者に対する虐待の早期発見に関する規定は設けられているが、虐待の禁止規定はみられない。

4　事業所で使用者による虐待を受けたと思われる障害者を発見した者は、市町村に通報するように努める。

5　障害者に対して食事や排泄、入浴、洗濯等の身近な世話や介助を行わない対応は、ネグレクトに含まれる。

問題 9 地域包括ケアシステムの記述について、**正しいもの**を1つ選びなさい。

1　地域包括ケアシステムは、医療、介護、介護予防、住まいの4つの要素で構成されている。

2　地域包括ケアシステムでの公助には、介護保険制度などの社会保障制度が含まれる。

3　地域包括ケアシステムでは、おおむね30分以内に駆け付けられる圏域を単位として想定している。

4　地域包括ケアシステムとは、様々な介護サービスが旅行中でも提供できることを目指している。

5　地域包括支援センターには、原則として社会福祉士、介護福祉士、主任介護支援専門員を配置しなければならない。

問題 10 地域包括ケアの実現のために設けられた地域ケア会議に関する次の記述のうち、**適切なもの**を1つ選びなさい。

1　介護保険事業支援計画の検討

2　ネットワークの構築

3　介護保険料に関する不服申立ての審査

4　要介護認定に対する不服申立ての審査

5　福祉サービス第三者評価の実施

問題 11 各専門職とその業務内容に関する次の記述のうち、**最も適切なもの**を1つ選びなさい。

1　相談支援専門員 ——————————障害者等に対する相談支援とサービス等利用計画の作成

2　社会福祉士 ————————————主に精神障害者に対する相談援助

3　介護支援専門員（ケアマネジャー）———地域包括支援センターでの権利擁護

4　主任介護支援専門員 ————————介護保険被保険者証の交付

5　介護福祉士 ————————————居宅療養管理指導

問題 ⑫ 障害者総合支援法における障害福祉サービスに関する次の記述のうち、**適切なもの**を１つ選びなさい。

1 就労移行支援では障害のある人が自立した日常生活を送れるよう、一定期間、身体機能や生活能力の向上に必要な訓練を行う。

2 就労継続支援では一般企業等での就労が困難な障害のある人に対し、働く場を提供し、知識や能力の向上に必要な訓練を行う。

3 就労定着支援では一般企業等への就労を希望する障害のある人に対し、一定期間、就労に必要な知識や能力の向上に必要な訓練を行う。

4 生活介護では障害者支援施設で常時介護が必要な利用者に対し、主に夜間、介護や創作的活動を行う。

5 重度障害者等包括支援では医療と常時介護を必要とする障害のある利用者に対し、医療機関で機能訓練や看護、介護等を行う。

問題 ⑬ 介護保険制度の地域密着型サービスに関する記述のうち、**正しいもの**を１つ選びなさい。

1 地域密着型介護老人福祉施設入所者生活介護では、定員が 30 人以下の特別養護老人ホームに入所し、日常生活上の支援や機能訓練、療養上の世話を受けることができる。

2 地域密着型介護老人保健施設入所者介護では、介護保険制度の指定を受けた入居定員が 29 人以下の有料老人ホーム、養護老人ホーム、軽費老人ホーム等が入居している利用者に対して、日常生活上の支援や機能訓練等を行う。

3 看護小規模多機能型居宅介護は通所、訪問、宿泊を組み合わせ、一体的なサービスを提供することができる。

4 定期巡回・随時対応型訪問介護看護は、訪問介護と訪問看護が一体的にまたは密接に連携しながら、日中・夜間を通じて定期巡回と随時の対応を行う。

5 認知症対応型共同生活介護では、介護や支援を必要としない高齢者が複数人集まって一緒に共同生活を営む。

問題 14 介護保険法における地域支援事業の種類とその分類に関する組み合わせとして、**正しいもの**を 1 つ選びなさい。

1 地域介護予防活動支援事業 ── 一般介護予防事業
2 認知症総合支援事業 ──────── 介護予防・日常生活支援総合事業
3 介護給付等費用適正化事業 ── 必須事業
4 訪問型サービス ───────── 包括的支援事業
5 総合相談支援事業 ──────── 任意事業

問題 15 障害者総合支援法に関する次の記述のうち、**最も適切なもの**を 1 つ選びなさい。

1 補装具費の場合、市町村民税非課税世帯の利用者は 1 割負担となる。
2 障害者総合支援法における協議会は、障害福祉計画を作成する。
3 指定障害福祉サービス事業者の指定の取り消しや指定の効力の停止は厚生労働省が行う。
4 障害福祉サービス利用者の個別支援計画の作成は、サービス管理責任者が行う。
5 障害児の障害支援区分認定は、保護者の申請に基づいて行う。

問題 16 介護保険制度の要介護認定に関する次の記述のうち、**正しいもの**を 1 つ選びなさい。

1 被保険者本人に代わって、民生委員が要介護認定の申請を行うことはできない。
2 介護保険制度の発足時から要介護認定の区分は、6 段階のままである。
3 要介護認定の結果通知を受け取る前に、介護保険サービスを利用することはできない。
4 要介護認定の結果に不満がある場合は、介護認定審査会に不服申し立てをすることができる。
5 要介護認定の取り消しが必要な場合は、市町村が行わなければならない。

問題 17 生活保護制度に関する次の記述のうち、**最も適切なもの**を1つ選びなさい。

1 生活保護制度は、生存権に基づき、国が国民に最低限度の生活を保障するものである。

2 生活保護制度の適用は、本人の財力や能力をもとに判断され、扶養義務者の扶養は考慮されない。

3 生活保護の要否や程度の決定は、生活が困窮している個人を単位として行われる。

4 生活扶助では、飲食物費、被服費、日常生活費は支給しない。

5 生活保護の給付は金銭給付が原則であり、医療扶助や介護扶助も金銭給付である。

問題 18 「障害者総合支援法」における行政の役割に関する次の記述のうち、**適切なもの**を1つ選びなさい。

1 指定障害福祉サービス事業者の指定は、市町村が行っている。

2 市町村と都道府県には、それぞれ障害福祉計画の策定が義務付けられている。

3 「障害者総合支援法」で定める協議会は、都道府県が設置する。

4 都道府県は、障害支援区分の認定を行っている。

5 国は、地域生活支援事業の1つとして成年後見制度利用支援事業を行っている。

問題⑲
Cさん（88歳、女性、要介護2）は、1週間前に介護老人福祉施設に入所した。Cさんには関節リウマチ（rheumatoid arthritis）があり、手指の巧緻性が低下しているものの、時間をかければ、上衣については自分で着脱することができていた。ある日、脱衣室でCさんは他の利用者から「服を着るのが遅い。いつまで座っているの」と怒鳴られた。この出来事をきっかけにCさんは介護福祉職に対して「自分では服は着られない。着るのを手伝って」と何度も訴えるようになった。また、入浴の際は、着衣に加え、脱衣の支援も介護福祉職に依頼するようになった。Cさんに生じている適応（防衛）機制として、**最も適切なもの**を1つ選びなさい。

1　退行
2　同一化
3　昇華
4　合理化
5　抑圧

問題⑳　脱水症状に関する記述のうち、**適切なもの**を1つ選びなさい。

1　脱水症状になっても、食欲が低下することはない。
2　高齢になると、喉の渇きに気づかない場合がある。
3　脱水症状が疑われた場合、バイタルサインを確認する必要はない。
4　脱水症状が疑われた場合、直ちにその利用者に対して飲水を行う。
5　一般的に脱水症状を予防するためには、1日に飲水として約800ml以上の水分摂取が必要である。

問題㉑　腎・泌尿器系の疾患や症状に関する次の記述のうち、**最も適切なもの**を1つ選びなさい。

1　腎盂腎炎（pyelonephritis）では、発熱がみられる。
2　神経因性膀胱では、排尿時痛がみられる。

3 膀胱炎(ぼうこうえん)では、心因性頻尿がみられる。

4 前立腺肥大症 (prostatic hypertrophy) では、多尿がみられる。

5 高血糖状態では、排尿困難がみられる。

問題 22 栄養素に関する次の記述のうち、**適切なもの**を1つ選びなさい。

1 食物繊維の過剰摂取によって、便秘が起こった場合、カルシウムや微量元素の体外排出に影響する。

2 水溶性食物繊維よりも不溶性食物繊維の方が、排便促進に効果的である。

3 ビタミンC (vitamin C) を多く含む食材には、さつまいもやじゃがいもなどがあり、その欠乏症として、夜盲症や壊血病(かいけつびょう) などがある。

4 ビタミン B₁ (vitamin B₁) の欠乏によって、脚気、ウェルニッケ脳症、くる病を生じる可能性がある。

5 ビタミン B₁ (vitamin B₁) は、水溶性であり、主としてカルシウムの代謝に関与する。

問題 23 消化管ストーマ（人工肛門）から排泄(はいせつ)される便の性状が水様便(すいようべん)となるのは、どの位置に造設されたストーマからであるか、**最も適切なもの**を1つ選びなさい。

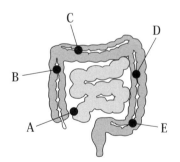

1 A

2 B

3 C

4 D

5 E

問題 24 歯の構造・機能に関する次の記述のうち、**最も適切なもの**を1つ選びなさい。

1 歯のエナメル質の周囲は、象牙質で覆われている。
2 歯の噛み合わせは、全身の筋力や姿勢の制御に影響を及ぼす。
3 歯根幹は、力が加わる歯を支持する働きがある。
4 歯冠部とは、歯肉に覆われた部分をいう。
5 知歯も含めてすべて生えそろった歯の数は、上下合わせて30本となる。

問題 25 血液やリンパ液の役割に関する次の記述のうち、**最も適切なもの**を1つ選びなさい。

1 白血球は、余分な液体の回収と免疫機能を担っている。
2 血液は、骨髄でつくられ、脾臓・肝臓で壊れる。
3 リンパ液は、ウイルスや細菌などの異物を貪食する。
4 血小板は、ヘモグロビンによって酸素の運搬を行う。
5 赤血球は、血液の凝固を行う。

問題 26 人体とそれに関連する数値の記述として、**最も適切なもの**を1つ選びなさい。

1 日本高血圧学会が示す高血圧とされる収縮期血圧（最高血圧）値／拡張期血圧（最低血圧）値（mmHg）は、140 ／ 90mmHg以上である。
2 一般的に腋窩体温は36 ～ 37℃程度で、乳幼児は低く、高齢者は高い傾向にある。
3 脈拍が1分間に60 ～ 80回程度になっている状態を頻脈と呼ぶ。
4 皮膚からは1日に1500ml程度の不感蒸泄がある。
5 一般的に1週間の安静臥床で筋力は30％程度低下するとされている。

問題 27 皮膚感染症や皮膚疾患に関する次の記述のうち、**適切なもの**を1つ選びなさい。

1 カンジダ症は真菌による感染症であり、免疫機能が低下している場合は重症化しやすい。
2 白癬はヒゼンダニによる感染症であり、感染力が強い。
3 帯状疱疹は黄色ブドウ球菌による感染症で、全身に症状が広がりやすい。
4 皮膚掻痒症は皮脂量の減少で皮膚が乾燥し、白い粉をふいたり、ひび割れを起こしたりする。
5 低温やけどは60 ～ 70℃程度のものに長時間触れ続けた場合に発症する。

問題 28 入浴による作用とその効果に関する次の組み合わせとして、**最も適切なもの**を1つ選びなさい。

1 毛細血管の拡大 ――――――― 温熱作用
2 心臓への負担軽減 ――――― 静水圧作用
3 新陳代謝の促進 ――――――― 静水圧作用
4 下肢のむくみの軽減 ――――― 浮力作用
5 関節への負担軽減 ―――――― 温熱作用

問題 29 高齢者の不眠に対する次の記述のうち、**最も適切なもの**を1つ選びなさい。

1 熟眠障害とは、睡眠時間が長くてもぐっすり眠った気がしないことをいう。
2 中途覚醒とは、睡眠薬を服用している人が朝早く目が覚めてしまうことをいう。
3 入眠障害とは、夜中に何度も目が覚めてしまうことをいう。
4 レストレスレッグス症候群（restless legs syndrome）は、足がむずむずして朝早く目が覚めてしまうものをいう。
5 睡眠時無呼吸症候群（sleep apnea syndrome）は、やせ型の高齢者に多い。

問題 30 介護老人福祉施設に入所しているDさん（85歳、女性、要介護4）は、人生の最終段階における支援（エンド・オブ・ライフケア：end-of-life care）を受けている。ある日、介護福祉職がDさんの様子を確認したところ、Dさんはベッド上で眠っていたものの、呼吸に異変がみられた。具体的には呼吸が30秒弱程度止まった後に、浅めの呼吸から深く大きな呼吸に変わり、これをリズムよく周期的に繰り返していた。Dさんにみられる呼吸の種類として、**最も適切なもの**を1つ選びなさい。

1 口すぼめ呼吸
2 チェーンストークス呼吸
3 ビオー呼吸
4 下顎呼吸
5 肩呼吸

問題 31 乳幼児期の標準的な発達に関する次の記述のうち、**最も適切な**ものを1つ選びなさい。

1 生後1か月頃、人見知りの反応が生じる。
2 生後6か月頃、クーイングが見られる。
3 生後8か月頃、社会的微笑が見られる。
4 1歳半〜2歳頃、二語文を話せるようになる。
5 3歳半頃、語彙爆発が起きる。

問題 32 糖尿病（diabetes mellitus）に関する次の記述のうち、**正しい**ものを1つ選びなさい。

1 糖尿病（diabetes mellitus）は、動脈硬化の危険因子ではない。
2 糖尿病（diabetes mellitus）の症候として、多飲や多尿はあるものの、口渇はみられない。
3 糖尿病（diabetes mellitus）の進行によって、心筋梗塞（myocardial infarction）や狭心症（angina pectoris）を合併することはあっても、足指の壊疽が起こる危険性はない。
4 糖尿病（diabetes mellitus）のうち1型糖尿病（diabetes mellitus, type1）は、インスリン分泌異常によるものである。
5 糖尿病（diabetes mellitus）の3大合併症とは、糖尿病性神経障害、糖尿病性肺炎、糖尿病性網膜症（diabetic retinopathy）をいう。

問題 33 高齢者の年齢規定に関する次の記述のうち、**正しいもの**を 1 つ選びなさい。

1 高年齢者等の雇用の安定等に関する法律では、事業主が高年齢者に対して 70 歳まで就業機会を確保することを努力義務としている。

2 高齢者の医療の確保に関する法律では、前期高齢者を 65 歳以上 75 歳以下としている。

3 道路交通法では、免許証の更新の際、高齢者講習に加え、認知機能検査を行う高齢者を 70 歳以上としている。

4 老人福祉法における施策の対象は、75 歳以上の者を原則としている。

5 国民年金の第 1 号被保険者は、20 歳以上 65 歳未満の自営業者、農業者、無職の人等である。

問題 34 老化の特性に関する次の記述のうち、**適切なもの**を 1 つ選びなさい。

1 老化のスピードは誰もが同じであるが、加齢には個人差がある。

2 老化が起きるよう、体内にプログラムされていることを内在性という。

3 老化が身体機能の低下を生じさせることを進行性という。

4 老化が不可逆的な変化であるとするのは普遍性である。

5 老化が避けられないとするのは退行性である。

問題 35 発達段階説や発達課題に関する次の記述のうち、**適切なもの**を 1 つ選びなさい。

1 ピアジェ（Piaget, J.）は、高齢者の感覚運動から思考・認知の発達を 4 つの段階にまとめた。

2 エリクソン（Erikson, E.H.）は、発達課題という概念を初めて提唱した。

3 エリクソン（Erikson, E.H.）は、同一性を獲得する時期は、幼児期であるとしている。

4 バルテス（Baltes, P.B.）らは、人間発達を規定する基本的な決定要因として生物学的要因と環境的要因とそれらの相互作用を示した。

5 バルテス（Baltes, P.B.）らが示した標準歴史的要因は老年期に強い影響を持つと考えられている。

問題 36 高齢者の疾患の特徴に関する次の記述のうち、**適切なもの**を1つ選びなさい。

1 個人差は少ない。
2 多疾患の合併がほとんどみられない。
3 服用した薬の効果が現れにくい。
4 疾患の経過が慢性化しやすい。
5 潜在的な臓器障害は少ない。

問題 37 尿失禁の種類とその説明の組み合わせとして、**適切なもの**を1つ選びなさい。

1 腹圧性尿失禁 —— 歩行障害の影響でトイレに間に合わず、尿が漏れてしまう。
2 溢流性尿失禁 — 前立腺肥大の影響を受け、気付かないうちに少しずつ尿が漏れ出す。
3 切迫性尿失禁 —— 認知症の影響でトイレの場所がわからず、トイレに間に合わない。
4 機能性尿失禁 —— 突然、尿意が生じ、トイレまで我慢できずに尿が漏れてしまう。
5 混合性尿失禁 —— くしゃみや咳をした時、重い物を持った時に尿が漏れてしまう。

問題 38 高齢者と薬剤に関する次の記述のうち、**適切なもの**を1つ選びなさい。

1 抗ヒスタミン薬の睡眠への影響として、夢の中の行動が、そのまま現実の行動として現れることがある。
2 薬剤の種類が増えたとしても、薬剤の効果が強く出現することはない。
3 老化に伴い、腎臓からの薬物排泄量は減少する。
4 肝臓の機能低下によって薬剤の血中濃度が低くなる。
5 介護老人福祉施設に入所中で糖尿病のある利用者に対し、血糖降下薬を処方するのは看護師である。

問題 39　認知症（dementia）の症状とその内容を表す用語と種類に関する 3 つの組み合わせのうち、**最も適切なもの**を 1 つ選びなさい。

1　衣服を適切に着ることができなくなる ― 着衣失行 ― BPSD
2　自宅の場所がわからなくなる ― 見当識障害 ― 中核症状
3　計画を立てて実行することができなくなる ― 注意障害 ― 中核症状
4　簡単な計算ができなくなる ― 実行機能障害 ― 中核症状
5　自分の物を他の人が盗んだと思い込む ― 幻覚 ― BPSD

問題 40　せん妄（delirium）に関する次の記述のうち、**最も適切なもの**を 1 つ選びなさい。

1　症状は、日中に悪化することが多い。
2　発症後、徐々に症状が悪化することが多い。
3　日時や場所の認識は、保持されることが多い。
4　意識の混濁と幻覚を伴う認知症の一種である。
5　発生の危険因子の一つとして、薬剤による副作用が該当する。

問題 41 認知症 (dementia) の治療に関する次の記述のうち、**最も適切なもの**を 1 つ選びなさい。

1 抗認知症薬は、認知症による症状の進行を完全に止めることができる。

2 認知症の行動・心理症状 (BPSD) の治療には、薬物療法が優先される。

3 認知症の行動・心理症状 (BPSD) に抗精神病薬を用いた場合は、副作用として歩幅が広くなる。

4 血管性認知症 (vascular dementia) への抗認知症薬として、脳内のアセチルコリンを増加させる薬剤は認可されていない。

5 アルツハイマー型認知症 (dementia of the Alzheimer's type) への抗認知症薬については、併用は認められていない。

問題 42 認知症初期集中支援チームに関する次の記述のうち、**適切なもの**を 1 つ選びなさい。

1 認知症 (dementia) の初期段階に集中して支援する。

2 認知症 (dementia) の治療を主な目的としている。

3 認知症 (dementia) がある人の家族介護者は対象に含まれない。

4 市町村の本庁、地域包括支援センター、認知症疾患医療センター、病院等に配置される。

5 専門医と医療職でチームメンバーを構成する。

問題 43 E さん（男性、55 歳）は、在職中に認知症となった。現在、E さんは妻の支援を受けながら生活を送っている。E さんが発症した若年性認知症（dementia with early onset）に関する次の記述のうち、**最も適切なもの**を 1 つ選びなさい。

1 55 歳未満に発症する認知症のことを指す。

2 原因疾患（診断名）の割合は、血管性認知症（vascular dementia）が最も多い。

3 身体的な機能は比較的維持されるため、家族の負担は少ない。

4 介護保険制度によるサービスを利用できないため、障害者総合支援法によるサービスを検討する。

5 課題の 1 つに経済的な問題が挙げられる。

問題 44 認知症（dementia）と似た症状をもたらす原因疾患に関する次の記述のうち、**最も適切なもの**を 1 つ選びなさい。

1 甲状腺機能低下症（hypothyroidism）は徐々に記憶障害が顕著となるが、外科的治療で改善が見込まれる。

2 クロイツフェルト・ヤコブ病（Creutzfeldt-Jakob disease）に罹患すると認知障害と運動失調が生じるが、治療すれば改善が見込まれる。

3 正常圧水頭症（normal pressure hydrocephalus）では認知症と似た症状が出現するものの、ステント留置術を行えば改善が見込まれる。

4 慢性アルコール中毒となり、ビタミン B₁ が慢性的に不足するとウェルニッケ脳症が出現する。

5 慢性硬膜下血腫（chronic subdural hematoma）は頭部打撲が原因で認知症と似た症状が出現するが、内科的治療で改善が見込まれる。

問題 45　認知症対応型共同生活介護に関する次の記述のうち、**適切なもの**を 1 つ選びなさい。

1　2021（令和 3）年度介護報酬改定に伴い、開設可能なユニット数が「3 以下」から「2 以下」に変更となった。

2　1 つのユニットにおける利用者の定員は、5 人以上 10 人以下である。

3　おおむね 2 か月に 1 回以上、運営推進会議を開催しなければならない。

4　利用者の外出支援のため、介護保険制度で訪問介護を利用することができる。

5　障害のある利用者に対し、主に夜間、共同生活を営む住居で相談や日常生活上の援助を行う。

問題 46　回想法に関する次の記述のうち、**最も適切なもの**を 1 つ選びなさい。

1　時間や場所等に関して繰り返し確認する中で現実への認識を深めていく。

2　過去の困難な体験や苦痛を思い出す手がかりを準備すると効果的である。

3　過去のことをとりあげるだけでなく、将来につなげる目的がある。

4　異なる場所で毎回行うことで、心身の活性化につながる。

5　話し手と聞き手の 1 対 1 で実施することが基本である。

問題 47 トランスファーショック（リロケーションダメージ）の予防に関する次の記述のうち、**最も適切なもの**を 1 つ選びなさい。

1 新しい環境に早く慣れるために、家で使っていたものは持ち込まないよう指導する。

2 新しい施設に入所したばかりだと緊張しているので、最初はなるべく話しかけないよう配慮する。

3 自分と気の合う仲間を見つけてもらうため、たくさんの利用者がいる環境におくことが望ましい。

4 いつも同じ環境では利用者の活力へのダメージが大きいので、部屋の模様替えを行う。

5 利用者の言動に対して、常に受容的態度で接する。

問題 48 前頭側頭型認知症（frontotemporal dementia）に関する次の記述のうち、**最も適切なもの**を 1 つ選びなさい。

1 自発性が低下し、周囲に対して無関心となる脱抑制（だつよくせい）が現れる。

2 原因疾患（しっかん）としてピック病が挙げられる。

3 初期の頃は人格変化が現れない。

4 周回がある場合は、GPS 追跡機を使用する。

5 言語障害は現れない。

問題49 関節リウマチ（rheumatoid arthritis）がある人への支援に関する次の記述のうち、**最も適切なもの**を1つ選びなさい。

1 関節の腫脹や熱感がある急性期は一時的に冷やし、症状が落ち着く慢性期では関節を適宜温める。

2 膝関節や股関節の負担を軽減するため、排泄時は洋式便器を使用し、便座の高さを低くする。

3 関節の炎症や痛みを悪化させるおそれがあるため、全身運動は控える。

4 関節のこわばりは朝よりも夕方に強まるため、手浴や足浴は夕方に実施したほうが効果的である。

5 関節に負担がかかるため、リーチャーや長柄ブラシの使用は控える。

問題50 高次脳機能障害（higher brain dysfunction）による症状の組み合わせとして、**最も適切なもの**を1つ選びなさい。

1 食事の際、料理の半分を認識できず、残す ―― 半盲

2 突然興奮したり、怒り出したりする ――――― 幻覚

3 道具の使い方がわからない ――――――― 半側身体失認

4 同時に2つ以上のことに気配りできない ――― 記憶障害

5 日常生活を計画して実行できない ――――― 遂行機能障害

問題51 ダウン症候群（Down's syndrome）の症状として、**最も適切なもの**を1つ選びなさい。

1 心疾患（heart disease）

2 筋緊張の亢進

3 幻聴

4 認知症（dementia）

5 高身長

問題52 ICIDH（International Classification of Impairments、Disabilities and Handicaps：国際障害分類）と ICF（International Classification of Functioning、Disability and Health：国際生活機能分類）に関する次の記述のうち、**適切なもの**を１つ選びなさい。

1 ICIDH（国際障害分類）における能力障害を ICF（国際生活機能分類）では参加制約に置き換えた。

2 ICIDH（国際障害分類）における能力障害として職場復帰困難が挙げられる。

3 医学モデルから社会モデルへの転換として、ICF（国際生活機能分類）を位置づけた。

4 ICF（国際生活機能分類）でいう生活機能には、参加が含まれる。

5 ICF（国際生活機能分類）における健康状態には、年齢が含まれる。

問題53 腎機能障害で血液透析療法を行っている利用者の日常生活上の留意点に関する次の記述のうち、**適切なもの**を１つ選びなさい。

1 禁酒しなければならない。

2 生野菜は控えるようにする。

3 カロリーを制限する必要がある。

4 塩分は１日10gを目安にする。

5 月１〜２回の通院が必要である。

問題54 統合失調症（schizophrenia）に関する次の記述のうち、**最も適切なもの**を１つ選びなさい。

1 療育手帳の主な交付の対象である。

2 うつ状態と躁状態を繰り返す。

3 陰性症状として感情の平板化がある。

4 陽性症状として離脱症状がある。

5 心因性精神障害の１つである。

問題 55　発達障害に関する次の記述のうち、**最も適切なもの**を 1 つ選びなさい。

1　限局性学習障害（Specific Learning Disorder：SLD）では、特定の学習能力に支障が生じる。

2　注意欠陥多動性障害（Attention-Deficit Hyperactivity Disorder：ADHD）は、人と目を合わせず、特定の物事へのこだわりが強い。

3　自閉症スペクトラム障害（autism spectrum disorder）のある人に予定の変更を伝える際は、口頭での説明に加え、ジェスチャーを用いる。

4　アスペルガー症候群では認知機能や言語の発達の遅れを伴うが、自閉症ではそれらはみられない。

5　注意欠陥多動性障害（Attention-Deficit Hyperactivity Disorder：ADHD）では、自分の意思とは無関係に咳やまばたき等の動作を何度も繰り返す。

問題 56　精神障害がある F さん（35 歳、女性、障害支援区分 1）は、現在、一般企業への就職を目指している。しかし、F さんには就労に必要な知識や能力が十分にあるとはいえない状況にある。F さんが利用する必要がある障害福祉サービスとして、**適切なもの**を 1 つ選びなさい。

1　行動援護

2　自立訓練

3　就労継続支援 A 型

4　就労継続支援 B 型

5　就労移行支援

問題 57 障害福祉サービス事業所のサービス管理責任者の業務として、**適切なもの**を 1 つ選びなさい。

1 サービス等利用計画を作成する。
2 個別支援計画を作成する。
3 居宅サービス計画を作成する。
4 障害支援区分の審査・判定を行う。
5 総合相談支援業務を行う。

問題 58 難病の種類とその症状の組み合わせとして、**最も適切なもの**を 1 つ選びなさい。

1 後縦靱帯骨化症（ossification of posterior longitudinal ligament）── 感覚鈍麻
2 ベーチェット病 ──────────────────────── 安静時振戦
3 全身性エリテマトーデス ──────────── 口腔粘膜のアフタ性潰瘍
4 脊髄小脳変性症（spinocerebellar degeneration）───────── 視力低下
5 クローン病（Crohn disease）──────────────── 関節の腫脹

問題 59 消毒と滅菌について、**適切なもの**を 1 つ選びなさい。

1 消毒とは、すべての微生物を殺滅、または除去することである。

2 滅菌とは、病原性の微生物を殺滅させること、または弱くすることである。

3 速乾式手指消毒液には、次亜塩素酸ナトリウムが含まれる。

4 滅菌は、家庭用食器洗浄機で行うことができる。

5 滅菌物を使用する前に、滅菌期限の表示を確認する。

問題 60 G さん（82 歳、女性）は 5 年前から経口摂取が困難になり、液状タイプの胃ろう経管栄養を行っている。最近、自力で身体を動かすことができなくなって仙骨部に褥瘡ができてしまい、また胃食道逆流が起こるようになってきたため、医師の指示により半固形タイプの栄養剤に変更された。半固形タイプの栄養剤に関する次の記述のうち、**最も適切なもの**を 1 つ選びなさい。

1 粘稠度が高いためカテーテルチップシリンジや加圧バッグを使って注入する。

2 短時間で注入できるので、注入は臥床のまま行える。

3 液状タイプの栄養剤とは異なり、注入速度は介護職の判断による。

4 液状タイプの栄養剤とは異なり、腸管への速い流入がないため下痢の危険性はない。

5 半固形タイプの栄養剤は食品として取り扱うため、医療職への報告は必要ない。

問題 61 喀痰吸引の実施と留意点に関する次の記述のうち、**適切なもの**を1つ選びなさい。

1 口腔内吸引の場合、1箇所を集中的に吸引すると効果が高い。

2 鼻腔内吸引の場合、吸引チューブの挿入範囲はおおむね10〜15cm程度までとする。

3 吸引時間を短縮するため、吸引圧は常に高く設定する。

4 吸引器は落下や逆流が起きないよう水平の場所に置く。

5 利用者に声をかけるが、プライバシーを保護するため、本人確認をする必要はない。

問題 62 喀痰吸引にともなうケアにおいて、痰を出しやすくする次の記述のうち、**最も適切なもの**を1つ選びなさい。

1 気道粘膜のせん毛運動を活発にするため、室内環境を乾燥させる。

2 呼吸困難を引き起こすので、咳は我慢するよう説明する。

3 水分を多量に摂取すると痰の量が増えてしまうので、水分量を控える。

4 痰のある部位を上にした体位の調整を行う。

5 重力を利用して痰を出しやすくするため、同一体位を長時間保つ。

問題 63 Hさん（80歳、男性）は嚥下機能の低下があり、胃ろうを1か月前に造設して、自宅に退院した。現在、胃ろう周囲の皮膚のトラブルはなく、1日3回の経管栄養は妻と介護福祉職が分担して行っている。経管栄養を始めてから下肢の筋力が低下して、妻の介助を受けながらトイレへは歩いて行っている。最近、「便が硬くて出にくい」との訴えがある。

Hさんに対して介護福祉職が行う日常生活支援に関する次の記述のうち、**最も適切なもの**を1つ選びなさい。

1 食物繊維が多く含まれている栄養剤に変更する。

2 栄養剤の注入速度を早める。

3 栄養剤の注入量を増やすように促す。

4 水分の注入量を多くするように促す。

5 経管栄養を行っていないときの歩行運動を勧める。

領域 介護
9 介護の基本

解答・解説…別冊p.131

問題 64 厚生労働省が発表している「第8期介護保険事業計画に基づく介護人材の必要数について」(2021(令和3)年)に関する次の記述のうち、**適切なもの**を1つ選びなさい。

1 介護職員の総数は2015(平成27)年から減少傾向が報告されている。

2 2019(令和元)年度の介護職員数の内訳では、訪問系に従事する職員数が最も多い。

3 2040(令和22)年度末までに約230万人の介護人材が必要であると推計されている。

4 2040(令和22)年度における都道府県別の介護職員の必要数は、多いほうから東京都、大阪府、神奈川県、埼玉県、北海道の順となっている。

5 総合的な介護人材確保の主な取組みとして、離職防止・定着促進や介護職の魅力向上などが実施されている。

問題 65 尊厳を支えるケアに関する次の記述のうち、**適切なもの**を1つ選びなさい。

1 尊厳を支えるケアには、終末期ケアは含まれない。

2 認知症(dementia)のある利用者に対しては、家族の意向を優先する。

3 入浴を拒否する利用者には、本人の意思を尊重し入浴の声かけをしない。

4 可能な限り、利用者が長く生きられることを最優先にする。

5 その人らしい生活を自分の意思で送れるように支援する。

問題 66 多職種連携にかかわる専門職に関する次の記述のうち、**適切な ものを1つ選びなさい。**

1 サービス提供責任者は社会福祉士が務めるものと定められている。

2 精神保健福祉士は業務独占の資格である。

3 医療ソーシャルワーカーは法律で規定された国家資格である。

4 介護支援専門員（ケアマネジャー）はケアマネジメント（care management）に基づきケアプランを作成する国家資格である。

5 言語聴覚士は言語訓練や聴覚機能の検査等に加え、摂食・嚥下リハビリテーションも行う。

問題 67 ユニット型指定介護老人福祉施設に関する次の記述のうち、**適 切なものを1つ選びなさい。**

1 共同生活室は、入居定員3人につき1か所以上設置する必要がある。

2 1ユニットの入居の定員はおおむね29人以下とされている。

3 ユニットごとに浴室を設置する必要がある。

4 ユニットごとに昼間は、常時一人以上の介護職員又は看護職員を配置する。

5 2ユニットごとに一人常勤のユニットリーダーを配置する。

問題 68 Aさん（41歳、男性）は、脳性麻痺（cerebral palsy）があり、障害者総合支援法による居宅介護サービスを受けながら、公営住宅で一人暮らしをしている。Aさんが住む建物には、高齢者のU通所介護事業所も入っており、職員や利用者とAさんは、庭などでよく話をしている。Aさんは、電動車いすを使って外出し、帰宅する時に、建物の外にいたU通所介護事業所の職員に「上着のボタンを外してください」と頼んだ。職員もそれに応じ、ボタンを外した。

次のうち、AさんとU通所介護事業所との関係を表す言葉として**最も適切なものを1つ選びなさい。**

1 介助

2 公助

3 共助

4 互助

5 自助

問題 69 Bさん（75歳、女性、要介護2）は、孫（17歳、男性、高校生）と自宅で二人暮らしをしている。Bさんは関節疾患（joint disease）があり、通所リハビリテーションの利用を開始した。介護福祉職が送迎時に孫から、「祖母は、日常生活が難しくなり、自分が食事を作るなどの機会が増え、家事や勉強への不安がある」と相談された。介護福祉職の孫への対応として、**最も適切なもの**を1つ選びなさい。

1 「家事も勉強も大変だけど、あなたが頼りだから頑張ってください」
2 「家事援助のサービスを使いましょう」
3 「高校の先生や介護支援専門員（ケアマネジャー）に相談していきましょう」
4 「Bさんと一緒に家事をしたらどうでしょう」
5 「家事が大変なら、Bさんに介護老人福祉施設の入所を勧めましょう」

問題 70 日本介護福祉士会倫理綱領に規定されているものとして、**正しいもの**を1つ選びなさい。

1 利用者ニーズの代弁
2 奉仕的サービスの提供
3 介護放棄をした家族への責任追及
4 相互援助の徹底と推進
5 秘密保持義務への違反に係る罰則

問題 71 チームマネジメントに関する次の記述のうち、**最も適切なもの**を1つ選びなさい。

1 理想的なリーダーは、集団の維持よりも目標達成を重視する。
2 フォロワーシップは、部下等、リーダーをフォローする人にのみ求められる。
3 フォロワーはリーダーの意思決定に従い、受動的に活動する。
4 組織が出す結果に対し、リーダーが及ぼす影響よりもメンバーが及ぼす影響の方が大きい。
5 介護現場でチームに医師がいる場合は、医師がリーダーとなる。

問題 72 介護保険サービスに関する次の記述のうち、**適切なもの**を1つ選びなさい。

1 定期巡回・随時対応型訪問介護看護は、1つの事業所で訪問介護と訪問看護を一体的に提供することはできない。

2 地域密着型特定施設入居者生活介護には、介護保険法の指定を受けた定員29人以下のサービス付き高齢者向け住宅での生活支援も含まれる。

3 夜間対応型訪問介護は、夜間における緊急時の相談や緊急時の訪問介護のみに対応する。

4 看護小規模多機能型居宅介護は、通い、短期間の宿泊、訪問看護の機能のみを備えている。

5 短期入所療養介護では、利用者は短期間で退所するため、介護計画を作成しなくてもよい。

問題 73 介護医療院に関する次の記述のうち、**適切なもの**を1つ選びなさい。

1 入所できる要件は、介護認定を受けている要介護者および要支援者である。

2 人員配置として、サービス管理責任者を1名以上置かなければならない。

3 人員配置として、サービス提供責任者を1名以上置かなければならない。

4 人員配置として、介護支援専門員（ケアマネジャー）を1名以上置かなければならない。

5 介護医療院の開設は、市町村から認可を受けなければならない。

問題 74 直面化の技法に関する次の記述のうち、**最も適切なもの**を1つ選びなさい。

1 利用者の感情と行動の矛盾点を指摘する。
2 「はい」や「いいえ」だけで答えられる質問をする。
3 利用者が話した内容を、別の表現で返答する。
4 利用者が話した内容を、整理して返答する。
5 利用者が話した内容に、うなずきやあいづちを用いる。

問題 75 利用者と家族の意向が対立する場面で、介護福祉職が両者の意向を調整するときの留意点として、**最も適切なもの**を1つ選びなさい。

1 介護福祉職は話を聞くことに終始し、発言は最後まで控える。
2 家族に従うように利用者を説得する。
3 利用者と家族のそれぞれの意見を聞く。
4 介護福祉職はそれぞれの意向の代弁はしない。
5 他職種には相談せずに解決する。

問題 76 運動性失語症（motor aphasia）に関するコミュニケーションに関する次の記述のうち、**最も適切なもの**を1つ選びなさい。

1 流暢に話すことができ、どちらかというと多弁である。
2 相手の言っていることや、書いてあることはある程度理解できる。
3 落ち着くようにできるだけ人の多い環境で話をする。
4 具体的な事象が想像できないので、抽象的な表現を用いる。
5 できるだけ短文で話すことはせず、長文で伝えたいことを伝える。

問題 77 多職種協働チームのコミュニケーションの意義・目的に関する次の記述のうち、**最も適切なもの**を1つ選びなさい。

1 多職種が同じ方法で支援を行う。
2 お互いの意見を尊重しあう。
3 専門性をもとにした意見は譲らない。
4 利用者をとらえる視点は、どの職種も共通である。
5 介護福祉職が、医療職から指示を受ける。

問題 78 ICT（Information and Communication Technology：情報通信技術）を活用した介護記録とその管理方法に関する次の記述のうち、**適切なもの**を1つ選びなさい。

1 ウイルス対策ソフトをインストールしておけば、情報が漏れることはない。
2 データは定期的にバックアップする。
3 パスワードは、忘れないよう、複数のサービスで同じものを用いるとよい。
4 利用者のできないことのみを記録する。
5 利用者の情報が入ったUSBフラッシュメモリを自宅に持ち帰る。

問題 79 アルツハイマー型認知症（dementia of the Alzheimer's type）のあるCさん（82歳、女性）は、夫と二人で暮らしてきたが、夫の入院をきっかけに介護老人保健施設に入所した。
入所後、Cさんは居室で過ごすことが多く、3回にわたって入浴を拒否していた。介護福祉職がその理由を尋ねると「何だか、落ち着かなくて。いろいろ不安で仕方ない」と話された。このCさんの言葉の後に続く介護福祉職の対応として、**最も適切なもの**を1つ選びなさい。

1 「そうですか。仕方ないですね。次回は必ずお風呂に入ってくださいね」
2 「落ち着かないのですね。でも、お風呂に入れば気分転換にもなりますよ」
3 「そうですか。では、気が向いたときにお風呂に入りましょうね」
4 「落ち着かないくらい、心配なことがいろいろあるのですね。だからお風呂に入る気分にもならないのですね」
5 「お風呂が嫌で落ち着かなくて、不安なのですね。では、入浴しない代わりにお体をきれいに拭くことにしますね」

問題 80 エンゲル係数に関する次の記述のうち、**正しいもの**を1つ選びなさい。

1 エンゲル係数は、家計の消費支出に占める交際費の割合のことである。
2 エンゲル係数は、家計の消費支出に占める食費の割合のことである。
3 エンゲル係数は、家計の消費支出に占める住居費の割合のことである。
4 エンゲル係数は、家計の消費支出に占める光熱水道費の割合のことである。
5 エンゲル係数は、家計の消費支出に占める教育娯楽費の割合のことである。

問題 81 バリアフリー（barrier free）とユニバーサルデザイン（Universal Design：UD）に関する次の記述のうち、**適切なもの**を1つ選びなさい。

1 1994（平成6）年に制定されたハートビル法は、公共交通機関の旅客施設や車両、道路等のバリアフリー化の推進を目的とした。
2 『1995（平成7）年版　障害者白書』において、物理的障壁、制度的障壁、文化・情報面の障壁、意識上の障壁というユニバーサルデザインの4原則が規定された。
3 「バリアフリー新法」は、ハートビル法と交通バリアフリー法を合わせた総合的で一体的な整備の枠組みを定めた法律である。
4 ユニバーサルデザインとは、高齢者や障害のある人にとって活動の妨げとなる障害を取り除くことである。
5 シャンプーの容器の側面につけられた触覚識別表示は、片麻痺のある人のために工夫されたものである。
(注)「バリアフリー新法」とは、「高齢者、障害者等の移動等の円滑化の促進に関する法律」のことである。

問題 82 施設の介護における安全の確保に関する次の記述のうち、**最も適切なもの**を 1 つ選びなさい。

1 施設の職員の安全を最優先に考えなければならない。

2 利用者全員に、安全を考えた均一なサービスを提供する。

3 安全のため、利用者を拘束する。

4 施設の職員に対して、定期的に安全に関する研修を行う。

5 安全研修は事故後に行う。

問題 83 老化に伴う機能低下のある高齢者の住まいに関する次の記述のうち**最も適切なもの**を 1 つ選びなさい。

1 寝室はトイレに近い場所が望ましい。

2 トイレの出入口の戸は開き戸にする。

3 夜間の騒音レベルは 60 デシベル以下になるようにする。

4 階段の手すりは、昇るとき利き手で持てる側に設置する。

5 壁紙と手すりは同色にするのが望ましい。

問題 84 体位変換の方法に関する次の記述のうち、**最も適切なもの**を1つ選びなさい。

1　右片麻痺がある利用者を仰臥位から側臥位に体位変換する際は、右手で左手を保護して胸の上で組む。

2　左片麻痺がある利用者を仰臥位から側臥位に体位変換する際は、左側を下向きにする。

3　右片麻痺がある利用者を仰臥位から左側臥位に体位変換する際は、右側に枕を寄せる。

4　左片麻痺がある利用者を仰臥位から側臥位に体位変換する際は、両膝を立てる。

5　側臥位から端座位への体位変換では、利用者の腰部を支点とし、弧を描くように上半身を起こす。

問題 85 実行機能障害のある利用者への調理の介護として、**最も適切なもの**を1つ選びなさい。

1　栄養バランスを考慮したメニューを介護福祉職が一人で決めておく。

2　必要な食材をまとめて渡す。

3　利用者の好みよりも旬の食材を重視する。

4　調理の順番をメモで書いて渡す。

5　道具を同じ場所に置くなど、調理しやすい環境を整える。

問題 86 クーリング・オフ制度に関する次の記述のうち、**正しいもの**を1つ選びなさい。

1　訪問販売の場合、クーリング・オフができる期間は14日間である。

2　電話勧誘販売の場合、クーリング・オフができる期間は、20日間である。

3　連鎖販売（マルチ商法）の場合、クーリング・オフできる期間は8日間である。

4　通信販売の場合、クーリング・オフができる期間は80日間である。

5　クーリング・オフについては、まず最寄りの消費生活センターに相談するとよい。

問題 87

Dさん（78歳、女性）は要支援2で、一人暮らしである。変形性膝関節症（knee osteoarthritis）が進んで、歩行に時間がかかるようになった。Dさんは調理が好きで、時間がかかっても近所の商店街に歩いて出かけて自分で食材を選んで作りたいと考えている。それを知った別居の長男は、Dさんの買物に行く負担を軽くする方法はないかと考えて、地域包括支援センターに相談した。

Dさんがこれからも買物や調理を継続していくための助言として、**最も適切なもの**を1つ選びなさい。

1　ネットスーパーで食材の配達を受けることを勧める。
2　電動車いすの使用を勧める。
3　介護タクシーの利用を勧める。
4　調理がしやすいように、台所の環境を整える。
5　お料理の宅配サービスの利用を勧める。

問題 88

皮膚の乾燥が強くなった高齢者の入浴介護に関する次の記述のうち、**最も適切なもの**を1つ選びなさい。

1　42℃以上のお湯に浸かる。
2　弱酸性の石鹸を使用する。
3　洗身用のナイロンタオルやスポンジで身体を洗う。
4　入浴剤は硫黄成分を含むものを使用する。
5　入浴後は、しっかりと皮膚の水分をふき取り、保湿する。

問題 89

高血圧症の利用者に対する入浴介助に関する次の記述のうち、**最も適切なもの**を1つ選びなさい。

1　眠気がなくなるよう、脱衣室と浴室の室温に6℃以上の差が生じるように調節した。
2　湯冷めをしないため、40分程度入浴するよう勧めた。
3　湯冷めをしないためにも、肩までしっかりとつかるように促した。
4　39℃程度のぬるめの湯につかるようにした。
5　入浴後の水分補給は控えた方がよい。

問題90 福祉用具の名称とその説明文の組み合わせとして、**最も適切なものを1つ**選びなさい。

1 シャワーチェア ――――― 入浴の際に浴槽の上に置いて、腰をかけて浴槽に出入りする。

2 バスボード ―――――――― 座ったまま、ベッドから車いす、車いすから便座などに移乗をするため、横に体をすべらせる。

3 ウォーターマット ――― 座位を保つのが難しい人が、入浴の際に座って体を洗ったりする。

4 バスリフト ―――――――― 電動で座面が昇降して、浴槽から立ち上がる動作を補助する。

5 スライディングボード ― 床ずれ防止用具の1つである。水が体圧を分散させる。

問題91 Eさん（93歳、女性）は、以前、スポーツが好きでスイミングクラブに通っていた。
心不全、右大腿骨頸部骨折（right femoral neck fracture）後、下肢筋力の低下により歩かなくなり、現在、車いす生活となって2年が経過した。Eさんは、いつも「眠れていない、ぐっすり眠った気がしない」と訴えるようになった。Eさんへの安眠の支援に関する次の記述のうち、**適切なものを1つ**選びなさい。

1 睡眠薬の相談をしたほうがよいと助言した。
2 夜、就寝直前に熱いお風呂に入ることをすすめた。
3 日中、なるべく日光を浴びるよう車いすでの散歩をすすめた。
4 夜、眠れないのならと昼寝をすすめた。
5 スイミングを再度始めるよう提案した。

問題92 視覚障害者に対するクロックポジションによる食事支援に関する次の記述のうち、**適切なものを1つ**選びなさい。

1 みそ汁は11時の方向に置く。
2 ご飯は2時の方向に置く。
3 箸は6時の方向に置く。
4 主菜は8時の方向に置く。
5 小鉢は箸の手前に置く。

問題 93 次亜塩素酸ナトリウムを主成分とする衣類用漂白剤に関する次の記述のうち、**最も適切なもの**を1つ選びなさい。

1 毛・絹製品の白物の漂白に使用できる。
2 色柄物の漂白に適している。
3 熱湯で薄めて用いると効果的である。
4 インフルエンザ感染症予防のための物品の消毒には適していない。
5 衣類の除菌効果がある。

問題 94 機能性尿失禁がある高齢者への対応として、**最も適切なもの**を1つ選びなさい。

1 水分摂取を制限することで、症状の改善につながる。
2 尿路の疾患によるものであると判断する。
3 トイレを洋式に変更する。
4 留置カテーテルを使用する。
5 寝室とトイレの位置を近くする。

問題 95 脱水症状と脱水症状を引き起こした利用者に対する介護福祉職の支援に関する次の記述のうち、**最も適切なもの**を1つ選びなさい。

1 便秘が続くと、脱水症状を引き起こしやすい。
2 脱水症状として、口唇が乾燥することはない。
3 脱水症状として、意識障害を引き起こすことはない。
4 脱水症状が出た際は、温かい飲み物よりも冷たい飲み物を提供する。
5 脱水症状が出た際は、水よりも緑茶を提供する。

問題 96 睡眠に関する次の記述のうち、**最も適切なもの**を1つ選びなさい。

1 ノンレム睡眠とは、身体は深く眠っているが、脳は覚醒に近い状態をいう。

2 季節に関係なく寝室の室温は常に20℃、湿度は40％に設定すると快適である。

3 眠る前にホットミルクを飲むことは安眠につながる。

4 就寝する20分前に入浴する。

5 なかなか眠れないので夜食をとり、多量に飲酒することにした。

問題 97 認知症対応型共同生活介護事業所の利用者に対して介護福祉職が行う手浴や足浴に関する次の記述のうち、**最も適切なもの**を1つ選びなさい。

1 手浴や足浴で用いる湯温は、42℃程度とする。

2 足浴では、しばらく湯に浸した後、洗うようにする。

3 手浴は、手指に拘縮がある利用者には行えない。

4 足浴は、下腿に浮腫がある利用者には行えない。

5 足に白癬（tinea）がある場合、足浴後、軽く水分が残るように拭く。

問題 98 ある日、介護老人福祉施設の介護職員が、入所者であるFさんの居室に入ると、Fさんが床でけいれん発作を起こしており、Fさんの周囲にはいろいろな物が散乱していた。介護職員は、他の職員に助けを求めた上で、医療職が来るまでの間、Fさんへの対応にあたった。

次の記述のうち、Fさんへの対応として、**最も適切なもの**を1つ選びなさい。

1 けいれん発作中には、速やかに抑制しなければならないと判断した。

2 後で、どのような形でけいれん発作を起こしたのかを検証する必要があるため、Fさんの周囲に散乱している物には触れないようにした。

3 柔らかいタオルをFさんの頭部に置き、頭部の保護に努めた。

4 咬舌のおそれがあるため、その場にあったできるだけ硬い物をFさんの口腔内に入れた。

5 けいれん発作中であったが、気道が開通しているか確認した。

問題99 咀嚼・嚥下機能が低下している利用者への食事介助に関する次の記述のうち、**適切なもの**を1つ選びなさい。

1 片麻痺のある利用者の口に食べ物を運ぶ際は、健側の口から入れる。
2 食事をした後は、すぐに臥床するよう促す。
3 介護福祉職が立った姿勢のまま食事介助する。
4 ミキサー食として、口腔に流し込むように全介助する。
5 利用者がベッド上で仰臥位のまま、食事介助する。

問題100 排泄の介助に関する次の記述のうち、**最も適切なもの**を1つ選びなさい。

1 ポータブルトイレを活用する場合には、高齢者でも簡単に持ち運びできるよう、できるだけ小型のものを選ぶ。
2 尿失禁（urinary incontinence）については、医療的治療を行わなければならない。
3 寝たきりの高齢者に対して、摘便や浣腸を行うことは、便秘への予防に効果的である。
4 トイレまでの移動が間に合わない利用者に対して、ポータブルトイレを活用することは、排泄の自立を図る有効な方法である。
5 高齢者に下痢がみられた場合には、水分摂取量を制限する。

問題 101 G さん（67 歳、男性）は、胃ろうを造設している。ある日、介護福祉職が G さんの居室に入るとカテーテルが抜けていた。このときの介護福祉職がまずとるべき行動として、**最も適切なものを 1 つ選びなさい。**

1 時間がかかってでもカテーテルが抜けた原因を探る。
2 特に問題ないと判断し、自分の業務だけを行い、退室する。
3 穴（ろう孔）が閉塞するのを待って、医療職に報告する。
4 速やかに、主治医などの医療職に報告する。
5 G さんが自分で抜いたと判断し、G さんに抜かないように注意する。

問題 102 口腔のケアに関する次の記述のうち、**最も適切なものを 1 つ選びなさい。**

1 高齢者は、加齢に伴って、歯と歯の隙間が広くなるため、むし歯や歯周疾患を生じにくい。
2 口腔内の清掃は、機械的清掃法よりも化学的清掃法の方が効果的である。
3 口腔ケアの実施は、味覚の回復が期待できる。
4 経管栄養を実施している高齢者に対しては、口腔ケアを行う必要はない。
5 口腔の機能は、嚥下及び咀嚼であり、発音は含まれない。

問題 103 疾病のために食事制限がある利用者の食生活に関する次の記述のうち、**最も適切なものを 1 つ選びなさい。**

1 骨粗鬆症の利用者には、豆類を勧める。
2 糖尿病の利用者には、糖分の摂取を勧める。
3 慢性腎臓病の利用者には、生野菜や海藻類を勧める。
4 高血圧症の利用者には、1 日 10g 以上の塩分を摂取するよう勧める。
5 脂質異常症の利用者には、肉やバターを勧める。

問題 104 終末期の介護における介護福祉職の対応に関する次の記述のうち、**最も適切なもの**を1つ選びなさい。

1 利用者の意識がなくなった場合には、家族に対して声かけを控えるように助言する。

2 利用者の家族に対して、死別の克服に向けた支援を実施する。

3 グリーフケア（grief care）は、介護福祉職が単独で行わなければならない。

4 スキンシップを図ることは、できる限り控えなければならない。

5 苦痛の緩和は、看護師に任せる。

問題 105 死期が近づいた利用者への介護に関する次の記述のうち、**最も適切なもの**を1つ選びなさい。

1 全身の倦怠感（けんたいかん）が強い時は、全身清拭（ぜんしんせいしき）から部分清拭（ぶぶんせいしき）に切り替える。

2 食事量が減少したら、高カロリー食に切り替える。

3 チアノーゼ（cyanosis）が出現したら、冷罨法（れいあんぽう）を行う。

4 口腔内（こうくうない）が乾燥しているときは、アイスマッサージを行う。

5 傾眠状態が続くため、常に部屋の電気は暗くする。

問題 106 介護過程の展開に関する次の記述のうち、**適切なもの**を1つ選びなさい。

1 介護過程は、利用者に関する情報収集に始まり、介護計画の作成をもって終了する。

2 アセスメント（assessment）において収集する情報は、利用者の家族から聴取したものに限られる。

3 作成した介護計画は、その後、変更することはない。

4 実践においては、介護計画に沿って、介護職員のみで対応しなければならない。

5 評価では、利用者に対して設定した目標がどの程度達成できたかを確認する。

問題 107 介護計画の目標設定に関する次の記述のうち、**最も適切なもの**を1つ選びなさい。

1 目標到達の時期を明記する必要はない。

2 マズローの欲求階層説による下位の欲求ほど目標としての優先順位は低い。

3 目標は長期目標と短期目標があり、利用者が取り組めるかは別として理想を高くもつことが重要である。

4 介護によって利用者の生活課題が解決されるなら、介護者が主語になって目標が書かれてよい。

5 利用者の一人ひとりの生活習慣や価値観に基づいた個別的な目標を設定する。

問題 108 居宅介護支援に関する次の記述のうち、**最も適切なもの**を１つ選びなさい。

1 サービス担当者会議に、利用者は同席しない。
2 インテークと同時に、訪問介護サービスが開始される。
3 訪問介護計画は、介護支援専門員（ケアマネジャー）が作成する。
4 「長期目標」は、ケアプラン（居宅サービス計画）と訪問介護計画で共有される。
5 モニタリング後に、サービスを実施する。

問題 109 Ｈさん（79歳、男性）は、認知症対応型共同生活介護（グループホーム）に入居している。短期目標を「なじみの店で買い物ができる（2か月）」とし、月3回の買い物を計画、実施した。初回は順調であったが2回目にレジで後ろに並ぶ人から「遅い、早くして」と言われて、介護福祉職が支払った。Ｈさんは、介護福祉職に「欲しいものを選んでも、自分でお金を支払わないと買った気がしない」と言い、その後、買い物には行かなくなった。

ICF（International Classification of Functioning, Disability and Health：国際生活機能分類）の視点に基づいて、環境因子として次の記述のうち、**適切なもの**を１つ選びなさい。

1 手先が不器用になりお金を財布から取り出すことに時間がかかること
2 欲しいものを選んで、自分で支払うと買い物した気になること
3 買い物を楽しみにしていること
4 介護福祉職
5 買い物の代金を支払うこと

問題 110 Jさん（75歳、男性、要介護1）は、認知症対応型共同生活介護に入居している。楽しみはお風呂に入って肩までつかることである。身体機能に支障はない。短期目標に「見守りのもと、一人で入浴する（3か月）」と設定し、順調に経過していた。

1か月が過ぎた頃、朝の申し送りで、「Jさんが昨夜、入浴後に浴室から出ようとした際、足を滑らせたが、転倒はしませんでした。本日、受診をお願いします」と報告があった。受診の結果は特に異常なく、入浴も可能と医師から説明を受けた。翌日、介護福祉職がJさんに入浴の誘いをすると「行きたくない」と強い口調で断った。それから、1週間入浴を断り続けているJさんを心配し、介護職が居室でJさんに安全に入浴できるように浴室を工夫した旨を伝えた。しかし、Jさんは「もう、お風呂場が怖い」とうつむきながら、小声で言った。

Jさんの再アセスメント（assessment）に関する次の記述のうち、**最も適切なもの**を1つ選びなさい。

1 順調に経過していた状況で分析する。
2 入浴が楽しみだったのは、誤った情報だったと解釈する。
3 入浴時間を夜間から朝に変更する計画に修正する。
4 Jさんの発言した「もう、お風呂場が怖い」という思いを解釈する。
5 Jさんが「行きたくない」と入浴を断ったため、入浴以外の短期目標に修正する。

問題 111 チームアプローチ（team approach）を実践する際の留意点に関する次の記述のうち、**適切なもの**を1つ選びなさい。

1 自分の役割だけを認識し、遂行する。
2 地域住民を、チームのメンバーに加えてはならない。
3 チームメンバーの情報共有に努め、共通認識をもつ。
4 チームのメンバーは、固定しなければならない。
5 医療職が主導し、介護福祉職は補助的な役割を担う。

問題 112

K さん（70 歳、男性、要介護 1）は、認知症（dementia）を患う母と二人暮らしである。左片麻痺があり、杖があれば一人で歩行できる。現在は、小規模多機能型居宅介護を利用して在宅生活を送っている。昔から買物が好きで、今でも天気の良い日には、一人で杖をついて買物に出かけていく。

K さんの小規模多機能型居宅介護における介護計画の長期目標は「安全に買物に出かける」、短期目標は「転倒しない」で、支援内容には「事業所内で手すりを使って起立訓練と歩行訓練を行う」と設定されて、順調に実施されている。

最近、近所の人から、K さんがスーパーに向かう途中にある階段が上り切れず、よろけたり、困っている姿を見かけたという情報がたびたび聞かれるようになった。この件を L 介護福祉職が K さんに確認すると、K さんは「足元が少し不安なところがありますが、大丈夫です。いつもありがとうございます」と言い、目に涙を浮かべた。K さんの介護計画の評価に関する次の記述のうち、**最も適切なもの**を 1 つ選びなさい。

1　K さんの言葉から、計画への満足度は高く、計画は順調であると判断した。
2　短期目標をクリアーしているので、問題ない。
3　近所の人からの情報を頼りに、担当者会議を開くことになった。
4　小規模多機能型居宅介護事業所での訓練内容を見直す必要がある。
5　このままでは危険と判断し、K さんに電動車いすの導入を勧めた。

問題 113 Mさん（73歳、女性、要介護1）は、夫、長男と共に農業をしていた。半年前に脳梗塞（cerebral infarction）で、左片麻痺になった。現在は、介護老人保健施設に入所し、意欲的にリハビリテーションに取り組んでいる。介護福祉職が居室を訪れたとき、Mさんは「料理は苦手なの」、「そろそろ夏野菜の収穫の時期だわ。収穫は楽しいし、採れたての野菜を近所のお友達に配ると喜んでもらえるのよね」と発言した。その後、Mさんはうつむきながら「夫に家事に専念しなさいと言われているから…」と小声で言った。

介護福祉職は介護福祉職間のカンファレンスでMさんの思いを共有した。Mさんの思いとして、**最も適切なもの**を1つ選びなさい。

1 おいしい料理をつくりたい。
2 家事に専念したい。
3 農業を継いでくれる人をさがしたい。
4 家でのんびりしたい。
5 家族とともに農業にかかわりたい。

総合問題
【事例問題1】

解答・解説…別冊p.150

次の事例を読んで、問題114から問題116までについて答えなさい。

〔事 例〕

Aさん（75歳、男性、要介護2）は、50年以上にわたって1日10本以上、タバコを吸って生活してきた。その影響もあり、現在は1日の中で何回も咳が出たり、息切れをしたり、痰が絡んだりする等の症状がみられる。医師からは慢性閉塞性肺疾患（chronic obstructive pulmonary disease）の診断を受け、現在はタバコを吸っていない。

3年前に妻が肺炎（pneumonia）で亡くなり、その後、Aさんは通所リハビリテーション、訪問看護、訪問介護等を利用しながら、自宅で一人暮らしを送っていた。その際は、遠方で暮らす長女が食料品を届けたり、洗濯をしたりするためにAさん宅を1週間に1回程度訪れていた。また、2年前に認知症と診断され、Aさんには表情が乏しい、歩き始めの一歩が出しづらい等の症状がみられた。1年前からは、日中、ぼんやりと過ごしていることが多い一方、夕方から夜間にかけては「ベッドの隣に黒い服を着た兵士がいる」「兵士がこちらをじっと見ている」等、興奮した様子で訴えることが増えてきた。こうした状況を心配した長女は、Aさんを担当する介護支援専門員（ケアマネジャー）と相談し、Aさんの許可を得た上で、施設サービスを利用することにした。Aさんが入所する施設は長期療養のための医療機能と日常生活を送る上での生活支援機能を兼ね備えているのが特徴である。

問題 114 Aさんが罹患していると考えられる認知症として、**最も適切なものを1つ**選びなさい。

1 前頭側頭型認知症（frontotemporal dementia）
2 血管性認知症（vascular dementia）
3 軽度認知障害（mild cognitive impairment）
4 レビー小体型認知症（dementia with Lewy bodies）
5 アルツハイマー型認知症（dementia of the Alzheimer's type）

問題 115 Aさんが入所する施設として、**最も適切なもの**を1つ選びなさい。

1 障害者支援施設
2 介護医療院
3 介護老人福祉施設
4 介護老人保健施設
5 特定施設

問題 116 Aさんの日常生活上の留意点として、**最も適切なもの**を1つ選びなさい。

1 低カロリーの食事を摂取する。
2 1回の食事量を減らし、回数を増やす。
3 立ち上がる際は、息を止める。
4 入浴の際は、ぬるめの湯温で頸部（けいぶ）まで湯に浸かる。
5 運動を控える。

総合問題
【事例問題2】

解答・解説…別冊p.152

次の事例を読んで、問題117から問題119までについて答えなさい。

〔事　例〕

Bさん（58歳、女性）は国民健康保険の被保険者であり、O市で一人暮らしをしていた。週に2〜3回、近隣に住む長男が訪れ、買い物や通院時の送迎等を行い、Bさんの生活を支えていた。Bさんは、5年前に死別した姉が骨粗鬆症に罹患（りかん）していたことをきっかけに、その予防に取り組んでいたものの、3年前に骨粗鬆症と診断された。ある日、Bさんは雪道を歩いている途中に滑って転倒した。その際、反射的に利き手の右手を地面についた結果、右手の手首に腫れと痛み、指先にしびれが生じた。長男がかけつけ、すぐにBさんを病院に連れて行ったところ、骨折していることが判明し、しばらく長男宅で生活することとなった。現在、骨折して2週間が経過したものの、利き手はまだ使える状態ではない。そのため、Bさんは「これからは、介護保険制度に基づくサービスを利用しながら一人暮らしを続けたい」と考えるようになった。その意向を知った長男は、療養中のBさんの代わりにO市の地域包括支援センターに赴（おもむ）き、介護保険制度の利用について担当の職員に相談した。

問題 117

Bさんが取り組んでいた骨粗鬆症の予防策として、**最も適切な**ものを1つ選びなさい。

1　納豆を控え、乳製品を摂取した。
2　干ししいたけを控え、乳製品を摂取した。
3　豆類を控え、乳製品を摂取した。
4　骨折を防ぐため、運動を控えた。
5　外出して、紫外線を浴びた。

問題 118 Bさんに生じた骨折の種類として、**可能性の高いもの**を1つ選びなさい。

1 橈骨遠位端骨折
2 上腕骨顆上骨折
3 上腕骨近位端骨折
4 上腕骨外科頸骨折
5 大腿骨頸部骨折

問題 119 相談に訪れたBさんの長男に対する地域包括支援センターの職員の説明として、**最も適切なもの**を1つ選びなさい。

1 Bさんは介護保険法の第1号被保険者であるため、要介護認定を受ければ、介護保険制度のサービスを利用できる可能性があると説明した。

2 Bさんは介護保険法の第1号被保険者であるため、サービスの利用を申請すれば、介護保険制度のサービスを利用できると説明した。

3 Bさんは介護保険法の第2号被保険者で骨折を伴う骨粗鬆症があるため、要介護認定を受ければ、介護保険制度のサービスを利用できる可能性があると説明した。

4 Bさんは介護保険法の被保険者ではないものの、骨折を伴う骨粗鬆症があるため、要介護認定を受けずに介護保険制度のサービスを利用できると説明した。

5 Bさんは介護保険法の第2号被保険者であるため、サービスの利用を申請すれば、すぐに介護保険制度のサービスを利用できると説明した。

総合問題
【事例問題3】

解答・解説…別冊p.154

次の事例を読んで、問題120から問題122までについて答えなさい。

〔事　例〕
Cさん（72歳、男性、要介護2）は、脳梗塞（cerebral infarction）の後遺症で左片麻痺があり、四点杖を使用して歩行している。妻は2年前に他界したが、Cさんは「できる限り自分の家で過ごしたい」と希望している。現在、通所介護や訪問介護等の介護保険サービスを利用しながら一人暮らしをしている。最近、介護福祉職が話しかけるだけで「うれしい」「ありがとう」と言って、すぐに泣き出したり、介護福祉職が自宅に行った際は「寂しかった」「なんでもっと早く来てくれなかったのか」と泣いて怒ったりすることも多くみられるようになった。遠方で暮らす長男が、そのようなCさんの様子を心配し、病院に連れて行ったところ、Cさんは認知症（dementia）の診断を受けた。

問題 120 Cさんの最近の症状とそれが生じやすい認知症（dementia）の組み合わせとして、**最も適切なもの**を1つ選びなさい。

1 振戦 ——— アルツハイマー型認知症（dementia of the Alzheimer's type）
2 興奮 ——— アルツハイマー型認知症（dementia of the Alzheimer's type）
3 人格変化 —— 血管性認知症（vascular dementia）
4 感情失禁 —— 血管性認知症（vascular dementia）
5 常同行動 —— レビー小体型認知症（dementia with Lewy bodies）

問題 121 Cさんは、定期的に介護福祉職と一緒に散歩し、歩行能力の維持に努めている。Cさんが散歩する際の介護福祉職の対応として、**最も適切なもの**を1つ選びなさい。

1　散歩の時間が限られているため、介護福祉職がCさんの着替えのすべてを介助する。
2　介護福祉職は、Cさんの左側斜め後方に位置する。
3　階段を上がるときは、Cさんに対して、杖、左足、右足の順に出すよう声かけする。
4　Cさんが歩行中は、声かけは控える。
5　危険回避のため、散歩の目的地や場所は介護福祉職が決める。

問題 122 次のうち、今後、Cさんが利用できるサービスとして、**最も適切なもの**を1つ選びなさい。

1　共同生活援助
2　同行援護
3　認知症カフェ
4　介護予防・生活支援サービス事業
5　居宅介護支援

総合問題
【事例問題4】

解答・解説…別冊p.155

次の事例を読んで、問題123から問題125までについて答えなさい。

〔事　例〕

Dさん（9歳、男性）には自閉症スペクトラム障害（autism spectrum disorder）があり、現在は特別支援学校に通学している。両親は共働きのため、学校の授業終了後は放課後等デイサービスに週5日通っている。

放課後等デイサービスを利用中のDさんは、1人で積み木をして遊んでいることが多い。その際、他の子どもたちが声をかけても、無視している。職員が話しかけても、Dさんは目を合わせようとせず、無言のまま、天井を見ている。また、月に1回程度、Dさんは椅子に座ったまま動かないことがある一方、急に騒ぎ出し、ドアをたたくこともある。ただし、そうした興奮状態は一時的なもので数分から30分以内に収まっている。

問題 123 Dさんが利用している放課後等デイサービスに関する次の記述のうち、**適切なもの**を1つ選びなさい。

1　利用対象は、18歳未満の障害児である。

2　利用するにあたり、障害の種類別の手帳は必要ない。

3　学校の夏休みや冬休みの期間中には利用できない。

4　学校から事業所、事業所から自宅までは、家族が送迎する必要がある。

5　2016（平成28）年に「障害者総合支援法」が改正されて創設された。

問題 124 放課後等デイサービス利用中のDさんへの職員の対応として、**最も適切なもの**を1つ選びなさい。

1 返事がない時は、大きな声で伝える。
2 興奮状態が起きた際は、しばらく様子を見る。
3 予定の変更を伝える時は、二重否定を含んだ表現を避ける。
4 相手の目を見ながら話を聞くように促す。
5 Dさんが1人で遊んでいる時は、他の子どもたちに仲間に入るように伝える。

問題 125 放課後等デイサービスにおいてDさんの個別支援計画を作成する際に責任を持つ職員として、**正しいもの**を1つ選びなさい。

1 児童発達支援管理責任者
2 児童自立支援専門員
3 児童指導員
4 サービス管理責任者
5 サービス提供責任者

介護福祉士試験　合格のためのヒント

その1　基本がわかっていれば合格できます

　介護福祉士の国家試験では、ひっかけ問題はあまり出ません。介護福祉士は超高齢社会において重要な人材ですから、実務についたときに必要になる基本的な知識がきちんとわかっている人が必要なのです。学習の積み重ねがあれば、確実に受かるということを信じて試験にのぞみましょう。

その2　学習時間は工夫次第でつくれます

　介護福祉士の国家試験は訪問介護員（ホームヘルパー）として仕事をしながら受験する人、その他介護福祉関係の職場で仕事をしながら受験する人が多いことでしょう。仕事をしながらの受験勉強は大変ですが、合格された方々は、少し早起きして 30 分の時間をつくるとか、休憩時間や通勤時間を利用するなど、工夫して時間をつくりながらの学習をしています。

その3　合格してからの自分の姿を励みにしましょう

　ちょっと勉強に疲れたら、合格して介護福祉士としてさっそうと働いている自分の姿を思い浮かべて、元気を出しましょう。忙しいときもありますが、勉強したらした分だけ、点数が取れるようになります。

その4　試験では全問解答と寒さ対策をこころがけましょう

　実際の試験は問題数が多いことに加え、制限時間があります。1 問当たりにどのくらいの時間で解答しなくてはいけないのか、ということも頭に入れながら取り組みましょう。択一式ですから、もし、はっきりと解答番号がわからない場合にも、必ず答えをマークしましょう。解答しておけば、得点できる可能性があります。

　そして、そうした自信のない問題には、余った時間で見直せるように、印をつけておくとよいでしょう。

　最後に、介護福祉士の試験は 1 月で、寒い時期です。試験会場の暖房の具合にもよりますが、寒さ対策を忘れないようにしましょう。体温調節できるよう、脱いだり着たりしやすい服装をしていくとよいでしょう。

第　　回　解答用紙

（コピーしてお使いください。）

配点：1問1点

総得点　　／125

午前

問題番号	解答番号
人間の尊厳と自立	
問題1	① ② ③ ④ ⑤
問題2	① ② ③ ④ ⑤
人間関係とコミュニケーション	
問題3	① ② ③ ④ ⑤
問題4	① ② ③ ④ ⑤
問題5	① ② ③ ④ ⑤
問題6	① ② ③ ④ ⑤
社会の理解	
問題7	① ② ③ ④ ⑤
問題8	① ② ③ ④ ⑤
問題9	① ② ③ ④ ⑤
問題10	① ② ③ ④ ⑤
問題11	① ② ③ ④ ⑤
問題12	① ② ③ ④ ⑤
問題13	① ② ③ ④ ⑤
問題14	① ② ③ ④ ⑤
問題15	① ② ③ ④ ⑤
問題16	① ② ③ ④ ⑤
問題17	① ② ③ ④ ⑤
問題18	① ② ③ ④ ⑤
こころとからだのしくみ	
問題19	① ② ③ ④ ⑤
問題20	① ② ③ ④ ⑤
問題21	① ② ③ ④ ⑤
問題22	① ② ③ ④ ⑤
問題23	① ② ③ ④ ⑤
問題24	① ② ③ ④ ⑤
問題25	① ② ③ ④ ⑤
問題26	① ② ③ ④ ⑤
問題27	① ② ③ ④ ⑤
問題28	① ② ③ ④ ⑤
問題29	① ② ③ ④ ⑤
問題30	① ② ③ ④ ⑤

問題番号	解答番号
発達と老化の理解	
問題31	① ② ③ ④ ⑤
問題32	① ② ③ ④ ⑤
問題33	① ② ③ ④ ⑤
問題34	① ② ③ ④ ⑤
問題35	① ② ③ ④ ⑤
問題36	① ② ③ ④ ⑤
問題37	① ② ③ ④ ⑤
問題38	① ② ③ ④ ⑤
認知症の理解	
問題39	① ② ③ ④ ⑤
問題40	① ② ③ ④ ⑤
問題41	① ② ③ ④ ⑤
問題42	① ② ③ ④ ⑤
問題43	① ② ③ ④ ⑤
問題44	① ② ③ ④ ⑤
問題45	① ② ③ ④ ⑤
問題46	① ② ③ ④ ⑤
問題47	① ② ③ ④ ⑤
問題48	① ② ③ ④ ⑤
障害の理解	
問題49	① ② ③ ④ ⑤
問題50	① ② ③ ④ ⑤
問題51	① ② ③ ④ ⑤
問題52	① ② ③ ④ ⑤
問題53	① ② ③ ④ ⑤
問題54	① ② ③ ④ ⑤
問題55	① ② ③ ④ ⑤
問題56	① ② ③ ④ ⑤
問題57	① ② ③ ④ ⑤
問題58	① ② ③ ④ ⑤
医療的ケア	
問題59	① ② ③ ④ ⑤
問題60	① ② ③ ④ ⑤
問題61	① ② ③ ④ ⑤
問題62	① ② ③ ④ ⑤
問題63	① ② ③ ④ ⑤

午後

問題番号	解答番号				
介護の基本					
問題 64	①	②	③	④	⑤
問題 65	①	②	③	④	⑤
問題 66	①	②	③	④	⑤
問題 67	①	②	③	④	⑤
問題 68	①	②	③	④	⑤
問題 69	①	②	③	④	⑤
問題 70	①	②	③	④	⑤
問題 71	①	②	③	④	⑤
問題 72	①	②	③	④	⑤
問題 73	①	②	③	④	⑤
コミュニケーション技術					
問題 74	①	②	③	④	⑤
問題 75	①	②	③	④	⑤
問題 76	①	②	③	④	⑤
問題 77	①	②	③	④	⑤
問題 78	①	②	③	④	⑤
問題 79	①	②	③	④	⑤
生活支援技術					
問題 80	①	②	③	④	⑤
問題 81	①	②	③	④	⑤
問題 82	①	②	③	④	⑤
問題 83	①	②	③	④	⑤
問題 84	①	②	③	④	⑤
問題 85	①	②	③	④	⑤
問題 86	①	②	③	④	⑤
問題 87	①	②	③	④	⑤
問題 88	①	②	③	④	⑤
問題 89	①	②	③	④	⑤
問題 90	①	②	③	④	⑤
問題 91	①	②	③	④	⑤
問題 92	①	②	③	④	⑤
問題 93	①	②	③	④	⑤
問題 94	①	②	③	④	⑤

問題番号	解答番号				
問題 95	①	②	③	④	⑤
問題 96	①	②	③	④	⑤
問題 97	①	②	③	④	⑤
問題 98	①	②	③	④	⑤
問題 99	①	②	③	④	⑤
問題 100	①	②	③	④	⑤
問題 101	①	②	③	④	⑤
問題 102	①	②	③	④	⑤
問題 103	①	②	③	④	⑤
問題 104	①	②	③	④	⑤
問題 105	①	②	③	④	⑤
介護過程					
問題 106	①	②	③	④	⑤
問題 107	①	②	③	④	⑤
問題 108	①	②	③	④	⑤
問題 109	①	②	③	④	⑤
問題 110	①	②	③	④	⑤
問題 111	①	②	③	④	⑤
問題 112	①	②	③	④	⑤
問題 113	①	②	③	④	⑤
総合問題					
問題 114	①	②	③	④	⑤
問題 115	①	②	③	④	⑤
問題 116	①	②	③	④	⑤
問題 117	①	②	③	④	⑤
問題 118	①	②	③	④	⑤
問題 119	①	②	③	④	⑤
問題 120	①	②	③	④	⑤
問題 121	①	②	③	④	⑤
問題 122	①	②	③	④	⑤
問題 123	①	②	③	④	⑤
問題 124	①	②	③	④	⑤
問題 125	①	②	③	④	⑤

◆筆記試験の合格基準

次の2つの条件を満たせば、合格となります。

① 問題の総得点の60%程度を基準として、問題の難易度で補正した点数以上の得点である。

② ①を満たしたうえで、以下の試験科目11科目群すべてにおいて得点がある。

[1] 人間の尊厳と自立、介護の基本 [2] 人間関係とコミュニケーション、コミュニケーション技術 [3] 社会の理解 [4] 生活支援技術 [5] 介護過程 [6] こころとからだのしくみ [7] 発達と老化の理解 [8] 認知症の理解 [9] 障害の理解 [10] 医療的ケア [11] 総合問題

第　　回　解答用紙

（コピーしてお使いください。）

配点：1問1点

総得点　／125

午前

問題番号	解答番号
人間の尊厳と自立	
問題 1	① ② ③ ④ ⑤
問題 2	① ② ③ ④ ⑤
人間関係とコミュニケーション	
問題 3	① ② ③ ④ ⑤
問題 4	① ② ③ ④ ⑤
問題 5	① ② ③ ④ ⑤
問題 6	① ② ③ ④ ⑤
社会の理解	
問題 7	① ② ③ ④ ⑤
問題 8	① ② ③ ④ ⑤
問題 9	① ② ③ ④ ⑤
問題 10	① ② ③ ④ ⑤
問題 11	① ② ③ ④ ⑤
問題 12	① ② ③ ④ ⑤
問題 13	① ② ③ ④ ⑤
問題 14	① ② ③ ④ ⑤
問題 15	① ② ③ ④ ⑤
問題 16	① ② ③ ④ ⑤
問題 17	① ② ③ ④ ⑤
問題 18	① ② ③ ④ ⑤
こころとからだのしくみ	
問題 19	① ② ③ ④ ⑤
問題 20	① ② ③ ④ ⑤
問題 21	① ② ③ ④ ⑤
問題 22	① ② ③ ④ ⑤
問題 23	① ② ③ ④ ⑤
問題 24	① ② ③ ④ ⑤
問題 25	① ② ③ ④ ⑤
問題 26	① ② ③ ④ ⑤
問題 27	① ② ③ ④ ⑤
問題 28	① ② ③ ④ ⑤
問題 29	① ② ③ ④ ⑤
問題 30	① ② ③ ④ ⑤

問題番号	解答番号
発達と老化の理解	
問題 31	① ② ③ ④ ⑤
問題 32	① ② ③ ④ ⑤
問題 33	① ② ③ ④ ⑤
問題 34	① ② ③ ④ ⑤
問題 35	① ② ③ ④ ⑤
問題 36	① ② ③ ④ ⑤
問題 37	① ② ③ ④ ⑤
問題 38	① ② ③ ④ ⑤
認知症の理解	
問題 39	① ② ③ ④ ⑤
問題 40	① ② ③ ④ ⑤
問題 41	① ② ③ ④ ⑤
問題 42	① ② ③ ④ ⑤
問題 43	① ② ③ ④ ⑤
問題 44	① ② ③ ④ ⑤
問題 45	① ② ③ ④ ⑤
問題 46	① ② ③ ④ ⑤
問題 47	① ② ③ ④ ⑤
問題 48	① ② ③ ④ ⑤
障害の理解	
問題 49	① ② ③ ④ ⑤
問題 50	① ② ③ ④ ⑤
問題 51	① ② ③ ④ ⑤
問題 52	① ② ③ ④ ⑤
問題 53	① ② ③ ④ ⑤
問題 54	① ② ③ ④ ⑤
問題 55	① ② ③ ④ ⑤
問題 56	① ② ③ ④ ⑤
問題 57	① ② ③ ④ ⑤
問題 58	① ② ③ ④ ⑤
医療的ケア	
問題 59	① ② ③ ④ ⑤
問題 60	① ② ③ ④ ⑤
問題 61	① ② ③ ④ ⑤
問題 62	① ② ③ ④ ⑤
問題 63	① ② ③ ④ ⑤

午後

問題番号			解答番号		
介護の基本					
問題 64	①	②	③	④	⑤
問題 65	①	②	③	④	⑤
問題 66	①	②	③	④	⑤
問題 67	①	②	③	④	⑤
問題 68	①	②	③	④	⑤
問題 69	①	②	③	④	⑤
問題 70	①	②	③	④	⑤
問題 71	①	②	③	④	⑤
問題 72	①	②	③	④	⑤
問題 73	①	②	③	④	⑤
コミュニケーション技術					
問題 74	①	②	③	④	⑤
問題 75	①	②	③	④	⑤
問題 76	①	②	③	④	⑤
問題 77	①	②	③	④	⑤
問題 78	①	②	③	④	⑤
問題 79	①	②	③	④	⑤
生活支援技術					
問題 80	①	②	③	④	⑤
問題 81	①	②	③	④	⑤
問題 82	①	②	③	④	⑤
問題 83	①	②	③	④	⑤
問題 84	①	②	③	④	⑤
問題 85	①	②	③	④	⑤
問題 86	①	②	③	④	⑤
問題 87	①	②	③	④	⑤
問題 88	①	②	③	④	⑤
問題 89	①	②	③	④	⑤
問題 90	①	②	③	④	⑤
問題 91	①	②	③	④	⑤
問題 92	①	②	③	④	⑤
問題 93	①	②	③	④	⑤
問題 94	①	②	③	④	⑤

問題番号			解答番号		
問題 95	①	②	③	④	⑤
問題 96	①	②	③	④	⑤
問題 97	①	②	③	④	⑤
問題 98	①	②	③	④	⑤
問題 99	①	②	③	④	⑤
問題 100	①	②	③	④	⑤
問題 101	①	②	③	④	⑤
問題 102	①	②	③	④	⑤
問題 103	①	②	③	④	⑤
問題 104	①	②	③	④	⑤
問題 105	①	②	③	④	⑤
介護過程					
問題 106	①	②	③	④	⑤
問題 107	①	②	③	④	⑤
問題 108	①	②	③	④	⑤
問題 109	①	②	③	④	⑤
問題 110	①	②	③	④	⑤
問題 111	①	②	③	④	⑤
問題 112	①	②	③	④	⑤
問題 113	①	②	③	④	⑤
総合問題					
問題 114	①	②	③	④	⑤
問題 115	①	②	③	④	⑤
問題 116	①	②	③	④	⑤
問題 117	①	②	③	④	⑤
問題 118	①	②	③	④	⑤
問題 119	①	②	③	④	⑤
問題 120	①	②	③	④	⑤
問題 121	①	②	③	④	⑤
問題 122	①	②	③	④	⑤
問題 123	①	②	③	④	⑤
問題 124	①	②	③	④	⑤
問題 125	①	②	③	④	⑤

◆筆記試験の合格基準

次の2つの条件を満たせば、合格となります。

① 問題の総得点の60%程度を基準として、問題の難易度で補正した点数以上の得点である。

② ①を満たしたうえで、以下の試験科目11科目群すべてにおいて得点がある。
[1] 人間の尊厳と自立、介護の基本 [2] 人間関係とコミュニケーション、コミュニケーション技術 [3] 社会の理解 [4] 生活支援技術 [5] 介護過程 [6] こころとからだのしくみ [7] 発達と老化の理解 [8] 認知症の理解 [9] 障害の理解 [10] 医療的ケア [11] 総合問題

本書の正誤情報等は、下記のアドレスでご確認ください。
http://www.s-henshu.info/kfhs2404/

上記掲載以外の箇所で正誤についてお気づきの場合は、**書名・発行日・質問事項（該当ページ・行数・問題番号**などと**誤りだと思う理由）・氏名・連絡先**を明記のうえ、お問い合わせください。
・web からのお問い合わせ：上記アドレス内【正誤情報】へ
・郵便または FAX でのお問い合わせ：下記住所または FAX 番号へ
※**電話でのお問い合わせはお受けできません。**

〔宛先〕コンデックス情報研究所
「**本試験型　介護福祉士問題集 '25年版」**係
　住　　所　：〒359-0042　所沢市並木 3-1-9
　FAX番号　：04-2995-4362（10：00 ～ 17：00　土日祝日を除く）

※**本書の正誤以外に関するご質問にはお答えいたしかねます。また、受験指導などは行っておりません。**
※ご質問の受付期限は、2025 年 1 月の試験日の 10 日前必着といたします。
※回答日時の指定はできません。また、ご質問の内容によっては回答まで 10 日前後お時間をいただく場合があります。
あらかじめご了承ください。

監修：亀山 幸吉　淑徳大学短期大学部名誉教授、元介護福祉士試験委員。
　　　日本介護福祉学会理事、東京都介護福祉士現任研修運営委員、社会福祉士試験委員等を歴任。
執筆：福田 明　松本短期大学介護福祉学科教授
　　　武井 浩子　松本短期大学介護福祉学科講師
編著：コンデックス情報研究所
　　　1990 年 6 月設立。法律・福祉・技術・教育分野において、書籍の企画・執筆・編集、大学および通信教育機関との共同教材開発を行っている研究者・実務家・編集者のグループ。

本試験型 介護福祉士問題集 '25年版

2024年 6 月30日発行

監　修　亀山幸吉
編　著　コンデックス情報研究所
発行者　深見公子
発行所　成美堂出版
　　　　〒162-8445　東京都新宿区新小川町1-7
　　　　電話(03)5206-8151　FAX(03)5206-8159
印　刷　大盛印刷株式会社
©SEIBIDO SHUPPAN 2024　PRINTED IN JAPAN
ISBN978-4-415-23858-6
落丁・乱丁などの不良本はお取り替えします
定価はカバーに表示してあります

成美堂出版

CONTENTS

本書は、原則として 2024 年 4 月 1 日現在の情報に基づいて
編集しています。

領域 人間と社会
1 人間の尊厳と自立

問題 1 解答 2
人間の尊厳と人権に関連する法律

1 × 日本で初めて生存権を規定した法律は、1946（昭和21）年に制定された「日本国憲法」である。同法第25条第1項には、「すべて国民は、健康で文化的な最低限度の生活を営む権利を有する」と、生存権が規定されている。

2 ○ ハンセン病の患者に対する隔離政策は、差別・偏見として人権上の問題があった。そのため、「らい予防法」は1996（平成8）年に廃止された。

3 × 「旧優生保護法」に基づいて行われた障害者に対する強制避妊手術や人工妊娠中絶は、優生上の見地から不良な子孫の出生を防止すること等が目的であった。

4 × 「完全参加と平等」がテーマに謳われた「国際障害者年」は1981年であり、1990年7月に制定された「ADA」（障害をもつアメリカ人法）のほうが「国際障害者年」よりも後になる。

5 × 世界で初めて生存権を規定した憲法は、1919年8月制定のドイツの「ワイマール憲法」である。

問題 2 解答 5
HIVに感染した人への権利擁護

1 × HIV（ヒト免疫不全ウイルス）は感染しても、すぐにエイズ（後天性免疫不全症候群：AIDS）を発症するわけではない。適切に服薬を中心とした治療を続けることでエイズの発症を抑えることができる。他の人へ感染しないように長期入院を勧めるのは誤った知識や偏見によるものであり、権利侵害にあたる。

2 × HIVに感染したからといって、判断力が低下しているわけではない。また、家族が望むことを把握することは大切だが、基本的には本人の自己選択・自己決定を尊重する。

3 × 本人が伝えられない思いや意見等を本人に代わって伝えるアドボカシー（権利擁護）は重要である。

4 × プライバシーの保護を守りつつ、学歴や職歴、趣味活動等の生活歴を知ることで、コミュニケーションの幅が広がったり、支援内容・方法が具体的になったりする。

5 ○ HIVに感染しても、残存能力を活かし、自分らしい生活を送る権利を有している。

領域 人間と社会
2 人間関係とコミュニケーション

問題 3 解答 3
ラポール（rapport）と自己覚知

1 × ラポールは、利用者と援助者との信頼関係を意味する。具体的に

は利用者と介護福祉職が互いに信頼し合い、感情の交流を行える関係性のことである。

2　×　ラポール形成の初期段階では、利用者の言動に加えて感情にも関心を持ち、傾聴する姿勢で関わる。黙って聴くだけでなく、相槌（あいづち）を打つ、うなずく等、しっかりと聴いていることを利用者に示す必要がある。

3　○　自己覚知は、自分の価値観や感情、思考パターン等について客観的に理解することである。介護福祉職は自らの傾向に気づき、それを意識しながら利用者を支援する。

4　×　自己覚知を通して自らの強みや弱みどちらにも気づくことが大切である。よって、自らの弱みを避けることは不適切である。

5　×　相手をあるがままに受けいれることは、自己覚知ではなく受容である。

問題4　解答1
入所間もない利用者への対応

1　○　入所後4日目のAさんは、まだ知らない利用者が多く、緊張していると考えられる。よって、最初は個別対応や少人数での交流を行い、少しずつ他の利用者や職員との心理的距離が近くなるように支援していくことが求められる。仮に大勢の利用者に取り囲まれるようなことがあれば、かえって威圧感を与えたり、不安感が強まったりするおそれもある。

2　×　一般的に利用者と話す場合、正面に向かい合って座る対面法よりも直角に座る直角法の方が緊張しにくい。

3　×　入所後4日目のAさんの思いや不安等を知り、ラポール（信頼関係）を形成するためにも、Aさんの負担にならない範囲で声かけを行っていくことは重要である。

4　×　常に話しかけることで利用者が負担に思うこともある。利用者と介護福祉職との関係形成が不十分な段階では利用者の様子を見ながら適度に話しかけることが大切である。

5　×　入所後4日目であり、介護福祉職との心理的距離はまだ遠いと考えられる。そのため、できるだけ近づくことで、かえってAさんの緊張を高めてしまうおそれもある。よって、Aさんには適度な物理的距離をとる必要がある。

問題5　解答5
初対面の利用者の家族への対応

1　×　初対面の相手に密接な距離で話をすると圧迫感や不快感を与えてしまうため、適切な距離を確保することが必要である。

2　×　会話が途切れないように積極的に話すことは、相手からすると、一方的に話をする人ととられる可能性がある。落ち着いて話ができる雰囲気が大切である。

3　×　初対面の家族との面談は、家族の悩みや困っていることを気軽に

相談してもらえるような**関係づくり**が一番の目的である。

4　×　初対面の人といきなり、身体接触をすることは、**馴れ馴れしいと**受けとられる可能性があるため不適切である。

5　○　相手のペースに合わせることは、波長合わせができるため、関係性の構築には必要な行動である。

問題6　解答4
スーパービジョン（supervision）

1　×　スーパービジョンには、①スーパーバイジー（supervisee：指導を受ける側）に対し、仕事を行う上で必要な知識・技術を指導者として教える**教育的機能**、②スーパーバイジーが組織の中で活躍できるよう、組織の方針に沿って業務に専念できるよう管理していく**管理的機能**、③スーパーバイジーを精神的に支え、不安や葛藤の軽減・解消を図る**支持的機能**がある。経営的機能はない。

2　×　スーパービジョンは、専門職や援助者の教育・指導のために開発された方法である。

3　×　個別スーパービジョンは、スーパーバイザーとスーパーバイジーが1対1で行う形態のスーパービジョンである。仲間同士や学生同士で行う形態のものは、**ピアスーパービジョン**に該当する。

4　○　スーパーバイジーが業務内容を理解し、その業務を円滑に行えるように管理していく機能もスーパー

ビジョンには含まれている。これは**管理的機能**と呼ばれている。

5　×　スーパービジョンは、指導する側の**スーパーバイザー**が指導を受ける側の**スーパーバイジー**に対して行う教育訓練のことを意味する。

領域 人間と社会
3 社会の理解

問題7　解答2
社会保障の概念と日本の社会保障制度

1　×　社会保障でのリスク分散では個人の自助努力だけでは対応困難な生活上のリスクを社会全体で支え合うことで、その影響力を低減させる。一方、所得を個人や世帯の間で移動させ、所得格差の縮小や低所得者の生活の安定を図るのは、社会保障における所得再分配の機能である。

2　○　社会保障とは公的な仕組みを通じて個人の自助努力だけでは対応困難な生活上のリスクを予防または救済し、最低生活保障（ナショナル・ミニマム）を実現することである。

3　×　日本の社会保障制度は社会扶助と社会保険に大別される。また、公費（租税）に加え、保険料も財源とする中で制度が構築されている。

4　×　日本の社会保障制度の体系は1950（昭和25）年の社会保障制度審議会勧告によって構築された。1961（昭和36）年は国民皆保険・皆年金が実現した年である。

5　×　2021（令和3）年度の社会保

障給付費を部門別にみると「年金」（40.2％）が最も多く、以下「医療」（34.2％）、「福祉その他」（25.6％）と続く。

問題8　解答5
日本の家族
1　×　核家族には、夫婦のみ、夫婦とその未婚の子、母親または父親（ひとり親）とその未婚の子で構成する家族が含まれる。
2　×　定位家族とは、自分自身が生まれ育った家族をいう。
3　×　生殖家族とは、自分自身が結婚することで構成する家族をいう。
4　×　直系家族とは、子のうち結婚した一人だけが配偶者や子どもとともに親と暮らす家族をいう。
5　○　家族は、その構成によって、核家族、拡大家族、直系家族、複合家族に分類される。

問題9　解答2
労働者災害補償保険制度と医療保険制度
1　×　通勤途上の事故は業務上の事故とみなされ、労働者災害補償保険（労災保険）における給付の対象となる。ただし、通勤途中に寄り道した際に生じた事故の場合等は、個々の事情により判断される。
2　○　労働者災害補償保険（労災保険）の場合、その保険料は雇用主が全額負担し、労働者の負担はない。
3　×　労働者が業務災害による療養

で休業し、賃金を受けられていない日が4日以上続く場合は、労働者災害補償保険（労災保険）による休業補償給付を受けられる。傷病手当金は、医療保険制度の被保険者が業務災害以外の病気やケガのために会社を休み、事業主から十分な報酬が受けられない場合に支給される。
4　×　国民健康保険証は住民票を置く自治体（市町村）から発行される。住所がなく住民票がない場合、市町村国民健康保険の被保険者になることはできない。
5　×　それまで国民健康保険に加入していた人が生活保護を受けることになった場合、国民健康保険から脱退し、新たに生活保護における医療扶助を受けることになる。よって、生活保護の受給者は、市町村国民健康保険の被保険者となることはない。

問題10　解答3
成年後見制度
1　×　後見人の職務には、財産管理と身上監護がある。身上監護とは、施設への入所や病院への入院など被後見人の生活について配慮することで、実際に介護を行うことではない。
2　×　法定後見開始の申立ては、利用者本人、配偶者、四親等内の親族が行うことができる。また、市町村長も65歳以上の者、知的障害者、精神障害者について、その福祉を図るために特に必要がある場合には、後見開始の審判等の請求ができる。

3　○　法定後見制度には、後見、保佐、補助の3類型がある。後見類型は判断能力が常に欠けている状態の人を対象とし、保佐類型は判断能力が 著 しく不十分な人を対象とし、補助類型は判断能力が不十分な人を対象とする。家庭裁判所によってそれぞれ成年後見人、保佐人、補助人が選任される。

4　×　後見人は、預金管理、財産売買、介護サービスの契約など、被後見人の財産に関する法律行為を本人に代わって行うことができる。ただし、本人の居住用の不動産を処分する場合は、家庭裁判所の許可が必要である。

5　×　後見人には同意権は与えられず、代理権と取消権が与えられる。

問題 11　解答 5
障害者総合支援法

1　×　要介護区分ではなく、障害支援区分である。障害支援区分には区分1から区分6まであり、支援の必要度は区分1が低く、区分6が高い。以前は「障害程度区分」と呼ばれていたが、2014（平成 26）年度から「障害の程度（重さ）」ではなく、障害の多様な特性その他の心身の状態に応じて必要とされる標準的な支援の度合を総合的に示すため「障害支援区分」に名称が変わった。

2　×　2010（平成 22）年 12 月の障害者自立支援法（現・障害者総合支援法）の改正で利用者負担が見直された。受けたサービスの1割を自己負担する応益負担から、所得に応じた応能負担に変わった。

3　×　訓練等給付には、自立訓練に加え、就労移行支援や就労継続支援、就労定着支援、自立生活援助、共同生活援助も含まれる。

4　×　訓練等給付のみを希望する場合は、障害支援区分の認定は必要ない。介護給付を希望する場合には障害支援区分の認定が必要である。

5　○　育成医療は身体障害児、更生医療は身体障害者、精神通院医療は精神障害者がそれぞれ対象である。

問題 12　解答 4
地域包括ケアシステムにおける自助・互助・共助・公助

1　×　ナショナルミニマムは、国家（政府）が国民に対して最低限度の生活を保障することを意味し、地域包括ケアシステムでは公助に位置づけられる。

2　×　生活保護制度に加え、行政が一般財源で実施する高齢者福祉事業や 虐 待対策、人権擁護等は公助に該当する。公助では、自助・互助・共助では対応できない生活困 窮 等に対し、必要な生活保障を行う。一方、自助とは、自発的に自らの生活上の課題の解決を図ろうとする行為である。

3　×　市場サービスを自らの収入で購入することは、自分の力で自らの生活の維持・向上を図ろうとする行

為であるため、自助に該当する。このほか、自らの健康を維持するために自発的に介護予防のための運動を行ったり、健康診断を受けたりすることも自助に含まれる。

4　○　介護保険制度や医療保険制度、年金保険制度等の社会保険制度は、被保険者による相互の負担で成り立っているため、共助に該当する。

5　×　ボランティア活動や近隣住民同士による支え合い活動等は、互助に位置づけられる。

問題 13　解答 5
法制度と年齢

1　×　「障害者総合支援法」の障害者の定義は、18 歳以上の者である。なお、18 歳未満の者は障害児として、児童福祉法第 4 条に規定されている。

2　×　国民年金の第 1 号被保険者は、20 歳以上 60 歳未満の自営業者、農業者、無業者等である。

3　×　介護保険制度の第 2 号被保険者は、40 歳以上 65 歳未満の医療保険加入者である。

4　×　後期高齢者医療制度の被保険者は 75 歳以上の者、または 65 歳以上 75 歳未満の者で寝たきり等、一定の障害の状態にある者となる。

5　○　2021（令和 3）年 4 月施行の改正「高年齢者雇用安定法」（正式名称は「高年齢者等の雇用の安定等に関する法律」）では、これまでの 65 歳までの雇用確保義務に加え、70 歳までの就業確保を努力義務とした。

問題 14　解答 2
介護保険制度の保険給付

1　×　福祉用具貸与は、居宅介護サービス費の対象になる。なお、介護保険制度における福祉用具貸与には一部の利用制限がある。例えば、要支援 1・2 と要介護 1 の人は、原則、特殊寝台や特殊寝台付属品、車いす等をレンタルすることができない。

2　○　介護給付を受けようとする被保険者は、要介護者に該当すること及びその該当する要介護状態区分について、市町村の要介護認定を受けなければならない。

3　×　施設サービスは、要介護者を対象としたサービスであり、要支援者が利用することはできない。そのため、施設介護サービス費の支給対象外となる。

4　×　市町村特別給付に要する費用は、原則として、当該市町村における介護保険の第 1 号被保険者保険料で賄うものである。

5　×　市町村特別給付の支給対象は、要介護状態または要支援状態にある被保険者を対象である。

問題 15　解答 4
社会福祉法人

1　×　デイサービスや保育所等の第二種社会福祉事業については、経営主体の制限はない。それに対し、第

一種社会福祉事業の場合は、国、地方公共団体または社会福祉法人が経営することが原則となっている。

2　×　社会福祉法人は、社会福祉事業に支障がない範囲で公益事業として有料老人ホームや居宅介護支援事業等の経営を行うことができる。ここでいう公益事業とは、社会福祉と関係のある公益を目的とする事業を指す。一方、収益事業とは、社会福祉事業や公益事業の財源に充てるため一定の計画の下に収益を目的に継続的に行われるもので、駐車場の賃貸経営等が該当する。

3　×　評議員は理事、監事または当該社会福祉法人の職員を兼ねることができない。

4　○　監事は2名以上の配置が必要である。監事は、理事の職務執行を監査し、監査報告書の作成を行う。

5　×　社会福祉法人は、他の社会福祉法人と合併することができる。また、税金面での優遇措置もある。

問題16　解答2
日常生活自立支援事業

1　×　日常生活自立支援事業の実施主体は、都道府県または指定都市の社会福祉協議会である。

2　○　専門員が支援計画を策定し、その内容にしたがって、生活支援員がサービスを提供する。

3　×　日常生活自立支援事業のサービス内容には、法律行為は含まれず、福祉サービスの利用援助や日常的な金銭管理のサポートなどがある。なお、財産管理や介護など身上監護に関する法律行為を依頼する制度としては、成年後見制度がある。

4　×　原則として、サービス利用料は利用者が負担する。料金は実施主体により異なる。なお、契約締結前の初期相談等に係る経費や生活保護受給世帯の利用料は無料である。

5　×　サービスの利用対象は、認知症の人、知的障害者、精神障害者など、判断能力が不十分でありながらも、日常生活自立支援事業の契約内容が判断できる力があると認められる人である。

問題17　解答1
障害者総合支援法における障害福祉サービス

1　○　サービス等利用計画案は、障害福祉サービスの支給決定前に作成する。市町村は提出されたサービス等利用計画案の内容を踏まえ、支給決定を行うからである。

2　×　重度訪問介護をはじめ居宅介護、療養介護、生活介護等の介護給付を利用するためには、障害支援区分の認定を受ける必要がある。訓練等給付の利用にあたっては共同生活援助（グループホーム）を除き、障害支援区分の認定は行われない。

3　×　生活介護とは、常に介護を必要とする利用者に対し、障害者支援施設等において昼間、入浴・排泄・食事の介護等を行うとともに、創作

的活動または**生産活動**の機会を提供することである。利用者の自宅で入浴・排泄・食事の介護等を行うのは**居宅介護**である。

4　×　障害福祉サービスの自己負担は、所得に応じて負担上限月額が設定されている。例えば、生活保護受給世帯や一部の市町村民税非課税世帯は負担額が０円となっている。つまり、介護保険制度では一定額を負担する応益負担であるのに対し、障害者総合支援法では所得に応じた応能負担となっている。

5　×　指定障害福祉サービス事業者は、利用者や家族等からの苦情を受け付けるための窓口を設置した上で、**その苦情の内容を記録すること**が義務づけられている。「努める」といった努力義務ではない。

問題 18　解答 3
「高齢者住まい法」で規定されているサービス付き高齢者向け住宅

1　×　サービス付き高齢者向け住宅への登録は、有料老人ホームもできる。

2　×　安否確認・生活相談サービスが、サービス付き高齢者向け住宅での義務付けサービスである。食事の提供は**必須ではない**。

3　○　各戸専用部分の床面積が25m²以上であることとされている。ただし、居間、食堂、台所そのほかの住宅の部分が共同して利用するため十分な面積を有する場合は、

18m²以上となっている。

4　×　単身世帯の他、夫婦世帯での入居が可能である。

5　×　契約は**文書で交わすこと**とされている。

領域 こころとからだのしくみ
4 こころとからだのしくみ

問題 19　解答 4
摂食と嚥下のプロセス

1　×　先行期は食べ物の形や色を認知する段階であり、認知機能の影響を受ける。なお、摂食から嚥下までの５期とは先行期、準備期、口腔期、咽頭期、食道期をいう。

2　×　準備期は、食塊を整える段階である。

3　×　口腔期は、主に舌で食塊を咽頭に送る段階である。

4　○　図が示すとおり、咽頭期は嚥下反射によって、食塊を咽頭から食道入り口へ送り込む段階である。その際、軟口蓋が挙上して鼻腔を閉鎖するとともに、喉頭蓋が下降して気道の入り口を塞ぎ、食べ物が気管に入るのを防ぐ（誤嚥防止）。

5　×　食道期は、食塊を食道から胃に送る段階である。

問題 20　解答 5
便秘と下痢

1　×　ストレスによって起こる便秘はけいれん性便秘であり、機能性便秘に含まれる。

2　×　直腸に便があるにもかかわらず便意を感じないのは直腸性便秘であり、**機能性便秘**に含まれる。

3　×　薬の副作用で便秘が起きることもある。

4　×　交感神経が優位であると排便を抑制し、副交感神経が優位であると排便を促す。

5　○　下痢が生じた場合、脱水予防のためにも**水分・電解質の補給**が必要である。

問題21　解答4
記憶の種類

1　×　「いつ、どこで、誰と、何をしたのか」等、自分に起こった個人的な経験を思い出す記憶は、**エピソード記憶**である。エピソード記憶は**加齢の影響を受けやすい**。

2　×　一般的な知識や言葉の意味等について思い出す記憶は、**意味記憶**である。意味記憶は**加齢の影響を受けにくい**。

3　×　計算の暗算は、複数の数字を一時的に覚えて処理する**作業記憶（ワーキングメモリ）**によって行われる。作業記憶とは、一時的に短期間、情報を保持しつつ、それらを同時に処理する記憶を意味する。一方、プライミング記憶とは、事前に見聞きした情報がその後の情報に影響を与えるような記憶を指し、入れ知恵記憶とも呼ばれる。

4　○　調理など身体を使うことで覚えた記憶を、**手続き記憶**と呼ぶ。手

続き記憶は**加齢の影響を受けにくい**。

5　×　楽器の演奏など、身体を使うことで覚えた記憶は**手続き記憶**であり、**加齢の影響を受けにくい**。

問題22　解答3
心的外傷後ストレス障害（PTSD）

1　×　心的外傷後ストレス障害では、大きな苦痛やストレス等を体験した記憶が自らの意思とは関係なく、何度も繰り返し思い出される。こうしたフラッシュバックが突然襲（おそ）ってくる。

2　×　心的外傷後ストレス障害は、災害や犯罪、交通事故に遭遇（そうぐう）する等、通常ではありえない**大きな苦痛やストレス**等が原因で生じる。

3　○　心的外傷後ストレス障害では、大きな苦痛やストレス等の体験を回避するため、感情や感覚が鈍くなることがあるものの、被害妄想（もうそう）との関連は認められない。

4　×　心的外傷後ストレス障害になると緊張が続き、結果、**不眠や集中力の低下**等が生じることがある。

5　×　心的外傷後ストレス障害は、その症状が**1か月以上**にわたって継続する場合が多い。

問題23　解答1
脳の構造や機能

1　○　小脳は、橋（きょう）や延髄（えんずい）の後部に位置し、身体のバランスを保つ働きを果たしている。

2　×　脳の高次機能をつかさどっているのは、中脳ではなく、**大脳皮質**である。中脳は、橋・延髄をあわせて脳幹といわれ、心臓中枢や呼吸中枢などの機能を果たしている。

3　×　大脳は、3つに区分されるのではなく、前頭葉・頭頂葉・後頭葉・側頭葉の4つに区分される。

4　×　視床、視床下部、脳下垂体ではなく、中脳、橋、延髄をあわせて脳幹という。なお、視床、視床下部、脳下垂体は間脳である。

5　×　間脳は、心臓中枢や呼吸中枢の機能を果たしているのではなく、**自律神経及びホルモン分泌の中枢**の機能を果たしている。

問題24　解答3
爪の変化とそこから推測される疾患・病態の組み合わせ

1　×　陥入爪とは、爪が周囲の皮膚に食い込み、その部分に炎症が生じた状態を指す。主に深爪や爪の角の部分を切りすぎること等による不適切な爪切りが原因で起きる。

2　×　ばち状爪とは、指先が太鼓をたたく「ばち」のように太く盛り上がった状態を指す。主に肺疾患や心疾患が原因で生じる。

3　○　さじ状爪は、スプーンネイルとも呼ばれ、爪がスプーン（さじ）のように反り返っている状態を指す。主に重症の貧血や鉄欠乏性貧血が原因で起きる。

4　×　青紫色の爪は、血液中の酸素が不足することで生じる**チアノーゼ**が原因として考えられる。チアノーゼがみられる場合、**慢性閉塞性肺疾患（COPD）**等の呼吸器疾患や心疾患の悪化が推測される。

5　×　爪の白濁は、**白癬菌**が爪に感染することで生じる**爪白癬**が原因として考えられる。

問題25　解答2
食事で上昇した血糖値を下げるホルモンの一種が分泌される臓器

1　×　Aは胃で、強酸性の胃液である胃酸が分泌されている。胃液には消化酵素が含まれ、特にたんぱく質を分解する。

2　○　Bは膵臓である。食事で上昇した血糖値を下げるホルモンの一種はインスリンである。インスリンは、膵臓のランゲルハンス島にあるβ細胞から分泌される。

3　×　Cは十二指腸で、胃から送り込まれた食べ物と胆のうから出てきた胆汁、膵臓から出てきた膵液の消化酵素を混合し、消化吸収を促進させる。

4　×　Dは胆のうで、胆汁を貯蔵している。食べ物が十二指腸に送り込まれると胆汁の量を調整しながら排出して消化を助ける。

5　×　Eは肝臓で、代謝、解毒、排泄といった役割がある。

問題26　解答3
42℃以上の高温による入浴が身体に与える影響

1　×　腸の動きが促進されるのは、38 〜 40℃程度の湯温の場合である。一般的に 42℃以上の高温浴の場合、筋肉が収縮するため、結果的に内臓の働きが抑えられることになる。よって、腸の動きも抑制される。

2　×　一般的に 42℃以上の高温浴の場合、血管が収縮するため、血圧は一時的に上昇する。ただし、入浴によって血行が促進されると、血管が徐々に拡張され、血圧は低下する。

3　○　一般的に 42℃以上の高温浴の場合、筋肉が収縮するため、結果的に腎臓の働きも抑制される。一方、38 〜 40℃程度の湯温であれば、腎臓の働きは促進される。

4　×　筋肉の弛緩とは筋肉が緩んでリラックスすることである。筋肉の弛緩は、一般的に 38 〜 40℃程度の湯温で生じる。一方、42℃以上の高温浴では筋肉は収縮する。

5　×　一般的に 42℃以上の高温浴の場合、心臓への負担が大きくなり、心拍数は増加する。

問題27　解答5
睡眠に関連した身体の仕組み

1　×　脳は覚醒状態に近いものの、身体が休息している睡眠はレム睡眠である。レム睡眠の時は眼球運動が激しく、夢を見やすい。一方、ノンレム睡眠では脳が休息している。

2　×　睡眠を促進させる自律神経は、副交感神経で、優位な時は筋緊張が緩み、心身がリラックスするため、心地よい睡眠につながりやすい。一方、交感神経が優位な時は緊張しているため、睡眠が妨げられやすい。

3　×　睡眠を促進させるのは、脳の松果体から分泌されるメラトニンである。夜、眠くなるのは、朝、太陽光を浴びてから約 15 時間後に増加するメラトニンが作用するからで、睡眠ホルモンとも呼ばれる。なお、ノルアドレナリンは緊張状態や集中力が必要な時に脳内に分泌される。

4　×　睡眠のリズムは、深い眠りのノンレム睡眠と浅い眠りのレム睡眠が 90 〜 110 分周期で、一晩に 4 〜 5 回繰り返される。

5　○　概日リズム（サーカディアンリズム）に関与する体内時計は、脳の視床下部にある視交叉上核にある。

問題28　解答5
死に関連する内容

1　×　死の三徴候とは呼吸停止、心臓停止、脳機能停止（瞳孔散大、瞳孔の対光反射の消失）で、これらを医師が認めれば、死亡となる。

2　×　診察後 24 時間以内に死亡した場合、医師は改めて診察せずに、死亡診断書を交付できる。

3　×　死後硬直とは亡くなった人の筋肉が硬くなる現象である。通常、死後 2 〜 4 時間で始まり、死後半

日程度で全身に及び、死後 30 〜 40 時間で解け始める。

4　×　**死斑**とは亡くなった人の皮膚に現れる暗紫色や紫赤色の**斑点**である。通常、死後 **20 〜 30 分**で出現し始め、死後 8 〜 12 時間で最も強くなる。

5　○　死後の身体変化には体温低下や死斑のほか、**角膜混濁**もある。死後半日程度で角膜の混濁が出現し始め、1 日程度で瞳孔の透視が困難となる。

問題 29　解答 1
口臭とその予防

1　○　会話量が減少すると、口を動かす機会が減り、**唾液量が減少**する。そのため**口腔内**が乾燥し、細菌が繁殖しやすくなり、結果的に口臭が起こりやすくなる。

2　×　口臭は唾液量が多い等、口腔内の湿潤の度合いが高いほど起こりにくい。逆に唾液量が少ない等、口腔内が乾燥すると口臭が悪化する。

3　×　**舌苔**を無理に取り除こうとすると、舌を傷つけたり、長時間のケアが利用者の疲労につながったりする。舌苔は専用のブラシやスポンジブラシ等で、奥から手前にやさしくかき出すように取り除く。

4　×　咀嚼回数を少なくすると口を動かす機会が減って唾液の分泌量も減少し、口臭が起こりやすくなる。口臭予防には、口腔ケアに加え、会話の量や咀嚼回数を増やし、唾液の

分泌を促すことが重要である。

5　×　歯の表面に付着する**歯垢**（プラーク）は、口臭、虫歯や歯周病等の原因となる。しかし、水や洗口剤で口をすすいだり、ブクブクうがいをしたりする洗口だけでは**除去できない**。除去には、歯磨き（ブラッシング）や歯科でのクリーニングが必要である。

問題 30　解答 4
臨終期の身体の変化

1　×　死が近い臨終期には心臓や腎臓の機能低下や低栄養等が原因で、**浮腫**が現れることがある。その場合、下肢から浮腫が現れることが多い。

2　×　臨終期には**血圧の低下**により、末梢まで血流が十分に行き届かなくなる。そのため、特に手足が冷たくなる。

3　×　臨終期には、意識状態が低下した**傾眠状態**となる。ただし傾眠状態になっても、**聴力は保持**されており、呼びかけに反応しなくても、話の内容は聞こえているとされる。

4　○　臨終期には血液中の酸素が不足するため、手足の爪や唇等が**暗紫色**に変化し、冷たくなる**チアノーゼ**がみられるようになる。

5　×　臨終期には血液循環の機能低下により、脈拍数も血圧も低下する。

領域 こころとからだのしくみ
5 発達と老化の理解

問題31　解答1
高齢者に関連する用語

1　○　**プロダクティブ・エイジング**とは、高齢になっても**生産的・創造的な活動**に参加し、社会に貢献して生きることである。その方法として労働、学習、趣味活動等に加え、自分の健康は自分で守るとする**セルフケア**も含まれている。

2　×　エイジズムとは、「高齢者だから○○である」等、主に歳をとっている人に対する**年齢を理由とした偏見・差別**を指す。例えば「高齢者は弱い存在である」「高齢者は頑固である」といった考え方は、一人ひとりの状況をとらえておらず、高齢者への誤った見方といえ、**エイジズム**に該当する。一方、視力低下や認知機能の低下、流動性知能の低下、味覚の感受性の低下等は、加齢に伴う身体機能や知的機能の**変化**を示したものであり、高齢者等への偏見・差別であるエイジズムには**当たらない**。

3　×　アメリカの**バトラー**（Butler, R.）は、エイジズムに加え、プロダクティブ・エイジングについても提唱した。**バルテス**（Baltes, P.）はドイツの心理学者であり、生涯発達理論の分野に貢献した。

4　×　**サクセスフル・エイジング**は「幸福な老い」を意味する。具体的には老化を受けいれ、社会に積極的に参加しながら、幸せな生き方を求めていくとする**主観的**なものである。

5　×　アクティブ・エイジングの3つの柱は、**参加**（participation）、**健康**（health）、**安全**（security）である。その意味は、高齢になっても QOL（生活の質）を低下させることなく、健康に気をつけ、**社会参加**を続けながら年を重ねていくことである。

問題32　解答1
加齢に伴う身体機能や感覚機能の変化

1　○　加齢に伴う造血機能の低下から、**赤血球が減少**する。それにより、赤血球中の**ヘモグロビン**も減少して貧血を起こしやすくなる。

2　×　加齢により、骨を破壊する**破骨細胞**の働きが、骨をつくる**骨芽細胞**の働きよりも**優位**になり、**骨密度が低下**する。

3　×　骨盤底筋群の低下で**腹圧性尿失禁**を起こしやすくなり、重い荷物を持った時や咳をした時等、腹部に力が入った際に尿が漏れてしまう。一方、機能性尿失禁は認知機能や身体機能の低下で生じる。

4　×　加齢に伴い、目の網膜の光の受容機能とともに瞳孔の光量の調整機能も低下するため、明暗順応が低下する。暗い場所から明るさに目が慣れる**明順応**、明るい場所から暗さに目が慣れる**暗順応**があり、暗順応

のほうが低下しやすい。

5　×　加齢に伴い、低音域よりも高音域のほうが聞きとりにくくなる。

問題33　解答5
長期臥床によって生じる病態と対策

1　×　長期臥床により生じる心身機能の低下を廃用症候群（生活不活発病）と呼ぶ。これによって血圧調整機能が低下し、急に身体を起した時に血圧が低下して起立性低血圧を引き起こす恐れもある。その際は、ベッドで横になったり、リクライニング式車いすを使用している場合は背もたれを倒したりする等、頭部を下げ、脳への血流を促す。

2　×　長期臥床によって腹筋や腸の蠕動運動が低下し、便秘になりやすくなる。便秘予防には適度な運動や大腸のマッサージ、十分な水分摂取や食物繊維の摂取が有効である。

3　×　関節拘縮があるという理由だけで運動を制限していると、さらに関節拘縮が進行するだけでなく他の廃用症候群も出現するおそれがある。

4　×　深部静脈血栓症では身体を動かさないことにより、下肢深部静脈の血流が悪くなり、血栓や浮腫、痛みが生じる。さらに肺塞栓症を引き起こす恐れもあるので、離床や適度の運動を促すことが大切である。

5　○　誤嚥性肺炎は、長期臥床による廃用症候群の1つである。ただし、日頃から口腔ケアを丁寧に行っておけば口腔内の悪い細菌が減るため、

仮に誤嚥しても、誤嚥性肺炎になるリスクを低く抑えられる。

問題34　解答4
くも膜下出血

1　×　脳の動脈硬化と高血圧によって動脈が破綻し、脳実質内に出血を生じるのは、脳内出血である。くも膜下出血は、脳動脈瘤からの出血で、くも膜下腔に血液が流入することによって生じる脳の外の疾患をいう。

2　×　くも膜下出血は、脳卒中のおおむね1割を占めている。

3　×　くも膜下出血は、活動時間である昼間の時間帯の発症が多い。

4　○　くも膜下出血は、消化管出血や肺水腫などを合併する場合がある。

5　×　くも膜下出血は、脳の外で起こる疾患であり、脳の局所症状を伴うことはまれである。

問題35　解答5
ライチャードの老年期における適応と人格の5類型

1　×　自責（内罰）型は、自分の不幸を責める等、自己嫌悪が強いという特徴がある。Bさんに相当しない。

2　×　憤慨（外罰）型は、自分の過去や老化を受けいれられず、それを他の人を責めることで満たそうとする等、他の人に責任転嫁するという特徴がある。Bさんに相当しない。

3　×　安楽いす（依存）型は、受け身でありながらも、現状を受け入れて新しい環境にも適応できるが、他

者に依存しやすく、社会的な活動に対しても消極的という特徴がある。したがって、Bさんに相当しない。

4　×　装甲（自己防衛）型は、老化等に対する不安が強く、それをカバーするために仕事や活動を続けて自分を守るという特徴がある。したがって、Bさんに相当しない。

5　○　円熟型は、現実に柔軟であり、自らの心身の変化や人生を受け入れ、様々なことに興味を持って積極的に社会参加するという特徴がある。したがって、Bさんは円熟型に相当すると判断できる。

問題36　解答4
パーキンソン病

1　×　パーキンソン病は50～65歳の中高年期に多く発症する。

2　×　脳の神経細胞が変形することによって、ドーパミンという神経伝達物質が減少して起こる。進行性で、指定難病、特定疾患の病気である。

3　×　筋強剛（筋固縮）といった筋肉のこわばりや、無動・寡動（動作緩慢）の症状は全身に及ぶ。顔の表情が乏しくなり、まばたきが少なくなる仮面様顔貌の症状もみられる。

4　○　バランスが取りにくくなる姿勢反射障害として、小刻み歩行や前かがみの姿勢、突進現象が現れる。突進現象とは、歩き出すとだんだんと早足になり、うまく止まれなくなる状態である。

5　×　手を動かしていない時に小刻

みな手のふるえが起きる安静時振戦がみられる。

問題37　解答4
関節リウマチの特徴

1　×　関節リウマチも自己免疫の異常が原因とされているが、皮膚に赤い紅斑のような発疹ができる自己免疫疾患は全身性エリテマトーデス（SLE）である。

2　×　関節リウマチは、一般的に30～50歳代の女性に多い。

3　×　関節リウマチの関節の痛みや手のこわばり等の症状は、天候や気温の変化の影響を受けやすい。一般的に雨や気温の低下、朝の起床時に手足の関節のこわばりが強くでる傾向にある。

4　○　関節リウマチは手、肘、膝等の関節の両側に関節炎を生じる多発性関節炎を主症状としており、左右対称性に発症する。

5　×　関節のこわばりに加え、症状の進行に伴って、関節の亜脱臼を生じることもある。

問題38　解答5
骨粗鬆症の人の日常生活上の留意点

1　×　ビタミンEは老化防止や貧血予防に有効である。一方、骨粗鬆症の予防には、乳製品や小魚等のカルシウム、干ししいたけやうなぎ等のビタミンD、納豆やほうれん草等のビタミンKを多く摂取する。カルシウムは骨の形成、ビタミンD

はカルシウムの吸収促進、ビタミンKは骨の健康維持に重要となる。

2　×　適度に日光にあたって紫外線を浴びることで、体内でビタミンDが生成される。ビタミンDは骨の形成に役立つカルシウムの吸収を促す。よって、紫外線を浴びることは骨粗鬆症の予防につながる。

3　×　歩行時に前傾姿勢をとると、バランスを崩し転倒しやすくなる。骨粗鬆症の場合、転倒すれば骨折の危険性が高いため注意が必要である。

4　×　適度に運動することで骨を形成する骨芽細胞（こつが）が活発化し、それによって骨密度が上がる。よって、運動は骨粗鬆症の予防につながる。

5　○　喫煙は胃腸の働きを低下させ、骨を形成するカルシウムの吸収を妨（さまた）げる。さらに女性の場合、骨の形成に関係する女性ホルモンの分泌を低下させてしまう恐れもある。よって、骨粗鬆症の予防には、喫煙を控えることも重要となる。

領域 こころとからだのしくみ
6 認知症の理解

問題39　解答4
認知症の中核症状の実行機能障害

1　×　見る、聞くなど、視覚や聴覚に障害がないにもかかわらず、知覚しているものを把握することができないのは、失認（しつにん）である。

2　×　今いる場所、時間、自分と周囲の人との関係などを理解する能力が低下するのは、見当識障害（けんとうしきしょうがい）である。

3　×　何度も同じ動作を繰り返したり確認したりするといった強迫症状は、BPSD（行動・心理症状）の1つである。

4　○　実行機能障害（遂行機能障害）（すいこう）とは、手順を踏んで行う一連の作業ができなくなることをいう。料理の手順なども含まれる。

5　×　新しい体験を覚えることができないのは、記憶障害である。

問題40　解答4
認知症支援

1　×　デイサービスは日帰りのサービス（通所介護）のみであるため、適切ではない。

2　×　認知症カフェは、認知症の人が住み慣れた地域で自分らしく暮らし続けるための支援として、認知症の人や家族や地域の人が相談できる場のため、適切とはいえない。

3　×　グループホームとは、専門スタッフの援助を受けながら、少人数で共同生活していく入所のみのサービスであり、適切ではない。

4　○　小規模多機能型居宅介護は地域密着型サービスの1つで、利用者の生活に合わせて、「通い」「訪問」「宿泊」のサービスを組み合わせて利用することができる。特にCさんは馴染みの関係になるのに時間がかかるので、継続して行えるこのサービスが適しているといえる。

5 × 介護老人保健施設は、リハビリテーションなどの医療サービスを受けながら家庭への復帰を目指す入所サービスであって、適切ではない。

問題41　解答5
アルツハイマー型認知症

1 × アルツハイマー型認知症の罹患率は男女比1：3の割合で女性に多い。発症は70歳以上に多い。

2 × 感情の調整がうまく行えず、些細な刺激で笑ったり泣いたりすることを感情失禁と呼ぶ。感情失禁は血管性認知症の特徴の1つである。

3 × ピック病は前頭葉と側頭葉だけが萎縮し、前頭側頭型認知症を発症する。前頭側頭型認知症の約8割はピック病ともいわれている。

4 × アルツハイマー型認知症の場合、その症状は緩やかに進行する。一気に症状が進行するのは血管性認知症にみられる特徴の1つである。

5 ○ アルツハイマー型認知症は、軽度の段階では記憶障害や実行機能障害等がみられ、高度の段階では失禁や嚥下障害が生じるようになる。

問題42　解答3
認知症の行動・心理症状（BPSD）

1 × 行動・心理症状（BPSD）は不安感や不快感、恐怖感などが誘因となり悪化する。一度出現した症状でも、不安にならない接し方を心がけたり、安心できる環境づくりによって症状は改善する。

2 × 衣服の着脱方法や日常的に使っていた道具の使い方がわからなくなることを失行という。これは認知症の中核症状である。

3 ○ 「お金がない」「誰かが部屋に入ってきた」などの被害感が出てくる状態は、妄想の症状で行動・心理症状（BPSD）に含まれる。行動・心理症状（BPSD）の他の症状は、徘徊、抑うつ、失禁、暴力暴言、異食、不眠、幻覚などがある。

4 × 親しい人の顔がわからなくなるのは失認で、中核症状に含まれる。

5 × 言葉が出てこなくなる状態は失語の状態で、中核症状に含まれる。

問題43　解答4
血管性認知症

1 × 血管性認知症では記憶障害や見当識障害等に加え、脳梗塞や脳出血等の脳血管障害（脳卒中）の後遺症によって片麻痺や仮性球麻痺による嚥下障害を伴う場合もある。

2 × 血管性認知症では、脳梗塞や脳出血等の脳血管障害（脳卒中）の後遺症によって片麻痺や嚥下障害に加え、うまく話すことができなくなる言語障害が生じる場合もある。

3 × 甲状腺機能低下症は全身の代謝が低下する代謝・内分泌疾患の1つであり、血管性認知症の危険因子ではない。血管性認知症の危険因子としては生活習慣病が挙げられる。例えば、食生活の悪化で内臓脂肪型肥満となり、それによって高血圧や

高血糖、脂質異常等を起こす**メタボリックシンドローム（内臓脂肪症候群）**も血管性認知症になる危険性を高める。

4 ○ 血管性認知症は、その初期症状としてめまいや頭痛が出現することがある。

5 × 脳の全般的な萎縮（いしゅく）や脳溝の拡大が認められるのは、**アルツハイマー型認知症**である。

問題44 解答1
見当識の状態を評価する質問

1 ○ 見当識とは、主に時間・場所・人を理解する能力を指す。このうち、時間には年月日、曜日、季節も含まれる。よって、「今日の曜日は何ですか」は、時間の見当識を評価する質問となる。

2 × 「外出する際は、歩行器を使って歩いていますか」は、外出時における**移動**の状況を把握する質問である。ADL（日常生活動作）を知ることは、利用者への支援を行う上での基本となるが、見当識の状態を評価する質問ではない。

3 × 「100から7引いてください」は、計算能力を評価する質問である。認知機能の低下や認知症の疑いを早期に発見することができる**改訂長谷川式簡易知能評価スケール（HDS-R）**で用いられている。

4 × 「昨日は、夕食で何を食べましたか」は、昨日、行った出来事やその内容を覚えているかどうかを問

うものであり、記憶能力を評価する質問となる。

5 × 「何か文章を書いてください」は、文章の構成能力がどのくらいあるかを評価する際に用いられる。例えば、認知機能の状態を評価する**MMSE（ミニメンタルステート検査）**で行われている。

問題45 解答4
レビー小体型認知症の症状

1 × 人格変化（前の性格とは変わってしまう）や反社会的行動（万引きなど）がみられるのは**前頭側頭型認知症**である。

2 × レビー小体型認知症は、鮮明で具体的な内容の**幻視**が生じることが多い。

3 × 初期の段階にもの盗られ妄想の出現がみられやすいのは、**アルツハイマー型認知症**である。

4 ○ レビー小体型認知症は、パーキンソン病と同様に神経伝達物質であるドーパミンが減少する。そのためパーキンソン症状があらわれ、嚥下（えんげ）障害が起きるため、誤嚥（ごえん）性肺炎になりやすい。

5 × レビー小体型認知症では、小刻み歩行、前傾姿勢、突進現象、すくみ足といった**パーキンソン症状**が出やすいので転倒する危険性が高い。

問題46 解答5
認知症疾患医療センター

1 × 認知症疾患医療センターは成

年後見人の選任は行わない。認知症の人等、判断能力が衰えた人の成年後見人を選ぶのは家庭裁判所の役割である。

2 × 認知症疾患医療センターは、実施主体である都道府県や指定都市が指定する病院に設置される。

3 × 認知症が疑われる人や認知症の人を訪問し、アセスメントや家族支援等の初期の支援を包括的・集中的（おおむね6か月）に行うのは認知症初期集中支援チームである。

4 × 認知症疾患医療センターには、認知症の専門医、臨床心理技術者、精神保健福祉士または保健師等を配置する必要がある。

5 ○ 認知症疾患医療センターは、①行動・心理症状（BPSD）と身体合併症に対する急性期医療のほか、②認知症の鑑別診断、③専門医療相談、④関係機関との連携、⑤研修会の開催等の役割を担う。

問題47 解答3
ユマニチュード

1 × リアリティ・オリエンテーションとは、見当識障害がある人に対して、場所、時間、状況、人物などについて確認をしていき、現実認識能力を高める訓練のことである。

2 × 回想法とは、人生を振り返り、過去の思い出を語ることで、気持ちが安定して、自分らしさを取り戻したり、コミュニケーション能力を回復させたりすることである。

3 ○ ユマニチュードとは、認知症の人との信頼関係を築くためのケアの方法で、「優しく目を合わせる」「穏やかに話しかける」「優しく触れる」「立つ」を4つの基本柱としている。

4 × イギリスの心理学者トム・キットウッドが提唱した、パーソン・センタード・ケアとは、認知症の人の立場に立ち「その人らしさを支える」というケアの考え方である。

5 × バリデーションとは、認知症の人の主観的な世界を尊重するため、その行動には意味があると捉え、共感しながら接する方法である。

問題48 解答4
前頭側頭型認知症

1 × レビー小体型認知症の症状は、パーキンソン症状（振戦や歩行困難）と幻視体験である。

2 × アルツハイマー型認知症の初期症状は、不安やうつ状態、実行機能障害（遂行機能障害）などである。

3 × 精神疾患である統合失調症の症状は、幻覚や妄想、無為、自閉、意欲の減退などである。

4 ○ 前頭側頭型認知症の症状は、自制力の低下（万引き）、常同行動（同じ料理）、人格変化などである。

5 × 慢性硬膜下血腫は、転倒などによる頭部打撲で血腫ができ、物忘れなどが起きる。手術で血腫を取り除くと認知症の症状はなくなる。

領域 こころとからだのしくみ
7 障害の理解

問題49　解答 1
障害者福祉に関する用語

1　○　リハビリテーションは本来、身体的・精神的・社会的・経済的・職業的な回復というように全人間的復権を目指す言葉である。ノーマライゼーションとともに「障害者基本計画」の基本理念の中に明記される等、日本の障害福祉施策（しさく）の理念として位置づけられてきた。

2　×　ソーシャルインクルージョンとは、障害がある人だけでなく、高齢者や子ども、外国籍の人等、すべての人々を孤独や孤立、排除や摩擦（まさつ）から援護し、健康で文化的な生活の実現につなげるよう社会の構成員として包み支え合うという理念である。

3　×　ノーマライゼーションはデンマークのバンク‐ミケルセン（Bank-Mikkelsen, N.E.）が提唱し、後にスウェーデンのベンクト・ニィリエ（Nirje, B.）がノーマライゼーションの8つの原理を唱えた。その原理は①1日のノーマルなリズム、②1週間のノーマルなリズム、③1年間のノーマルなリズム、④ライフサイクルでのノーマルな経験、⑤ノーマルな要求や自己決定の尊重、⑥異性との生活、⑦ノーマルな経済水準、⑧ノーマルな環境水準である。

4　×　インテグレーションとは障害のある人とない人を区別せず、ともに学んだり、活動したりする機会をつくることを意味する。

5　×　ユニバーサルデザインは年齢や性別、障害の有無等に関係なく、誰もが使いやすいように配慮されたデザイン（設計・設備等）のことを指す。高齢者や障害者が生活する上で支障となる障壁（バリア）を除去することはバリアフリーである。

問題50　解答 2
障害者差別解消法

1　×　合理的配慮とは、障害のある人から、社会の中にあるバリア（障壁）を取り除くために何らかの対応を必要としているとの意思が伝えられた際に、個々の状況に適した個別性のある対応を周囲の人たちが実施することを指す。同じ配慮をすることではない。

2　○　障害者差別解消法でいう「障害者」とは、いわゆる「障害者手帳」（身体障害者手帳、療育手帳、精神障害者保健福祉手帳）の所持者だけではなく、障害および社会的障壁によって日常生活や社会生活に相当な制限を受けている人すべてである。

3　×　障害者差別解消法では、国・地方公共団体（行政機関）に加え、民間事業者にも不当な差別的取扱いの禁止が義務付けられている。

4　×　2021（令和3）年5月の障害者差別解消法改正に伴い、民間事業者による合理的配慮の提供が努力義務から義務になり2024（令和6）

年4月1日より施行された。

5 ×　障害者差別解消法第14条に「国及び地方公共団体は、障害者及びその家族その他の関係者からの障害を理由とする差別に関する相談に的確に応ずるとともに、障害を理由とする差別に関する紛争の防止又は解決を図ることができるよう（中略）必要な体制の整備を図るものとする」と明記されている。つまり、障害者差別解消法で、障害者等からの差別に関する相談窓口に指定されているのは、国と地方公共団体である。

問題51　解答3
眼の症状とそれに関連が強い疾患の組み合わせ

1 ×　白目の周辺部分が赤くなる結膜充血が起きるのは、アレルギー性結膜炎やウイルス等が原因の感染性結膜炎の場合である。例えば、アデノウイルスが原因で発症する流行性角結膜炎（はやり目）でも結膜充血がみられる。一方、網膜色素変性症では、光を感じる網膜に異常がみられ、視力低下や視野が狭くなる視野狭窄、暗いところで見えにくくなる夜盲等がみられる。

2 ×　眼圧が上昇するのは緑内障の場合である。具体的には眼圧が上昇して視神経が圧迫され、視野が狭くなったり、部分的に見えなくなったりする。ただし、眼圧は正常であるにもかかわらず視神経が障害されて生じる正常眼圧緑内障もある。

3 ○　糖尿病の合併症の1つである糖尿病性網膜症では、硝子体出血や網膜剥離が起こり、進行すれば、失明のおそれもある。

4 ×　水晶体が混濁するのは白内障の場合である。具体的には水晶体が白く濁り、かすんで見える等、視力低下が起きる。

5 ×　ぶどう膜炎が起きるのは難病にも指定されているベーチェット病の場合である。具体的には、ぶどう膜炎という眼の炎症が起き、視力低下や眼の痛み等が生じ、進行すれば失明するおそれもある。また、口腔粘膜のアフタ性潰瘍（繰り返し起こる口内炎）や外陰部潰瘍、皮膚症状もベーチェット病の特徴である。一方、加齢黄斑変性症は加齢が原因で生じ、視力低下に加え、歪んで見える変視症や視野の真ん中が見えない中心暗点等の症状がみられる。

問題52　解答5
消化器ストーマ

1 ×　図は消化器ストーマ（人工肛門）で、ストーマにパウチ（便をためる袋）を取り付けることは医療行為なので医師や看護師しかできない。パウチにたまった排泄物を捨てることは原則医療行為ではないとされ、介護福祉職も行うことができる。

2 ×　腎機能障害の人の腹腔内に透析液を入れて、水や老廃物を排出するのは腹膜透析である。

3 ×　膀胱にたまった尿が排出でき

22

ない場合は、膀胱へ膀胱留置カテーテルを挿入する。

4　×　慢性閉塞性肺疾患（COPD）は呼吸機能障害なので、消化器ストーマ（人工肛門）との関連はない。

5　○　図は直腸がんや大腸がんなどにより、直腸機能障害のある人で、手術により腸の一部分を切除した場合に作られた人工肛門である。

問題53　解答4
難病とそれに関連する法制度

1　×　難病の患者に対する医療等に関する法律（第1条）によれば、難病とは「発病の機構が明らかでなく、かつ、治療方法が確立していない希少な疾病であって、当該疾病にかかることにより長期にわたり療養を必要とすることとなるもの」をいう。

2　×　1993（平成5）年に心身障害者対策基本法が全面改正されて障害者基本法が成立し、身体障害者や知的障害者と並んで新たに精神障害者が法の対象に位置づけられた。一方、障害者の定義に難病等が追加されたのは、2013（平成25）年4月に施行した「障害者総合支援法」である。

3　×　難病医療費助成制度を受けられるのは、難病のうち、患者数がわが国で一定数に達していないこと、客観的な診断基準が確立していること等の要件を満たした指定難病となる。よって、すべての難病患者が難病医療費助成制度の対象となるわけではない。

4　○　難病医療費助成制度を利用するためには、必要な書類を揃えて都道府県・指定都市に申請する。

5　×　難病の医療費の支給に必要な費用は都道府県が支払い、国がその費用の2分の1を負担する。よって、全額、国が負担することはない。

問題54　解答3
言語・聴覚障害の特徴とその対応

1　×　伝音性難聴は、外耳や中耳の障害によって聞こえが悪くなる。内耳から聴神経の障害によって生じるのは感音性難聴である。

2　×　感音性難聴の場合、音が歪んで聞こえるため、補聴器を使用しても明瞭に聞こえるようになるとは限らない。

3　○　高齢者の難聴は、一般的に感音性難聴であることが多い。

4　×　感覚性失語（ウェルニッケ失語）の場合、流暢に話すことはできるが、言葉の理解が難しくなるという特徴がある。言葉の理解はできるが、なめらかに話せないのは運動性失語（ブローカ失語）の特徴である。

5　×　構音障害は発音や発声が正しく行えず、話の内容が相手に伝わりにくい障害である。よって、それを補うために筆談や五十音表、絵カード等を用いることは有効である。手話については誰もが必ずしもできるものではないため、不適切である。

問題55　解答1
障害・疾患の原因や症状等

1　○　交通事故や転倒等による頭部外傷に加え、脳卒中（脳血管障害）も高次脳機能障害の主な原因となる。高次脳機能障害では記憶障害、注意障害、遂行機能障害、社会的行動障害が生じやすい。

2　×　ダウン症候群は、本来であれば2本である21番目の染色体が3本になっている染色体異常（トリソミー）が原因で生じる。一方、先天性代謝異常とは生まれつき特定の酵素が少なかったり、代謝の働きが悪かったりして生じる疾患である。

3　×　てんかんは、脳神経細胞の過剰放電による慢性の大脳疾患である。一方、予期不安やパニック発作、広場恐怖といった症状は不安障害の1つであるパニック障害にみられる。この場合の予期不安では「また発作が生じるのではないか」というような不安に襲われる。

4　×　潰瘍性大腸炎は大腸の粘膜に炎症が起きる難病で、下痢や血便、腹痛等が生じる。嚥下障害は引き起こさない。嚥下障害を引き起こす難病として、例えば筋萎縮性側索硬化症（ALS）が挙げられる。

5　×　クローン病は小腸や大腸の粘膜に慢性的な炎症を引き起こす難病で、下痢や腹痛、発熱等の症状がみられる。言語機能障害は引き起こさない。言語機能障害を引き起こす難病として、例えば脊髄小脳変性症

が挙げられる。

問題56　解答2
身体障害

1　×　心臓ペースメーカーを装着している人は、異常がなくても、定期的に検診を受ける必要がある。

2　○　人工透析では血液を凝固させないヘパリンを使用しているため、出血時に血が止まりにくい。よって、出血しないよう注意が必要である。

3　×　腰髄損傷では、両下肢のみの麻痺がある対麻痺が生じる。四肢麻痺が生じるのは頸髄損傷である。

4　×　脳性麻痺のアテトーゼ型では、不随意運動が生じる。不随意運動とは自分の意識とは無関係に身体が動いてしまう状態をいう。

5　×　膀胱留置カテーテルを使用している場合は、カテーテルの詰まりを防いだり、感染症予防を図ったりするために、水分を控えるべきではない。水分を多くとることで尿量が増え、その尿によって膀胱内の細菌を洗い流すことができる。

問題57　解答2
障害のある児童に対するサービス・支援

1　×　入所する障害のある児童に対し、保護、日常生活の指導、独立自活に必要な知識技能の付与および治療を行うのは医療型障害児入所施設である。福祉型障害児入所施設のサービスに、入所する障害のある児童

の治療までは含まれていない。

2　○　居宅訪問型児童発達支援では、**医療的ケアが必要であったり重度の障害があったりするため外出が著しく困難な障害のある児童の居宅**を訪問し、日常生活の基本動作の指導や生活能力向上のために必要な訓練等を行う。その際、遊びの要素を取り入れながら発達支援をする。

3　×　障害のある児童を施設に通わせ、日常生活の基本動作の指導、知識技能の付与、集団生活への適応訓練、その他の必要な支援および治療を行うのは**児童発達支援センター**である。児童発達支援は、障害のある児童への治療はサービスに含まれていない。

4　×　保育所等訪問支援では、保育所、乳児院、児童養護施設等を訪問し、障害のある児童に対して集団生活への適応のための専門的な支援等を行う。就学している障害のある児童を対象に授業の終了後または休日に施設に通わせ、生活能力向上のために必要な訓練や社会との交流促進等に必要な支援を行うのは**放課後等デイサービス**である。

5　×　障害児入所支援や障害児通所支援は、**児童福祉法**に基づくサービスに位置付けられ、原則として**18歳未満**の人を対象としている。

問題58　解答4
筋萎縮性側索硬化症（ALS）と診断されたFさんの初期症状

1　×　**単麻痺**は、右上肢のみの麻痺というように四肢のうち**一肢**だけに麻痺が出現する状態を指す。Fさんの初期症状には該当しない。

2　×　**対麻痺**は、両上肢または両下肢の麻痺を意味するが、一般的には**両下肢の麻痺**を指す。事例の症状だけをみれば対麻痺と考えることもできる。ただし、設問では「**初期の症状に該当するもの**」が問われている。Fさんの初期症状は「**呂律が回らず、食事の時にむせる**」ことになるため、対麻痺は適切ではない。

3　×　四肢の運動障害は、左右の上肢と左右の下肢の四肢が動かせなくなることで生じる。四肢の運動障害の主な原因としては、**筋萎縮性側索硬化症**による四肢の筋力低下や**頸髄損傷**による四肢麻痺が挙げられる。筋萎縮性側索硬化症と診断されたFさんは、今後、四肢の運動障害が生じるおそれはあるが、初期症状に四肢の運動障害はみられない。

4　○　**球麻痺**は、口・舌・喉の運動障害によって、呂律が回らない等の**構音障害**や食べ物の飲み込みが悪くなる**嚥下障害**が起きる。Fさんは「1年前から呂律が回らず、食事の時にむせることが多くなった」とあるため、初期にみられたのは**球麻痺**の症状といえる。

5　×　**間欠性跛行**では、一定の距離を歩くと下肢に痛みやしびれが発生し、少し休むと痛み等がとれるものの、また一定の距離を歩くと痛み等

が出現するという症状を繰り返す。主に腰部脊柱管狭窄症や腰椎椎間板ヘルニア、閉塞性動脈硬化症でみられる。Fさんの初期症状には該当しない。

問題59　解答4
医療的ケアの制度に関する問題

1　×　2011（平成23）年の社会福祉士及び介護福祉士法の改正により一定の条件のもとに介護福祉職が医行為である医療的ケアを実施できるようになった。

2　×　喀痰吸引等を行うための指示書は医師が作成する。

3　×　人工呼吸器装着中の利用者にも実施できる。

4　○　医療的ケア修了者が喀痰吸引等を実施するためには、実地研修の修了が必要である。

5　×　認定特定行為業務従事者認定証の交付は都道府県に登録し申請する。

問題60　解答3
救急蘇生の方法

1　×　不規則でしゃくりあげるような呼吸は死戦期呼吸であり、心肺蘇生の適応となるため、胸骨圧迫を直ちに開始する必要がある。

2　×　胸骨圧迫の部位は、胸骨の下半分とする。

3　○　圧迫の速さは1分間に100〜120回のテンポとする。

4　×　圧迫の深さは胸が約5cm沈むように圧迫するが、6cmを超えないようにする。

5　×　AEDの有無に関係なく、心肺蘇生は救急隊に引き継ぐまで、または傷病者に普段通りの呼吸や目的のある仕草が認められるまで続ける。

問題61　解答2
子どもの吸引

1　×　子どもは呼吸器官や呼吸機能が未熟なため、吸引の必要物品や条件（吸引圧、吸引時間等）は、子どもの身体的特徴に合わせて医師の指示に従う。

2　○　気管カニューレ内吸引は、吸引圧がかからないまま吸引チューブを挿入すると、痰を気管カニューレ内から気道に押し戻してしまう可能性がある。そのため、吸引圧を少しかけた状態で静かに吸引チューブを挿入する。

3　×　吸引は、子どもにとって苦痛や恐怖を感じる行為であるため、事前に子どもの理解力に応じた説明を行うことで心理的準備（プレパレーション）ができるようにする。また、暴れている時に無理やり行うことは危険であるため、安全にできるよう配慮し、タイミングをみて行う。

4　×　気管の太さ・長さ等、呼吸器官や呼吸機能が未熟であり、成人よりも吸引カテーテルも細くなるの

で、医師の指示に従う。

5　×　呼吸機能が成人より未熟で、粘膜もやわらかくて傷がつきやすいため、成人より吸引圧は**低く設定される**。医師の指示に従う。

問題62　解答2
吸引後の対応

1　×　**出血を助長する可能性がある**ので行わない。

2　○　出血した場所を詳しく観察をして、すぐ看護職に報告する。

3　×　血液が混ざっているのに吸引を繰り返すことは、**出血が多くなる**可能性があるので行わない。

4　×　出血していたとしても、介護福祉職の判断で消毒は**行わない**。

5　×　「痰は取りきれた」上に呼吸は落ち着いているので、再度吸引する**必要はない**。

問題63　解答2
経管栄養で起こりうる身体の異常

1　×　栄養剤の濃度が高すぎると下痢を起こすことがある。一般的に経管栄養剤は薄める必要はないが、一部の経管栄養剤や自宅で作成した経管栄養剤等の濃度には注意する。

2　○　胃の内容物が**逆流**し、気道に入ってしまうと誤嚥を引き起こすおそれがあるため、**上半身を起こし**、逆流を防止する必要がある。また、口腔ケアを行い、誤嚥性肺炎の予防にも努めるようにする。

3　×　栄養剤の注入速度が早すぎる

と嘔気・嘔吐を起こすことがある。

4　×　栄養剤の温度が低すぎると下痢を起こすことがある。これは、低温の栄養剤が注入されることで急激な腸管刺激が起こり、腸の蠕動運動が**亢進**されるためである。

5　×　栄養剤の注入量が多すぎると嘔気・嘔吐を起こすことがある。

領域 介護
9 介護の基本

問題64　解答4
災害時の避難所生活等における介護福祉士の役割

1　×　避難所での配慮は必要であるが、利用者のプライバシーを保護しQOLの向上を目指す必要がある。

2　×　災害時は「災害」という特殊な事態ではあっても、補完的介護ではなく、平常時の連続したものととらえ、継続性のある支援が求められる。

3　×　高齢者は脱水症状をきたしやすいので、水分を控えてはいけない。

4　○　長時間、同じ姿勢でいると、血流が悪くなり、脚の血管に血栓ができることがある。その血栓が血管を流れ、肺につまって肺塞栓などを誘発する。長時間の同一姿勢を避け、下肢を動かすよう運動をすることで予防が可能である。

5　×　介護で得た情報は関係者に提供し共有する。

問題65　解答3
高齢者の世帯
1　×　65歳以上の高齢者のいる世帯を、世帯構造別の構成割合でみると、三世代世帯は減少傾向である。

2　×　65歳以上の高齢者のいる世帯について世帯構造別の構成割合でみると、夫婦のみの世帯は増加傾向にある。

3　○　65歳以上の高齢者のいる世帯は約2,581万世帯で全体（約5,191万世帯）の49.7％であり、そのうち単独世帯（28.8％）と夫婦のみの世帯（32.0％）の2つを合わせると約6割を占めている。

4　×　65歳以上の高齢者について親と未婚の子のみの世帯をみると、1980（昭和55）年にほぼ1割であったものが、2021（令和3）年には2割となっている。

5　×　65歳以上の一人暮らし高齢者の増加は男女ともに顕著であり、1980（昭和55）年には高齢者人口に占める割合は男性4.3％、女性11.2％であったが、2020（令和2）年には男性15.0％、女性22.1％となっている。

問題66　解答5
社会資源に関するフォーマルサービス
1　×　フォーマルサービスは、国や地方公共団体などの公共機関が法制度に基づいて提供する。一方、それ以外の家族や親戚、友人、ボランティアなどが提供するのがインフォーマルサービスで、地域住民による高齢者の見守りはそれに該当する。

2　×　友人による買い物の手伝いは、インフォーマルサービスである。

3　×　家族が定期的に様子を見に来ることは、インフォーマルサービスである。

4　×　ボランティア団体の見守りはインフォーマルサービスである。

5　○　地域包括支援センターによる介護の相談は、フォーマルサービスである。

問題67　解答3
介護福祉職が利用者に行える行為
1　×　介護福祉士は、爪切り・爪やすりによるやすり掛けは行うことができるが、利用者に糖尿病がある場合は行えない。糖尿病の利用者は、糖尿病性神経障害により末梢の感覚が鈍く傷に気づきにくいことがある。また、感染症にかかりやすく、血流障害があり、些細な傷から壊疽に至ることがある。

2　×　インスリンの注射は本人、家族、医師、看護師によって行われる。

3　○　「医師法第17条、歯科医師法第17条及び保健師助産師看護師法第31条の解釈について」（平成17年7月26日付け厚生労働省医政局通知）によれば、軽微な切り傷、擦り傷、やけど等について専門的な判断や技術を必要としない処置をすること（汚物で汚れたガーゼの交換を含む）としている。

4　×　軟膏の塗布は可能だが、褥瘡の処置は介護福祉士が行える業務から除外されている。

5　×　一包化された内服薬であれば内服の介助を認められている。

問題68　解答3
地域包括支援センター

1　×　地域包括支援センターの設置者は、包括的支援事業を実施するために必要なものとして市町村の条例で定める基準を遵守しなければならない。（介護保険法第115条の46第5項）

2　×　市町村は、地域包括支援センターを設置することができるが、設置義務までは課せられていない。

3　○　地域包括支援センターの設置者は、自らその実施する事業の質の評価を行うことその他の措置を講じることにより、その実施する事業の質の向上を図らなければならない。（介護保険法第115条の46第4項）

4　×　地域包括支援センターでは、市町村長の指定を受けた上で指定介護予防支援を提供することができる。

5　×　地域包括支援センターの設置者は、包括的支援事業の効果的な実施のために、介護サービス事業者、医療機関、民生委員、被保険者の地域における自立した日常生活の支援または要介護状態等となることの予防もしくは要介護状態等の軽減もしくは悪化の防止のための事業を行う者などとの連携に努めなければなら

ない。（介護保険法第115条の46第7項）

問題69　解答3
性同一性障害者の不安対応

1　×　Aさん自身の性自認を認めておらず、入所受け入れの可能性を否定している。

2　×　Aさんの不安に対し、疑問で返しており、不安に応えようとしていないため、不適切。

3　○　Aさんの不安に応えようとしている。適切である。

4　×　Aさんの不安を増長するような対応である。不適切である。

5　×　性同一性障害であるというAさんの不安を認めておらず、不適切である。

問題70　解答1
介護保険の苦情相談窓口

1　○　介護保険のサービス内容の苦情窓口として、各事業所の他に、介護支援専門員、市町村、都道府県社会福祉協議会運営適正化委員会、国民健康保険団体連合会がある。

2　×　都道府県に設置されている介護保険審査会には、要介護認定・要支援認定の結果や保険料の徴収金等に関して不服がある場合に申し立てることができる。

3　×　国民生活センターは、消費者問題における中核的機関である。

4　×　警察署生活安全課は、市民生活の安全に関すること、身近に起こ

りうる犯罪の防止や相談などを扱っている。介護保険サービスの内容の苦情申し立ての窓口として適切ではない。

5 × 介護保険サービスの内容の苦情申し立ての窓口として適切ではない。しかし、苦情の申し立てが解決されず、**サービス提供者**との間で**トラブルに発展した場合、簡易裁判所にて調停**という制度を利用することもある。

問題71　解答3
小規模多機能型居宅介護

1 × 小規模多機能型居宅介護事業者は、登録者に対し、通いサービスを基本としつつ、その登録者の心身の状態や希望などに応じて、宿泊サービスや訪問サービスも**組み合わせて提供する**ものである。よって、すべての登録者に通いサービス、宿泊サービス、訪問サービスを一括して提供するものではない。

2 × 小規模多機能型居宅介護事業所の宿泊室の定員は**原則1人**としている。ただし、利用者の処遇上必要と認められる場合は2人にすることができる。

3 ○ 小規模多機能型居宅介護は、通いサービスの利用者が登録定員に比べて著しく少ない状態（おおむね定員の**3分の1**を下回る状態）が続くものであってはならない。

4 × 小規模多機能型居宅介護事業者は、利用者の外出の機会の確保その他の利用者の意向を踏まえた**社会生活の継続のための支援**に努めなければならない。また、小規模多機能型居宅介護事業者は、常に利用者の家族との連携を図るとともに利用者とその家族との交流等の機会を確保するよう努めなければならない。

5 × 登録者に係る居宅サービス計画と小規模多機能型居宅介護計画は、小規模多機能型居宅介護事業所の**介護支援専門員**が作成することとしている。

問題72　解答4
リハビリテーションの領域

1 × WHOではリハビリテーションの領域を、医学的リハビリテーション、教育リハビリテーション、職業リハビリテーション、社会リハビリテーションの**4つ**に分類している。

2 × **教育リハビリテーション**は、主に障害のある子どもたちの自立を助けたり、社会への適応能力を育てることを目的とした支援であり、中途肢体不自由者や精神障害者を主な対象としているのではない。

3 × **職業リハビリテーション**は、身体障害者のみを対象にしているのではなく、知的障害者や精神障害者に対しても実施される。

4 ○ 記述のとおり。**医学的リハビリテーション**は、対象者の疾患などの治療の経過に応じて、時系列に沿って**急性期・回復期・維持期（生活期）の3段階**に区分されている。

5　×　地域リハビリテーションは、医学的リハビリテーションの回復期に位置づけられるものではなく、維持期を包含する考え方として定義されている。

問題73　解答1
家族の子育てと介護を抱える介護福祉職

1　○　要介護状態にある対象家族の介護その他の世話を行う労働者は、事業主に申し出ることにより、対象家族1人であれば年に5日まで、2人以上であれば年に10日まで休暇を取得することができる。なお、令和3年1月施行の法改正で、全ての労働者が、時間単位で介護休暇・子の看護休暇を取得可能となった。

2　×　社会福祉法第95条の3に、「社会福祉事業等に従事していた介護福祉士等の資格を有するものが離職した場合、都道府県センターに住所・氏名を届け出るよう努める」とある。

3　×　介護休業は、2週間以上要介護状態が続く家族を介護するためのもので、対象家族1人につき3回を上限として通算93日まで取得できる。対象家族は、配偶者、父母、子、配偶者の父母、祖父母、兄弟姉妹及び孫で別居の場合を含む。

4　×　子の看護休暇として、小学校就学前の子が病気やけがをして休まなければならなくなったとき、1人につき1年に5日（子どもが2人以上の場合は年に10日まで）取得

できる。

5　×　育児・介護休業法には、対象労働者の所定外労働の制限・時間外労働の制限、深夜業の制限、短時間勤務制度がある。小学校就学前の子を養育する労働者は、時間外労働と深夜業の制限がある。

領域 介護
10 コミュニケーション技術

問題74　解答1
介護福祉職の傾聴について

1　○　利用者の感情は言葉で表現できない場合もあるため、介護福祉職にはその推察が求められる。

2　×　介護福祉職の価値観では、個人的で利用者に対する先入観や思い込みが出てしまうため、適切な判断が難しい。利用者をありのままに理解しようとする姿勢が大切である。

3　×　介護福祉職主導で話を展開すると、利用者が自由に発言する機会を奪ってしまうため適切でない。

4　×　利用者の客観的な事実（身長や年齢など）の把握は大切だが、利用者に寄り添うためには、利用者の考えや思いに基づく主観的な事実を把握することが重要である。

5　×　沈黙も1つのコミュニケーションであるため、介護福祉職は、常に話しかけるのではなく、時には待つ姿勢も大切である。

問題75　解答3
視覚障害者とのコミュニケーション

1　×　いきなり体に触れることは、視覚障害者を驚かせてしまうため、避ける。

2　×　聴覚のみでなく、触覚、嗅覚も活用する。

3　○　クロックポジションは食事のテーブルの位置の説明等に使用される。

4　×　準言語からも情報を得ることができるため、活用すべきである。

5　×　「あちら」「そちら」ではなく具体的に表現する。

問題76　解答4
コミュニケーションの技法

1　×　利用者の話を聞き、それを繰り返すことを繰り返しという。反射は、利用者の言葉や表情等から相手の感情を受け取り、それを利用者に伝えることである。

2　×　利用者自身の気づきを促すため、援助者は利用者の話す内容を受け止めた上で、重要な部分に焦点を絞って質問を行うのは、焦点化である。

3　×　利用者が話した内容を利用者自身が理解できるように整理して端的にまとめて伝えることを要約という。

4　○　直面化とは利用者の感情と行動の矛盾（むじゅん）点を指摘したり、心の葛藤（かっとう）をうかがわせる態度について話題にしたりする中で、利用者が自分自

身と向き合う機会を提供する技法である。

5　×　利用者が伝えたい内容を上手く表現できない場合に、質問等を行って、その内容を明らかにすることを明確化という。明確化では、利用者の表情等からその人の考えを先読みし、代わりに伝えたい内容を言葉で表現する場合もある。一方、言い換えは利用者が話した内容を別の言葉を使って簡潔に返す技法である。

問題77　解答5
介護福祉職に必要なコミュニケーション技術等

1　×　イーガンが提唱したコミュニケーションをとる時の基本的な態度をそれぞれの頭文字を合わせてSOLER（ソーラー）と呼ぶ。SOLERにおけるEye contactでは、利用者を凝視せず、利用者と適度に視線を合わせるようにする。利用者の目を見つめ続けると、監視されている印象を利用者に与えるおそれがある。

2　×　自己開示の目的は、ジョハリの4つの窓のうち、自分も他人も知っている「開放の窓」（Open self）を大きくするために行う。

3　×　ブレインストーミングでは、意見の質よりも量を重視している。つまり、奇抜な意見や独創的な意見、個人的には重要とは思えない意見等も含めて、参加者がそれぞれ自らの意見を自由に出し合うことができ、そこに価値を置いている。

4 × アサーティブ・コミュニケーションとは、より良い人間関係を築くため、相手を尊重しながら自分の意思や意見を相手に適切に伝えるコミュニケーション方法である。意見の質より量を重視し、発言者の意見を批判しないとするのは、ブレインストーミングの説明である。

5 ○ バイステック（Biestek, F.）の7原則には①個別化、②自己決定、③受容、④非審判的態度、⑤意図的な感情表出、⑥統制された情緒的関与、⑦秘密保持がある。このうち統制された情緒的関与とは、援助者が自らの感情を自覚して適切さを保った上で、その利用者と共感的に関わることを指す。

問題78 解答5
アサーティブ・コミュニケーション

1 × アサーティブ・コミュニケーションは、相手を尊重しながら自分の意見を率直に伝えるコミュニケーションである。相手の欲求をそのまま受け入れるのは、受け身になり、自分の意見を伝えていないため、アサーティブではない。

2 × 苦情について相手の尊重をせず、自分の意見を通そうとしているためアサーティブではない。

3 × 「言わなくてもわかりそうなこと」は、介護をする者の思いであり、それを伝えないことは、相手を尊重する態度ではないため、アサーティブではない。

4 × 一方的に説得をするのは自分本位であり、アサーティブではない。

5 ○ 利用者の思いを尊重しながらも、意見を率直に伝えているので、アサーティブである。

問題79 解答4
多職種間でのコミュニケーション

1 × 多職種間で行うコミュニケーションにおいては、利用者の情報を伝えた上で利用者に関する情報共有を行う必要がある。プライバシーの保護に関する認識は重要だが、全ての情報を隠すのではなく、必要な機関に必要な情報を提供することでスムーズな連携が可能になる。

2 × 多職種間の情報共有に利用者が同席することは望ましいが、必須ではない。利用者や家族が同席を希望した場合は、同席させ、情報を開示することが求められている。

3 × 家族の情報も必要な情報である。家族との関係性、キーパーソンの役割などをもとに利用者への支援を検討する必要がある。

4 ○ チームでのコミュニケーションにおいて形式的に行われるカンファレンスは重要である。それに加え、業務の中で利用者の日々の状況や変化などを他の職種に伝えることで、必要な支援が可能になる場合もある。介護支援は、日々の積み重ねである。日々の申し送りや報告、連絡を通して利用者の支援を行う。

5 × チームでのコミュニケーショ

ンとして、日々の申し送りや報告、相談を、口頭で行うことは重要である。しかし、介護業務は、**毎日同じ職員がいるとは限らないため**、紙面の記録に残すことで利用者の情報を共有することが求められる。

領域 介護
11 生活支援技術

問題80　解答4
介護老人福祉施設の居室の環境整備

1　×　居室は利用者のプライベートな空間であるため、利用者が必要な物を置くことを拒否できない。
2　×　利用者のプライバシーを守るためにも、居室のドアを自由に開閉できる必要がある。
3　×　体調不良時やターミナル期において、居室で食事を摂取することも考えられる。そのため、冷蔵庫の持ち込みを禁止する必要はない。
4　○　自宅において使い慣れた家具を居室に置くことで、**その人らしい居室環境を作ることができ**、不安の軽減にもつながる。
5　×　居室は利用者の生活スペースであるため、利用者の体調や感覚に合わせる必要がある。

問題81　解答4
高次脳機能障害による着衣失行のある人に対する着衣の介護

1　×　高次脳機能障害の人には記憶障害がある場合が多く、その場合、着衣前に口頭で手順を説明しても、覚えておくことができない。そのため、隣で動作を一緒に行うなどのかかわりが必要となる。
2　×　単に衣服を畳んで渡すだけでは、余計に混乱を招く可能性がある。利用者に着るものを順番に手渡すことで、動作時に混乱を避けることができる。
3　×　利用者本人に着替えができない理由を聞いても、意図した動作ができない状態であるため、困らせるだけでなく、自尊心を傷つける恐れがある。
4　○　まずは、介護福祉職間で**着衣方法を統一**しておき、利用者にその方法で着衣動作を支援する。それを繰り返すことで、自立できる可能性が高まる。
5　×　高次脳機能障害により**半側空間無視**の症状があって、左側を意識したり認知したりすることができない場合は、左側だけに印をつけても解決につながらない。

問題82　解答1
高齢者の住まい

1　○　寝室はトイレに近い場所のほうが利便性が良く、安全性が高い。
2　×　足元の安全確認とまぶしさの軽減のために、光源は足元に設置するのが望ましい。
3　×　引き戸が良い。内開き戸は開閉時の前後移動が大きく使用しにくい。また、室内が狭くなるため、転

倒時など緊急時の対応が困難となる。
4　×　ベッドの真上の照明はまぶしさから不眠を誘発することがある。
5　×　壁紙と手すりの色が同色であると、見分けにくく、手すりを掴みそこなう危険性がある。コントラストを強くし、わかりやすいものとする。

問題83　解答1
スタンダードプリコーション（標準予防策）
1　○　1介助1手洗いが原則である。
2　×　手袋が顔や髪などに接触することを避けるために、マスクを着けてから手袋をはめる。
3　×　衣類に汚染が広がる恐れがあるので、排泄介助後に、手袋をつけたまま衣類に触れないようにする。
4　×　マスクの前面も汚染されているものとして扱う。マスクをはずす時には、耳ひもを持ってはずす。
5　×　感染症が確認されていない場合でも、どの利用者に対しても実施する必要がある。

問題84　解答5
経管栄養を行っている利用者への口腔ケア
1　×　口腔ケアの際、スポンジブラシに水を大量に含ませて使用した場合、その水を誤嚥する危険性がある。誤嚥予防のため、スポンジブラシの水はよく絞ってから使用する。

2　×　口腔の手前から奥に向かって口腔ケアをした場合、口腔内の唾液や汚れが喉に入り、誤嚥する恐れがある。誤嚥予防のため、口腔の奥から手前に向かって清拭をする。
3　×　経管栄養中の口腔ケアは、唾液による口腔内の洗浄力が低下するため、一日3～4回は必要である。
4　×　口腔ケアをする際のブラシは柔らかいものを使用し、強くこすらない。
5　○　経管栄養が終わった直後に口腔ケアを行った場合、嘔吐や誤嚥の危険性がある。よって口腔ケアを行う場合は、空腹時に行う。

問題85　解答3
自然排便を促すための介護
1　×　高齢者は腸の蠕動運動の低下による便秘が多い。水分を十分摂取するように勧める。
2　×　油は便が腸内をスムーズに移動するために効果がある。
3　○　運動不足は筋力を低下させ、腹筋が弱くなると腸の動きが低下する。運動をすることで腸の動きを改善し排便を促進することができる。
4　×　腸の蠕動を促すため、腹部全体、腰部は温める。炎症性の腹部症状の場合は温めてはならない。
5　×　胃・結腸反射は睡眠後の朝食後に特に起こりやすい。夕食後よりも朝食後のほうが適している。

問題86　解答3
移動を支援する福祉用具

1　×　Ｔ字杖は、介護保険制度の福祉用具貸与の対象ではない。

2　×　松葉杖は、歩行補助杖として、介護保険制度の福祉用具貸与の対象となっている。

3　○　ロフストランドクラッチは、握りの部分に加え、前腕を支えるカフと呼ばれる部分も備えた杖で、握力の弱い人に適している。

4　×　交互型歩行器は、左右にあるフレームを左右交互に動かして歩行するため、左右にある握りの部分をそれぞれ手で握ることができなければならない。よって、片麻痺のある人には適さない。

5　×　電動車いすには運転免許は必要ない。ただし、操作が難しい人もいるため、試用により適切に電動車いすを操作できるかどうかを事前に確認する必要がある。

問題87　解答1
視覚障害者の外出支援

1　○　視覚障害のある利用者は外出先のトイレの状況把握が難しいため、「これ」「それ」等の「こそあど」言葉の使用は避け、具体的にトイレ内の情報を提供する。状況把握ができれば、利用者の安心感にもつながる。

2　×　視覚障害がある利用者へのガイドヘルプでは、利用者に支援者の肘の上を握ってもらい、利用者より

も半歩前で支援者が誘導する。階段を上がる際も同様であるが、支援者は階段の前では一旦停止し、これから階段を上るのか下るのかを利用者に説明する必要がある。

3　×　ガイドヘルプで狭い場所を歩く際、支援者は腕を体の後ろに回し、視覚障害のある利用者が支援者の真後ろに入るようにして、一列になって移動する。

4　×　バスに乗るときは支援者が先に乗って誘導をする。

5　×　視覚障害者誘導用ブロックには、方向を指示し誘導するための線状ブロックと、位置を表示し注意を促すための点状ブロックとがある。点状ブロックは、ホームの端に近いことを示しており危険であるため、その上を踏んで歩いてはいけない。支援者は、ホームの端から２ｍ以上離れて歩くように誘導する。

問題88　解答4
慢性腎不全がある人の食事

1　×　味噌汁は、たんぱく質や塩分を多く含むので、できる限り控える。

2　×　腎機能が低下すると血液中のカリウム量が多くなりすぎるため、カリウム制限が必要になる。特にバナナ、メロン、キウイフルーツはカリウムを多く含むので注意する。

3　×　適度の水分制限は必要であるが、水分を摂取してはならないということはない。極端な水分制限は、かえって腎臓に流れる血液量を減少

させてしまうおそれもある。症状によって、どのくらいの水分制限が必要かは異なるため、医師の指示に従って必要な量の水分を摂取する。

4 ○ 野菜類は、**カリウムを多く含む**ため、できる限り控える必要がある。特に生野菜は消化不良も生じやすいため注意する。

5 × 腎機能の低下とともに腎臓でナトリウムを排泄する能力も低下するため、**ナトリウム制限が必要になる**。ハム、ソーセージ等の加工食品にはナトリウムが多く含まれているため、控える必要がある。

問題89 解答4
排泄介助

1 × 排泄に失敗した利用者に対し、厳しく叱責することは、**自尊心を傷つけ**心身に悪影響を与えかねない。排泄に失敗した利用者に対しては、自信喪失にならないように対応することが適切である。

2 × 便秘の予防として、腹部のマッサージの実施は有効である。

3 × 排泄用具を選択する際は、介助の行いやすいものを最も重視するのではなく、**利用者の体型や障害の程度、残存能力**などを重視することが大切である。

4 ○ なお、排尿時痛も膀胱炎の疑いがあるため、直ちに**主治医などの医療職者に報告**する必要がある。

5 × 陰部を肛門部から前方に向かって拭くことで、尿路感染症を起こ

す原因になるため、不適切である。この場合、**恥骨部から肛門部に向かって拭くことが適切**であり、尿路感染症の予防にもなる。

問題90 解答4
入浴介助

1 × 入浴前には、利用者に対し入浴の意思確認を行い、バイタルチェックを実施することによって、健康状態を観察する必要がある。また、入浴後にも、入浴によって利用者に異変がないか、利用者の健康状態を観察する必要がある。

2 × 入浴には、身体の清潔、血行の促進、爽快感の獲得、安眠などの効果があるため、就寝1～2時間前の入浴は、安眠につながりやすい。

3 × 居室、脱衣場、浴室の温度差が大きいと、高齢者の心臓などに大きな負荷が生じる。そのため、居室、脱衣場、浴室の温度差が生じないように温度調節を行う必要がある。

4 ○ 利用者に対し、急に熱い湯や水をかけると、心臓などに大きな負荷が生じる。そのため、適切な湯温であるか、まずは**介護職員自身の肌**で確認する必要がある。

5 × 入浴後の高齢者は、発汗により水分を失っているため、早めの水分補給が必要だが、まずは、身体をタオルで拭き、保温を図った上で、十分に水分補給をして、休憩をとるように対応することが適切である。

問題91　解答4
ノロウイルス
1　×　汚染された**カキ等の二枚貝を生で食べたり**、十分に加熱せずに食べたりするとノロウイルスに感染するおそれがある。

2　×　ノロウイルスは毎年11～3月頃に流行する。

3　×　嘔気、嘔吐、腹痛、下痢に加え、37～38度程度の発熱があることもある。

4　○　ノロウイルスにはアルコール消毒はあまり効果がなく、次亜塩素酸ナトリウムが有効である。

5　×　汚染されたカキ等の二枚貝を食べたり、汚染された手で口を触ったりすることで生じる**経口感染**が多いが、家庭や学校、職場等での会話や咳等によって飛ばされたウイルスを吸い込んで生じる**飛沫感染**もある。

問題92　解答2
可処分所得金額
1×、2○、3×、4×、5×

可処分所得とは、実収入から、直接税（住民税や所得税など）や社会保険料などの**非消費支出**を引いたものである。この高齢者世帯では、14万から2万引いた12万が可処分所得となる。したがって、選択肢の2が正しい。

問題93　解答5
車いすへの移乗介助
1×、2×、3×、4×、5○

ベッドから車いすに移乗させる場合、車いすは、移動距離がなるべく少なくなるように置く方がよい。AやCよりも、ベッドに対して斜め（20～30度程度）に設置する方が移動距離が少ない。Bは体の向きを反転させなければならないため、負担が大きい。また、片側に麻痺がある場合は、健側に置かなければならない。本問では、右半身麻痺とあるので、本人の左側に置くべきであり、Eの位置が正しい。

問題94　解答1
誤嚥、窒息
1　○　誤嚥の予防のために嚥下体操は有効である。顔や首の**筋肉の緊張**を和らげたり、鍛えたりするためにも重要である。片麻痺の場合は、動かせる側だけでも行うと有効である。

2　×　食事中、利用者が首を押さえるような仕草（チョークサイン）を行った場合は、窒息を認識しなければならない。この場合、喉に食事が詰まっている可能性がある。

3　×　口腔内の奥を刺激することは好ましくないが、アイスマッサージなど、凍らせた綿棒で口腔内の口蓋弓、咽頭後壁、舌を刺激することで嚥下反射を起こしやすくする体操もある。

4　×　唾液腺は、耳下腺、顎下腺、舌下腺の3か所である。耳下腺は、耳の下の辺り、顎下線は顎の骨の内

側辺り、舌下腺は、顎の真下（舌の下）の辺りという位置である。

5　×　自力で食事を摂ることができる利用者の場合は、窒息、誤嚥に注意しながら見守りを行うことで**残存機能の維持向上を図ることができる**。介助を行ってしまうと、**食べる意欲を削いでしまう恐れがある**。

問題95　解答3
福祉用具対象種目

1　×　移動用リフトのつり具の部分は特定福祉用具販売の対象となるが、移動用リフトは、福祉用具貸与の対象となる。

2　×　自動排泄処理装置は、福祉用具貸与の対象となるが、自動排泄処理装置の交換可能部品は、特定福祉用具販売の対象となる。

3　○　設置工事を伴わない手すりであれば、福祉用具貸与の対象となるが、設置工事を伴う手すりは、福祉用具貸与の対象外となり、**住宅改修の対象となる**。

4　×　福祉用具貸与の対象には、体位変換器などを含む**13種目**がある。

5　×　特定福祉用具販売の対象には、入浴補助用具などを含めた**6種目**がある。

問題96　解答3
口腔ケアに関する基本的事項

1　×　口腔ケアは摂食機能の回復だけでなく、誤嚥性肺炎の予防には必須事項である。

2　×　経口摂取ができないことで唾液の分泌が減少し、口腔内の自浄作用が低下するため、口腔ケアは必要である。

3　○　歯みがきの前にうがいや口腔内の清拭を行うことで、汚れを取り除き、口の中を湿らせることができ、歯みがきを行いやすくなる。

4　×　臥床中の利用者はできるだけギャッチアップをし、誤嚥予防のために頭部を前屈させる、または側臥位とし顔を横に向けて実施する。

5　×　舌苔はすべて取り除く必要はない。

問題97　解答2
褥瘡とその予防

1　×　ベッド上で過ごす時間が長い要介護5の利用者の踵（かかと）に発赤が見つかった時、その部位は褥瘡（じょくそう）の初期症状の可能性が考えられる。**発赤部位をマッサージした場合、皮下組織（ひか）を損傷させ、かえって悪化させてしまうおそれがある**。よって、発赤部位以外の箇所をマッサージして血行促進を図る必要はあるが、発赤部位のマッサージは避ける。

2　○　車いすで過ごす時間が長い利用者の場合は、背部に圧力がかかるため、**肩甲骨（けんこうこつ）部への褥瘡の発生に注意する必要がある**。このほか、車いすで過ごすことが多い場合は、**坐骨結節（ざこつ）部や尾骨（びこつ）部にも褥瘡が発生しやすい**。

3　×　褥瘡の発生要因の1つとして

同一部位への持続的な圧迫が挙げられる。よって、体位変換を行う等、長時間にわたって同一部位を圧迫し続けないようにする。

4　×　加齢や病気によって全身状態が低下した場合、ベッド上で寝て過ごす時間が多くなり、やがて**廃用症候群**（生活不活発病）となり、場合によっては褥瘡が発生する。また、加齢によって身体組織の耐久性が低下すれば、より褥瘡が発生しやすくなる。

5　×　要介護2〜5の利用者は、介護保険制度を活用してエアーマットレス等の**床ずれ防止用具を貸与**（レンタル）することができる。一方、要支援1・2と要介護1の場合は、原則として床ずれ防止用具を貸与（レンタル）することができない。なお、床ずれとは褥瘡のことである。

問題98　解答4
洗濯・乾燥の取り扱いに関する表示
2016（平成28）年12月に洗濯の取り扱い表示が「新JIS表示」に変更された。

1　×　家庭での洗濯はできない場合の表示は、下記の通りである。

2　×　洗濯の後の乾燥には、**自然乾燥とタンブル乾燥**がある。タンブル乾燥してはいけない場合の表示は、下記の通りである。

3　×　衣類等の洗濯表示には、ボタンを取り外して洗う表示はない。

4　○　タンブル乾燥ヒーターは「強」に設定して乾燥できる。マークの中央の2つの点「・・」は、ヒーターを「強」に設定することを表している。また、点が1個だと「弱」に設定することを意味している。

5　×　下のようなアイロンのマークが表示されている場合はアイロンが使用可能である。中の点はアイロンの底面温度の上限を表している。

⌁	110℃　（低温）
⌁	150℃　（中温）
⌁	200℃　（高温）

JIS L0001：2014

問題99　解答2
グリーフケアについて求められる態度
1　×　グリーフケアとは、利用者との死別後、家族が新たな出発を行うために、**死後行われる**ものである。

2　○　グリーフケアとは、死別後の家族が、悲嘆作業、喪の作業（グリーフワーク）を十分に行い、新しい出発ができるように支援するものである。

3　×　グリーフケアにおいて介護福祉職は、家族の**心的な負担**を考慮しつつ、悔いが残らないように十分に

話を聞く。
4　×　介護福祉職は、利用者の死後のケアを行うとともに、家族の心のケアも行わなければならない。
5　×　介護福祉職は、死別後の家族が十分に悲しみを吐き出せるように、悲しみを共有し、よき聞き手となれるよう努める。

問題 100　解答 5
睡眠の特徴と睡眠障害
1　×　睡眠にはリズムがあり、一般的に深い眠りのノンレム睡眠と浅い眠りのレム睡眠を周期的に繰り返している。
2　×　一般的に高齢者は深い眠り（ノンレム睡眠）が減り、浅い眠り（レム睡眠）が増え、睡眠障害を起こしやすくなる。
3　×　中途覚醒は、夜中に一度目が覚めたら再び眠ることが難しい睡眠障害である。朝早く目が覚めてしまうのは早朝覚醒である。
4　×　早朝覚醒は、朝早く目が覚めてしまう睡眠障害である。ぐっすりと眠った感じがせず、熟眠できないのは熟眠障害である。
5　○　不眠等の睡眠障害は加齢、うつ病、ストレス、喘息（ぜんそく）、関節リウマチ、皮膚掻痒症（ひふそうようしょう）、睡眠時無呼吸症候群（SAS）等が原因になり得る。関節リウマチでは関節に炎症が起き、その痛みで不眠となるケースがある。

問題 101　解答 5
車いすによる移動介助
1　×　電車に乗る場合には、車いすを電車に対して直角に向け、前向きで乗車することが適切である。
2　×　電車から降りる場合は、車いすを後ろ向きにして介護者が先にホームに降りてから、車いすを降ろすことが適切な介助方法である。
3　×　段差を降りるときは車いすを後ろ向きにして、後輪から降ろす必要がある。
4　×　車いすの移動速度は、利用者の心身状態に合わせて、利用者が安心できる速度で移動する。
5　○　急な坂道を下る際には、車いすを後ろ向きにし、介護者も後ろ向きになることが適切である。

問題 102　解答 2
パーキンソン病の高齢者の寝室環境
1　×　ベッドの高さは、利用者の身体に合わせることが基本である。
2　○　ホーエン・ヤール分類ステージ3は、上下肢の振戦、無動と寡動の症状が進行し姿勢反射障害が見られる状態で、日常生活に支障はあるが、介助なしで過ごすことが可能である。利用者の体格等に合わせてベッドに手すりをつけることで、ベッド上での移動や端座位、立ち上がりなどの動作が自力でしやすくなる。
3　×　マットレスは、身体が沈み込むような柔らかすぎるものだと、1人でベッドから起き上がりにくくな

るため、適していない。

4　×　パーキンソン病の特徴である小刻み歩行やすくみ足といった歩行症状がある場合は、床とマットのささいな段差でもつまずきやすいので、危険であり適していない。

5　×　姿勢反射障害があり、姿勢自体が前傾している場合は、**前傾姿勢を助長させる**ため、頸部前屈姿勢は望ましくない。

問題103　解答5
人工肛門（ストーマ）

1　×　湯船の水圧よりも腹圧の方が高いため、人工肛門の中に湯が入ることはない。

2　×　人工肛門であっても、便秘や下痢は起こり得る。

3　×　人工肛門の造設は、**身体障害者手帳の交付の対象**である。

4　×　人工肛門の場合には、便意が正常ではないことがある。

5　○　人工肛門が形成された部位により、便の性状が異なる場合がある。また、人工肛門の大きさによっても便の性状は異なる。

問題104　解答4
パーキンソン病の人の身じたく

1　×　姿勢保持に障害があるので、着替えは座位で行う。

2　×　手指の巧緻性が低下するので、袖口のボタンはとめにくい。

3　×　手指の巧緻性が低下するので、ベルトの着脱やファスナーの開

閉がしにくい。また、頻尿になる人も多いので、特に下衣は着脱しやすいものがよい。

4　○　着替えがしやすいよう、衣類は伸縮性のあるものが望ましい。

5　×　すくみ足やすり足歩行になったり、歩行中にバランスを崩したりしやすいので、履きものは足に合ったものを選び、できれば着脱しやすく、歩行中脱げにくいものがよい。

問題105　解答2
死亡後の介護

1　×　利用者が死亡した後の介護は、家族が利用者とのお別れが済んでから実施する。

2　○　介護福祉職には、最後まで利用者の尊厳を守る役割がある。亡くなった利用者に敬意を払い、生前と同じ様に声をかけながら丁寧に介護を行う。

3　×　義歯を口腔内に止めると顔が整いやすい。審美性の観点からも、口腔ケア後、義歯は装着しておく。

4　×　死亡後の介護については、家族に一緒に行うかどうか確認し、希望する場合は一緒に行う。

5　×　着物の場合、帯は縦結びとする。

領域 介護
12 介護過程

問題106　解答1
介護過程の目的

1 ○ 利用者が望む生活を実現するために、利用者の生活課題を介護の立場から課題解決していくことによって自立支援につなげ、**利用者の生活の質（QOL）の向上**を図る。

2 × 介護計画を立案し、具体的な介護方法が策定され、利用者の**自立支援**がなされるが、画一的な介護を行うことが目的ではない。

3 × 情報収集からアセスメントし、利用者の**生活課題**を抽出し、介護計画を立て実施することによって、**利用者の尊厳ある生活**が営まれることが目的である。介護福祉職の尊厳保持のためのものではない。

4 × 利用者自身のために介護過程を実践するが、介護計画の計画内容によっては結果として家族の介護負担を軽減することにつながる**評価**もある。しかし家族のために介護過程を実践することが一番ではない。

5 × 経験則だけに頼らず、必要な情報を収集し、**客観的な根拠のある**情報からアセスメントし、利用者の真のニーズに気づき、生活課題の解決に向かうための介護過程である。

問題107 解答2
情報収集

1 × 情報を整理して関連づけるなどして**統合**し、解釈（分析）し、生活課題を明確にする必要がある。情報が多ければ多いほどよいというわけではなく整理することが求められる。

2 ○ 本人の意思に反し無理に開示

することによって、心的に傷つけてしまうことになりかねない。利用者がタイミングよく表出するまで待つことも大事であり、**プライバシーには十分配慮**しなければならない。

3 × 情報は記録物からも得られる。

4 × 家族からではなく、利用者の**ニーズを満たすためには利用者本人の意向やニーズを把握すること**が重要である。総合的に情報を収集する。

5 × 客観的情報は、利用者に関わる家族や、専門職の身体・行動の観察など他職種の情報が優先されるとは限らず、**多職種が情報を共有**し利用者の生活課題解決のために**連携**することが求められる。

問題108 解答4
介護計画の立案

1 × 介護計画は効果より安全性を優先する。優先順位は、**生命の安全→生活の安定→人生の豊かさ**である。

2 × 介護計画は、利用者の生活課題を解決するための計画であるため、介護福祉職の経験から考えるのではなく、**利用者本人や家族の希望に沿った計画**でなければならない。

3 × 介護計画の主体は利用者である。そのため、介護福祉職の望む利用者像ではなく、**利用者の希望を計画に反映**させなければならない。

4 ○ **現実的で実践可能な内容**でなければ、介護計画は実施できない。

5 × 介護過程は、情報収集、アセスメント、介護計画の立案、実施、

評価のサイクルをたどる。利用者の状況が大きく変化した場合を除き、原則として、実施した介護計画を評価・修正しながら再度実施していく。

問題 109　解答 5
チームアプローチとケアプラン

1　×　利用者への支援には、介護福祉職、医師、看護師、介護支援専門員等、他職種とのチームアプローチ（連携・協働）が欠かせないため、他職種の役割を理解することは重要である。

2　×　サービス担当者会議を行う際は、介護支援専門員が利用者や家族、各専門職を招集し、ケアプランの原案について内容を検討する。

3　×　一般的に介護支援専門員が作成するケアプラン（居宅サービス計画、施設サービス計画等）に基づいて各専門職（介護福祉職や看護師、理学療法士、作業療法士等）が利用者一人ひとりに応じた個別の支援計画を作成する。介護福祉職の場合は介護計画とケアプランとの整合性を図る必要がある。

4　×　「利用者主体」「利用者本位」の考え方に基づき、チームアプローチは利用者を中心に据えて行われる。たとえ認知症があって意思疎通が困難な利用者であっても、利用者であることに変わりはなく、チームアプローチの中心に据えて考えないことは不適切である。

5　○　訪問看護や訪問リハビリテーション等、利用者が医療系のサービスを希望した場合には、主治医に意見を求める必要がある。

問題 110　解答 3
事例研究を行う目的

1　×　事業所の評価のためではなく、利用者に対する個別的で質の高い介護の提供が目的となる。

2　×　実践内容を紹介するのではなく、それぞれを考察し、介入の効果を検討する。

3　○　介護過程から介護実践を振り返り、効果を検討し、実践内容を共有することが目的となる。

4　×　成功事例のみでなく、失敗事例を分析し考察・共有することから学ぶことも多い。

5　×　介護福祉職の自己満足ではなく、利用者サービスにつなげる必要がある。

問題 111　解答 1
目標に合わせた支援方法

1　○　まずは短期目標の「居室からリビングまで（中略）自分で歩くことができる」を達成すべきである。そのためにも、声かけ・見守りをしながらの移動の支援は適切である。

2　×　将来的には「家族と一緒に食事をつくることができる」という目標も考えられるが、現状では短期目標である「居室からリビングまで（中略）自分で歩くことができる」をまず達成すべきである。

3　×　短期目標に「居室からリビングまで（中略）自分で歩くことができる」とあるため、食事を居室に運んでもらうことは不適切である。

4　×　短期目標に「居室からリビングまで四点杖を使って（後略）」とあるため、歩行器を使うことは不適切である。現状では、右片麻痺があるため歩行器歩行をすることが難しいことも予測される。

5　×　短期目標に「居室からリビングまで四点杖を使って（後略）」とあるため、車いすを使うことは不適切である。また、車いす使用に変更することは下肢筋力の低下等につながる危険性もある。

問題112　解答3
Dさんが歌の指導を断った理由

1　×　妻と喧嘩した事実は問題文には記載がないため考えにくい。

2　×　Dさんが授業をするというキーワードは、問題文には記載がないため、考えにくい。

3　○　Dさんが歌の指導を断る前に、テレビから流れてきた合唱曲を聴いて「合唱コンクールで生徒が金賞を取れなかったのは、自分の指導不足だ」と発言していることから、今でも合唱コンクールのことが気になっていると同時に、歌の指導に不安を持っていると考えられる。

4　×　Dさんがのどの痛みを訴えた事実は問題文には記載がないため考えにくい。

5　×　Dさんが介護福祉職に迷惑をかけたくないと感じていたり、発言したりした事実は、問題文には記載がないため、考えにくい。

問題113　解答5
役割継続のために優先する課題

1　×　問題文には、周りの利用者との関係が悪化したという記述はない。

2　×　Dさんは、歌の時間になると、離れた場所から歌の時間の様子を眺めており、歌の時間への関心がないとはいえない。

3　×　問題文には、具体的にどのような曲であったかは記述がないため、あえて、選曲を童謡にしぼる必要はない。

4　×　歌の時間にDさんは参加したい気持ちが問題文から読み取れるため、その時間に入浴することはDさんの役割を奪うことになってしまう。

5　○　Dさんの今の状況は、歌を指導する自信を喪失していると考えることができる。そのため、歌を指導する自信を回復できれば、Dさんは役割を継続することができる。

総合問題
事例問題1

問題114　解答3
Eさんに該当する発達障害

1　×　知的水準に遅れはみられないものの、「読む」「書く」「計算する」等、特定の学習が極端に苦手である

のが学習障害（LD）の特性である。Eさんにはその症状はみられない。

2　×　自閉症スペクトラム障害には、主に①視線や表情等から相手の気持ちを察することができない、友人と親密な関係を築けない等の社会性の障害、②融通が利かず、臨機応変な対応ができない、同じ間違いを繰り返す等の想像力の障害、③言葉を出しづらい、視線が合わない等の言語・非言語コミュニケーションの障害がある。Eさんは集中力が続かない等の症状はみられるが、「コミュニケーションには支障はない」等の記述から自閉症スペクトラム障害は該当しないと考えられる。

3　○　発達障害のうち、①集中力が続かず、先生の話をしっかりと聞けない等の不注意、②授業中にじっとしていられず、席を離れて、ウロウロと歩き回る等の多動、③思いつきで突発的な行動をとる衝動性を特性とするのは注意欠陥多動性障害（ADHD）である。

4　×　ダウン症候群は、染色体異常のために発症し、知的障害に加え、先天性の心疾患、難聴等が合併している場合が多い。Eさんにそのような症状は確認できない。

5　×　デュシェンヌ型筋ジストロフィーは、筋ジストロフィーの中で最も発症頻度が高く、幼児期から始まる筋力低下で徐々に歩行が困難となる。Eさんにその症状は確認できない。

問題115　解答5

Eさんが利用する障害福祉サービス

1　×　自立生活援助とは、障害者支援施設や共同生活援助（グループホーム）等を利用していた障害者で一人暮らしを希望する者を対象に、定期的な訪問や随時の対応を実施するサービスである。Eさんは自宅で母親と二人暮らしで、現在は一般企業に就職することを目標に活動しているため、該当しない。

2　×　就労定着支援とは、就労移行支援を受けて一般企業に就労した障害者に対し、事業所や家族等との連絡調整を行う等、就労の継続を図るために必要な支援を行うサービスである。Eさんは一般企業にはまだ就職していないため、該当しない。

3　×　就労継続支援A型とは、一般企業への就労が困難な障害者に対し、雇用型として働く場・機会を提供するサービスである。現在、Eさんは一般企業に就職することを目標に活動しているため、該当しない。

4　×　就労継続支援B型とは、一般企業への就労が困難な障害者に、非雇用型として働く場・機会を提供するサービスである。Eさんは一般企業に就職することを目標に活動しているため、該当しない。

5　○　就労移行支援とは、一般企業等への就職を希望する障害者に、一定期間、就労に必要な知識・能力の向上のために訓練や就職支援をするサービスである。Eさんは一般企業

への就職を目標に就労に必要な知識・能力を身につける職業訓練を行ったり、履歴書や応募書類の添削(てんさく)、模擬面接の指導を受けたり、職場探しの支援を受けたりしている。Eさんは就労移行支援を利用している。

問題116　解答2
Eさんと母親に今後必要となる支援

1　×　ピアカウンセリングとは、同じような立場にある人が互いに体験や悩みを話し合い、共感的な雰囲気の中でともに支え合いながら、その課題の解決策を見出していくことである。これも2人には重要であるが、Eさんの母親は「前よりも疲れる日が増えた」と周囲に話すことが多くなっているため、その疲れを軽減する支援がより求められる。

2　○　レスパイトサービスは、「レスパイトケア」とも呼ばれ、家族介護者等の疲労や負担感を軽減するため、休養を提供することを目的に行われる支援を指す。Eさんの母親は「前よりも疲れる日が増えた」と周囲に話すことが多くなってきたため、今後、日帰りサービスや短期間の入所等のレスパイトサービスを活用して疲れを軽減しつつ、2人の生活の支援をしていく必要がある。

3　×　スーパービジョンとは、新人職員が指導的な立場の職員から受ける教育・指導のことを指す。Eさんとその母親に必要な支援ではない。

4　×　セルフヘルプグループは共通する生活上の課題や問題を抱えた当事者やその家族たちが集い、それぞれの悩み等を話し合って、相互に支え合い、その課題や問題の解決につなげていくものであり、Eさんとその母親にとって重要である。ただし、母親は疲れたと周囲に話すことが多くなっているため、その疲れを軽減できる支援がより求められる。

5　×　バリデーション（validation）は認知症の人とのコミュニケーション技法の1つで、認知症の人が感じている世界を否定せずに寄り添い、共感することを原則としている。Eさんとその母親に認知症はない。

総合問題
事例問題2

問題117　解答3
利用者に対する訪問介護員の発言

1　×　訪問介護で宅配のピザを一緒に食べることは、サービス内容に含まれておらず契約違反となる。さらに訪問介護員は提供したサービス内容をサービス提供責任者に報告し、記録を作成する必要がある。よって、この発言は不適切である。

2　×　宅配のピザを一緒に食べないかというFさんの発言は、一人暮らしとなった寂しさの表れであると推察できる。そのFさんの思いを受け止めず、一方的に相手を責め、問い詰めるような対応は適切でない。

3　○　訪問介護員は訪問介護計画の

内容に沿ったサービスを提供する必要がある。よって、訪問介護計画書に記載されていない内容を利用者から要求された場合には、それを行えない旨を丁寧に説明し、利用者に理解してもらう対応が必要となる。

4 × Fさんには2型糖尿病があり、医師から食事の摂取カロリーを1日1400kcalに制限するように指示を受けている。よって、訪問介護員が、勝手に摂取カロリーを増やすような発言をしてはならない。

5 × 妻が亡くなり、一人暮らしとなったFさんの気持ちを察し、共感的な態度を示すことは大切だが、訪問介護員が利用者と一緒に宅配のピザを食べる行為は不適切である。

問題118 解答3
合併症の早期発見のための注意点

1 × 小刻み歩行は前傾姿勢で小さい歩幅で歩くことで、主にパーキンソン病や多発性脳梗塞等でみられる。糖尿病の合併症には該当しない。

2 × 加齢に伴い老人性難聴となり聴力低下がみられる場合もあるが、糖尿病の合併症には直接関係ない。

3 ○ 糖尿病の3大合併症には糖尿病性網膜症、糖尿病性腎症、糖尿病性神経障害がある。このうち糖尿病性神経障害では、感覚神経や運動神経が障害され、下肢のしびれや筋力低下に加え、痛みや熱さを感じにくくなるため、足白癬になっても気づかずに進行するおそれがある。同様

に、足の傷や火傷も気づかないまま症状が進行して下肢が壊死し、足を切断しなければならない場合もあるため、訪問介護員は日頃から下肢をよく観察し、気になる点があれば早期に医師に診察してもらう。

4 × 喉の渇きや夜間頻尿といった糖尿病の症状で、夜間の眠りが妨げられ、不眠になる場合がある。また、不眠は血糖コントロールを悪くするともいわれており、糖尿病との関係性が強いため、Fさんの場合も不眠の症状の確認は重要である。ただし、それ自体は糖尿病の合併症ではない。また、事例からは、現状Fさんに不眠の症状は確認できない。

5 × 妻が急死したつらさ等の影響でFさんにうつ症状が出現する可能性はある。また、糖尿病がある人はない人に比べてうつ病になりやすいともいわれており、糖尿病を患っているからこその苦悩からうつ症状を引き起こすおそれはある。ただし、糖尿病の合併症ではない。

問題119 解答1
利用者への訪問介護の内容とその区分

1 ○ 糖尿病食の調理等、医師の指示に基づいて行う調理や特別な配慮が必要な調理については、生活援助ではなく、身体介護として算定する。一方、一般的な調理については生活援助の区分となる。

2 × 買い物は、生活援助に該当する。一方、通院や外出介助は身体介

護に区分される。

3 × 利用者に代わって薬を受け取ることは、**生活援助に含まれる**。

4 × 窓の掃除、床のワックスがけ、家具の移動・修理、大掃除等、日常生活の家事の範囲を超えるものは、訪問介護の支援の**対象外**となる。

5 × 庭の草むしりやペットの散歩等、利用者本人にとって直接生活する上で必要ないことや、それを行わなくても生活に支障が生じないものは、訪問介護支援の**対象外**となる。

総合問題
事例問題 3

問題 120　解答 2
双極性感情障害

1 × 双極性感情障害は、65歳以上の高齢者の発症は少ない。

2 ○ 躁状態のときは感情のコントロールができなくなる。双極性感情障害は感情のコントロールが難しく、躁状態になったときには入院などの対応も必要となる。

3 × 双極性感情障害の薬物治療は、長期間にわたって継続していく必要がある。治療法としては、薬物療法のほかに**家族療法**などの心理社会的治療がある。

4 × 高齢になると、精神症状が穏やかになる傾向がある。

5 × 双極性感情障害において、社会生活技能訓練は**治療**として行われる。

問題 121　解答 3
双極性感情障害の利用者への対応

1 × 「臭いがこもっていますので窓を開けますね」という言葉は、直接的な表現でGさんを傷つけるおそれがあり、適切であるとはいえない。

2 × 「かびが生えている」という言葉は、直接的な表現でGさんを傷つけるおそれがある。ごみも利用者の意思を確認してから捨てる。

3 ○ 「お風呂に入ってさっぱりしませんか」と問いかける表現をすることによって、利用者を傷つけずに入浴を促す提案ができる。

4 × 「なぜ」「どうして」という質問は、相手に批判されていると受け止められるおそれがあり、適切な対応であるとはいえない。

5 × コンビニエンスストアのお弁当では栄養のバランスが取れないと指摘することは、相手を萎縮させるおそれがあり、避ける必要がある。

問題 122　解答 4
利用者への接し方

1 × Gさんと良好な援助関係を築くためには、積極的にコミュニケーションをとり、信頼関係を築く必要がある。

2 × Gさんのすべての面倒をみることは、訪問介護員（ホームヘルパー）の役割ではない。

3 × Gさんに対して指示的・支配的に関わると、相手との対等な関係を保つことはできない。

4 ○ Gさんの気持ちを汲みながらも、程よい距離感を保つことは適切な対応である。利用者の思いに共感はしても、詮索（せんさく）するなど距離感をわきまえない対応は避ける必要がある。

5 × 訪問介護員（ホームヘルパー）が一人で課題解決を目指すのではなく、関係する職種が連携して利用者の課題を解決していくべきである。

総合問題
事例問題4

問題123 解答4
Hさんの情報とICFの各要素の組み合わせ

1 × ICFの6つの構成要素のうち、疾病（しっぺい）、けが、妊娠、ストレス等は健康状態となる。よって、脳梗塞という疾患（しっかん）は健康状態に該当する。

2 × ICFの6つの構成要素のうち、精神や身体の働き、身体の一部分の状態は心身機能・身体構造となる。よって、右片麻痺という身体の一部の状態は心身機能・身体構造に該当する。

3 × ICFの6つの構成要素のうち、本人以外の人、物、建物、制度、サービス等は環境因子となる。よって、福祉用具である車いすは環境因子に該当する。

4 ○ ICFの6つの構成要素のうち、精神や身体の働き、身体の一部分の状態は心身機能・身体構造となる。むせは、食べ物が食道ではなく、

誤って気管に入りそうになった際にそれを排出するために生じる。つまり、むせは誤嚥（ごえん）を防ごうとする身体の働きとなるため、心身機能・身体構造に該当する。

5 × ICFの6つの構成要素のうち、本人以外の人、物、建物、制度、サービス等は環境因子となる。よって、友人であるJさんは環境因子に該当する。

問題124 解答2
胃ろう

1 × 胃ろうとは腹部に開けた穴（ろう孔（こう））にチューブを通し、直接、胃に食べ物を送る、経管栄養の方法の1つである。入浴の際、水圧より腹圧のほうが高いため、ろう孔から湯が身体の中に入ることはない。よって、ろう孔周囲の皮膚に炎症等がなければ、胃ろうを造設していても入浴は可能である。

2 ○ 胃ろうによる経管栄養を実施していても、経口摂取つまり口から食べ物を摂（と）ることも可能である。ただし、経口摂取を併用する際は、医師や看護師、言語聴覚士等と連携し、誤嚥（ごえん）やそれに伴う誤嚥性肺炎を引き起こさないように注意しなければならない。

3 × 胃ろうを造設した後の食事は、栄養剤を注入するため、仰臥（ぎょうが）位（い）の姿勢では栄養剤が逆流し、嘔吐（おうと）や誤嚥、逆流性食道炎を引き起こすおそれがある。栄養剤が逆流しない

よう、ギャッチアップしてベッドの頭側を 45 度程度上げる等、**上半身を起こした姿勢**とする。

4　×　介護福祉職は**医師**が発行する「介護職員等喀痰吸引等指示書」に記載された指示内容に基づき**喀痰吸引や経管栄養**を行う必要がある。つまり、経管栄養は**医師の指示**に基づいて行われることになる。よって、本人や家族に加え、介護福祉職が栄養剤の種類や投与量を勝手に変更することはでき**ない**。

5　×　ろう孔とは、胃ろうの造設に伴い、腹部に開けた穴のことを指す。ろう孔は、カテーテル（経管栄養のチューブ）を抜去後、数時間で縮小し、およそ 24 時間で閉鎖する。

問題 125　解答 4
意思決定支援

1　×　意思決定支援では、利用者自身の思いや考えを引き出し、最終的には利用者自身が自己選択・自己決定できるように支援する。よって、H さんの**意向を確認しない**まま、医師の診断結果に基づき介護福祉職が勝手に胃ろうの造設を提案するのは不適切である。そもそも医師は「胃ろうの造設を検討してみてはどうか」と発言しており、胃ろうの造設を勧めているわけで**はない**。

2　×　胃ろうを造設するかどうかは、メリットとデメリットを含め、医師から十分な説明を受けた上で検討する。**胃ろうの造設**に関して、医

師ではない介護福祉職が自らの考えを勝手に伝えるのは不適切である。

3　×　利用者の思いや考えは一定ではなく、様々な要因によって**変化**する可能性がある。H さんの場合は、確かに入院中に「できれば自分の口で食べたい」と発言している。ただし、退院して介護老人福祉施設に再び入所した後も食事中の**むせ**はおさまらず、むしろ多くなっている。こうした状況を踏まえ、入院中の思いのままなのか、それとも気持ちが変化したのか等、H さんの思いを再度確認する必要がある。

4　○　意思決定支援では、最善の利益が得られるように利用者の**自己選択・自己決定**を支援していく。そのため、医師の提案と説明を受け、現時点で**胃ろうの造設**を含め、今後の生活をどうしたいのかという H さん自身の思いや考えを引き出し、それを**確認する**ことが介護福祉職には求められる。

5　×　H さんは「息子とは生活費のことで言い争いとなったから、しばらく顔も見たくない」と介護福祉職に訴えている。よって、H さんと話し合う前に相談内容を勝手に息子に話してはならない。仮に H さんのことを息子に伝えなければならない際は、事前に H さんにその旨を説明して**同意**を得ておく必要がある。

領域 人間と社会
1 人間の尊厳と自立

問題1 解答5
利用者の尊厳と利用者主体

1 ✕ 新聞紙が床に置かれたままでは転倒の原因となる。しかし、Aさんの気持ちを確認せずに、新聞をとらないことを提案するのは利用者の思いを無視することにつながる。

2 ✕ 息子の意見を尊重することも重要であるが、それだけに基づいてAさんにサービス付き高齢者向け住宅への入居を提案することはAさんの思いを無視することになる。利用者主体・利用者本位という視点からも適切ではない。

3 ✕ 訪問介護の回数を増やすかどうかは、まずAさんの意思を確認してから検討されなければならない。訪問介護員が、Aさんの意思を確認した上で、所属する訪問介護事業所の**サービス提供責任者**にその旨を報告する。そして報告を受けたサービス提供責任者がAさんを担当する介護支援専門員に相談する流れになる。

4 ✕ 息子がAさんのことを心配している気持ちを尊重することも重要であるが、設問には「訪問介護員が**最初に取り組む対応**」とあるため、適切ではない。まずは、Aさん自身の思いを確認する対応が求められる。

5 ○ 訪問介護員には、新聞紙が原因で転倒したAさんが今どういう気持ちでいるのか、今後のようにしたいと考えているのかなど、まずはAさん自身の気持ちを確認することが求められる。

問題2 解答2
介護老人福祉施設や介護老人保健施設等でやむを得ずに行う身体拘束

1 ✕ つなぎ服やミトン型の手袋の着用、ベッド柵（サイドレール）で利用者を囲む等のほか、過剰な向精神薬の服用も身体拘束に該当する。なお、向精神薬は精神科から処方され、精神に作用する薬の総称として用いられている。

2 ○ 身体拘束を行った際は、その態様、時間、利用者の身体の状況、緊急やむを得ない理由を記録し、5年間保存しなければならない。

3 ✕ 身体拘束については個々の職員で判断せず、施設全体として実施すべきかどうかについて**多種職**で慎重に検討しなければならない。たとえ身体拘束を必要と判断した場合であっても、**緊急やむを得ない理由**に該当しているか、利用者や家族等の同意を得ているか等についても**再度**確認しておくことが求められる。

4 ✕ 施設は身体的拘束等の適正化のための対策を検討する委員会を3

か月に1回以上開催しなければならない。また、その結果について介護福祉職やその他の職員に周知徹底を図る必要もある。

5 × 身体拘束を行う緊急やむを得ない場合とは、①利用者本人や他の利用者の生命・身体への危険性が著しく高い**切迫性**、②身体拘束以外に代わりになる支援・介護方法がない**非代替性**、③身体拘束その他の行動制限が一時的なものである**一時性**の3つの要件がすべて満たされた状況を指す。

領域 人間と社会
2 人間関係とコミュニケーション

問題3 解答4
介護福祉職としての自己覚知

1 × 自己覚知は、自分自身の価値観を利用者等の他の人の価値観に合わせることではない。むしろ自分自身の価値観が、他の人の価値観とは異なることを知ることが自己覚知につながる。

2 × 自己覚知は、**自分自身の価値観や先入観、感情の動き等を把握**した上で利用者とコミュニケーションを図り、信頼関係（ラポール）を形成していくものである。自分を肯定的にとらえることではない。

3 × 自己覚知では自分自身の強みだけでなく、弱みにも向き合っていく必要がある。その上で**自分自身の傾向を把握**し、自分の強みは活かす、

弱みは改善するといった方向性で利用者と関わるようにする。

4 ○ 自己覚知とは、自分自身の感情や言動の傾向を理解し、利用者等と関わることである。そのためにも、介護福祉職には自分自身の感情の動きとその背景を洞察することが求められている。

5 × 自己覚知は、**自分自身の価値観や先入観、感情の動き等の傾向**を把握して利用者等と関わることである。自分の将来の目標を設定することではない。

問題4 解答1
言語メッセージと非言語メッセージ

1 ○ 言語メッセージでは「特に問題ありません」と伝えていても、非言語メッセージとして「心配そうな表情」がみられる。よって、言語メッセージと**矛盾**する内容を非言語メッセージで伝えようとしていることがわかる。

2 × 「特に問題ありません」という言語だけでなく、「心配そうな表情」という非言語も用いてメッセージを伝えようとしている。

3 × 「特に問題ありません」という言語メッセージを「心配そうな表情」という**非言語メッセージで否定**しようとしている。よって、強調しようとしているわけではない。

4 × 非言語メッセージを用いて言葉の流れを調整しているのではなく、Bさん自身の心配な様子を表し

ている。

5　×　「特に問題ありません」という言語メッセージを「心配そうな表情」という非言語メッセージで否定しようとしている。よって、補強しようとしているわけではない。

問題5　解答1
施設・事業所の経営と人材マネジメント

1　○　BCP（業務継続計画）とは、感染症や災害が発生した場合であっても、施設・事業所によるサービスが安定的・継続的に提供されるよう、感染症・災害発生時の対応方針や職員体制、対応手順等を示した計画のことを指す。2021（令和3）年度の介護報酬改定に伴い、施設・事業所に対して感染症・災害対策としてBCPの策定が義務付けられた。

2　×　SDS（自己啓発援助制度）とは、個人が主体的に学ぶことができるよう、組織として自己啓発を支援する体制を整備することを指す。法令遵守（ほうれいじゅんしゅ）に加え、倫理や社会貢献に配慮した行動をとるのはコンプライアンスの説明である。

3　×　PDCAサイクルとは、Plan（計画）→ Do（実行）→ Check（評価）→ Action（改善）を繰り返す中で、その業務等を効果的に行えるようにしていくプロセスのことを指す。ストレス要因に働きかけ、その要因を除去することで、そのストレスの解決を図るのは、ストレスコー

ピングの1つである問題焦点型コーピングの説明である。

4　×　コンサルテーションとは、異なる領域の専門職から助言や示唆（しさ）を受けることである。意見の質よりも、数多くの意見を出すことに価値を置くのはブレインストーミング（brainstorming）の説明である。

5　×　アカウンタビリティとは、施設・事業所やそこで働く援助者が利用者や家族等に対してサービス等に関する説明責任を果たすことを指す。利用者や家族に対して十分な説明を行った上で同意を得るのはインフォームドコンセント（informed consent）の説明である。

問題6　解答1
OJTとOff-JT

1　○　Off-JTは、研修会や通信教育等、通常の業務や職場から離れての学びを意味する。学びのメニューが豊富なため、得意な分野だけでなく、苦手な分野も学べる等、体系的に知識の整理を行う上で効果的である。

2　×　Off-JTは、職場外教育・研修とも呼ばれる。それだけに実際の業務を通して学ぶOJTに比べ、学んだ内容と実践にずれが生じやすい。

3　×　OJTは、例えば新人介護福祉職に指導的な立場の介護福祉職が、日常の業務を通じて必要な知識・技術を指導する。それだけにOff-

JTに比べ、人間関係や信頼関係が構築しやすく、**チームづくりも促進**されやすい。

4　×　OJTは実際の職場内の業務を通しての学びとなるため、学んだ内容と仕事内容の**ずれが少なく**、効率的・効果的な人材育成が可能となる。それだけにOff-JTに比べて、効果が出るまでの時間が**短い**。

5　×　OJTの場合、例えば新人介護福祉職に指導的な立場の介護福祉職が日常の業務を行いながら指導にあたる。それだけにOff-JTに比べ、OJTは指導する側の負担が大きくなりやすい。

領域　人間と社会
3 社会の理解

問題7　解答5
介護保険制度の保険者と被保険者

1　×　第1号被保険者は、市区町村に住所を有する**65歳以上**の者である。

2　×　介護保険制度の保険者は**市町村及び特別区**である。なお、小規模な自治体については広域連合や一部事務組合とすることもできる。

3　×　第2号被保険者は、市区町村に住所を有する**40歳以上65歳未満**で、かつ**医療保険に加入**している者である。

4　×　65歳以上の生活保護受給者は第1号被保険者である。その**介護保険料は生活保護法の中にある生**

活扶助費として支給される。介護扶助も生活保護法に基づいて実施されるものの、介護保険料ではなく、利用した介護保険サービスの**自己負担分**を賄う。

5　○　居住地以外の市区町村の介護保険施設等に入所して住所変更した場合は、入所前の市区町村の被保険者となる。これを**住所地特例**という。

問題8　解答1
年金保険制度

1　○　国民年金の**第2号被保険者**は民間企業等の会社員や公務員等である。なお、第1号被保険者は自営業者や農業者等、第3号被保険者は第2号被保険者である民間企業等の会社員や公務員等に扶養されている配偶者となる。

2　×　2017（平成29）年8月から老齢年金を受け取るために必要な資格期間（保険料納付済期間と国民年金の保険料免除期間等を合算した期間）が25年以上から**10年以上**になった。

3　×　日本では国民皆年金に基づき、20歳以上のすべての国民が国民年金に加入する義務があるが、自営業者や農業者等が国民年金に上乗せする国民年金基金への加入は**任意**である。

4　×　国民年金の被保険者は20歳以上であるため、たとえ収入がない学生であっても満20歳以上であれば、その保険料負担を免れることは

できない。ただし、所得が一定以下の学生の場合、その保険料の納付について猶予する学生納付特例制度がある。

5　×　老齢基礎年金は原則65歳から支給が開始されるが、60〜64歳での繰り上げ（減額）支給や66〜75歳での繰り下げ（増額）支給も選択できる。

問題9　解答5
指定障害福祉サービス事業者

1　×　指定障害福祉サービス事業所に配置する人員の基準は法律で定められている。よって、事業者の事情に応じて各事業者が決めることはできない。

2　×　指定障害福祉サービス事業者の指定は、事業者ごとに都道府県知事が行う。

3　×　指定障害福祉サービス事業者の責務として、障害者の意向、適性、障害の特性その他の事情に応じ、常に障害者等の立場に立って効果的に行うように努めなければならないことのほか、障害者等の意思決定の支援に配慮すること等が定められている。

4　×　指定障害福祉サービス事業者の指定には有効期間があり、6年ごとの更新が定められている。

5　○　障害者総合支援法第42条第2項において「指定事業者等は、その提供する障害福祉サービスの質の評価を行うことその他の措置を講ず

ることにより、障害福祉サービスの質の向上に努めなければならない」と規定されている。

問題10　解答4
全盲の人に勧める障害者福祉サービス

1　×　Cさんは、施設に入所したいと発言していないため、適切でない。

2　×　Cさんは、日常生活動作は自立できているため、重度訪問介護の対象ではない。

3　×　Cさんは、娘のサポートもあり、日常生活動作も自立できているので、居宅の介護を必要としていない。

4　○　同行援護は、視覚に障害がある人の移動や外出時に必要な支援を行うサービスである。

5　×　行動援護とは、知的・精神障害があり、常時介護が必要な人の移動や外出時のサービスであるため、適切でない。

問題11　解答5
介護保険法等の動向

1　×　2005（平成17）年の介護保険法改正によって、地域包括支援センターが創設された。

2　×　2014（平成26）年の介護保険法改正によって、介護予防通所介護と介護予防訪問介護は廃止され、それらに代わる訪問型サービス（第1号訪問事業）や通所型サービス（第1号通所事業）等が地域支援事業の中に位置づけられた。

3　×　2017（平成29）年の介護保険法改正によって、**介護医療院が**創設された。

4　×　2020（令和2）年の社会福祉法等の一部を改正する法律によって、医療・介護のデータ基盤の整備の推進が謳われた。

5　○　2020（令和2）年の社会福祉法等の一部を改正する法律によって、属性・世代を問わず一体的に支援を行う**重層的支援体制整備事業が**創設された。

問題12　解答4
介護保険制度の財源と保険料

1　×　介護保険制度の保険給付は利用者の自己負担額を除いて、**公費（税金）50%**と**保険料（第1号被保険者の保険料と第2号被保険者の保険料の合計）50%**の割合で賄われている。

2　×　保険料の負担割合は**介護報酬**とともに**3年ごとに見直される。**

3　×　65歳以上の第1号被保険者の保険料の徴収については、年額**18万円以上**の年金受給者の場合が年金から天引きされる**特別徴収**となり、年額**18万円未満**の年金受給者の場合が直接市区町村に納める**普通徴収**となる。

4　○　介護保険料の納期限から**1年6か月以上**滞納した場合には、給付が一時差し止めとなる。なお、介護保険料を納期限から1年以上滞納した場合でも給付（サービス）を

受けることは可能である。その際は、通常であれば1割負担でよいところを、いったん全額支払い、その後9割分が返還されるという支払方法（**償還払い**）に変更となる。

5　×　事業者は利用者に提供した介護サービスについて、その費用を算出し、**国民健康保険団体連合会（国保連）**に請求する。

問題13　解答4
2021（令和3）年度における日本の社会保障の財政

1　×　国の2021（令和3）年度一般会計予算（106兆6,097億円）における社会保障関係費は35兆8,421億円で33.6%を占め、3割を超えている。

2　×　2021（令和3）年度の社会保障財源を項目別にみた場合、「社会保険料」が75兆5,227億円（46.2%）で最も多くを占めている。次いで「公費負担」が66兆1,080億円（40.4%）を占める結果となっている。

3　×　2021（令和3）年度における社会保障給付費の総額は138兆7,433億円となっており、100兆円を超えている。これは1950（昭和25）年度の集計開始以降で最高額である。

4　○　2021（令和3）年度の社会保障給付費を「医療」「年金」「福祉その他」に分類した場合、総額に占める構成割合が最も大きいのは「年金」（55兆8,151億円で40.2%）である。

次いで「医療」（47兆4,205億円で34.2％）、「福祉その他」（35兆5,076億円で25.6％）となっている。

5 × 2021（令和3）年度における社会保障給付費のうち「福祉その他」に含まれる「介護対策」の給付費は、11兆2,117億円（8.1％）となっており、10兆円を超えている。

問題14　解答1
共生型サービスの対象となるサービス

1 ○ 共生型サービスは、障害福祉サービス事業所が介護保険サービス事業所の指定を、介護保険サービス事業所が障害福祉サービス事業所の指定をそれぞれ受けやすくし、介護保険サービスと障害福祉サービスを同一の事業所で提供することを可能とするものである。ただし、対象となるサービス内容は**ホームヘルプサービス、デイサービス、ショートステイ**となっている。このうち**居宅介護**は、障害者総合支援法におけるホームヘルプサービスに含まれ、介護保険制度における**訪問介護**と共通するため、共生型サービスに該当する。

2 × **共同生活援助**は、障害者総合支援法では**グループホーム**に位置づけられるため、ホームヘルプサービス、デイサービス、ショートステイには含まれない。よって、共生型サービスには該当しない。

3 × **通所リハビリテーション**は、日中、自宅から**介護老人保健施設**や病院等に通って、**理学療法士**や作業療法士等からリハビリテーションを受ける介護保険サービスである。デイケアと呼ばれることもあり、デイサービスである通所介護とは**異なる**。さらに障害者総合支援法の中にも共通するサービスがないため、共生型サービスには該当しない。

4 × **訪問看護**は自宅に**看護師**等が訪問して看護サービスを提供する介護保険サービスであり、ホームヘルプサービスである訪問介護とは異なる。

5 × **重度障害者等包括支援**は、居宅介護、重度訪問介護、同行援護、行動援護、生活介護、短期入所、共同生活援助、自立訓練、就労移行支援、就労継続支援を利用者の必要性に応じて組み合わせて包括的に提供する障害福祉サービスである。ホームヘルプサービス、デイサービス、ショートステイとは異なる上、介護保険制度の中にも共通するサービスが存在しないため、共生型サービスには該当しない。

問題15　解答3
介護予防・生活支援サービス事業

1 × **権利擁護業務**は、地域支援事業の包括的支援事業に含まれる。権利擁護業務では、①成年後見制度の活用促進、②虐待への対応、③困難事例への対応、④消費者被害の防止等に取り組む。

2 × **地域介護予防活動支援事業**は、地域支援事業の介護予防・日常

生活支援総合事業のうち、一般介護
予防事業に含まれる。地域介護予防
活動支援事業では、①介護予防に関
するボランティアの人材育成、②介
護予防に資する地域活動組織の育成
とその支援、③社会参加活動を通じ
た介護予防に資する地域活動の実施
等に取り組む。

3　○　第1号生活支援事業（生活
支援サービス）は、地域支援事業の
介護予防・日常生活支援総合事業の
うち、介護予防・生活支援サービス
事業に含まれる。第1号生活支援事
業（生活支援サービス）では、買い
物や調理の実施が困難な要支援者等
を対象とした栄養改善に向けての配
食サービスや、一人暮らし高齢者を
対象とした見守り活動等に取り組
む。

4　×　包括的・継続的ケアマネジメ
ント支援業務は、地域支援事業の包
括的支援事業に含まれる。包括的・
継続的ケアマネジメント支援業務で
は、①包括的・継続的なケア体制の
構築、②地域における介護支援専門
員のネットワークの活用、③日常的
な個別指導・相談、④支援困難事例
への指導等に取り組む。

5　×　家族介護支援事業は、地域支
援事業の任意事業に含まれる。家族
介護支援事業では、要介護者等の介
護をしている家族等を対象とした介
護教室や家族介護者同士の交流がで
きる居場所づくり等に取り組む。

問題16　解答3
障害者総合支援法における地域生活支援事業

1　×　地域生活支援事業には都道府
県地域生活支援事業と市町村地域生
活支援事業があり、実施主体はそれ
ぞれ都道府県と市町村である。

2　×　市町村地域生活支援事業の移
動支援事業は、単独で外出をするこ
とが困難な利用者（障害者・児）が
円滑に外出することができるよう、
訪問介護員が付き添って移動の支援
を行うサービスである。

3　○　市町村地域生活支援事業の1
つで、事業名は地域活動支援センタ
ー機能強化事業という。

4　×　市町村地域生活支援事業の福
祉ホームは、現に住居を求めている
障害者に対し、低額な料金で居室そ
の他の設備を利用させるとともに、
日常生活に必要な便宜を図る。

5　×　相談支援事業は市町村地域生
活支援事業で、専門性の高い相談支
援事業は都道府県地域生活支援事業
でそれぞれ必須事業となっているた
め、必ず行わなければならない。

問題17　解答1
医療保険制度

1　○　正常分娩は病気やケガではな
いため、保険診療の対象外である。
一方、帝王切開や切迫早産は保険診
療の対象となる。

2　×　生活保護世帯となった場合、
国民健康保険の被保険者から脱退

し、診察や治療等の医療サービスは**生活保護**の中の**医療扶助**で対応することになる。

3　×　医療保険制度の保険給付には、診療や治療等の**現物給付**に加え、出産手当金や傷病手当金等の**現金給付**もある。

4　×　各年齢層や所得状況によって医療費の自己負担割合は**異なる**。義務教育就学前までが２割、義務教育就学後から70歳未満が３割、70～75歳未満が２割（現役並みの所得がある者は３割）、75歳以上が１割（一定以上の所得のある者は２割、現役並みの所得がある者は３割）の負担となっている。

5　×　**後期高齢者医療制度**は、75歳以上の人、または65歳以上74歳以下で寝たきり等の一定の障害があると認定された人を対象としている。

問題18　解答4
生活困窮者自立支援法

1　×　**住居確保給付金**は、福祉事務所設置自治体（都道府県、市、福祉事務所を設置する町村）が直営または委託して行う**必須事業**である。離職等で経済的に困窮し、住居を失った人または失うおそれのある人に、就労に向けた活動を条件として、一定期間家賃相当額を支給する。

2　×　生活困窮者自立支援法は、生活保護の受給者ではなく生活保護に至る可能性のある**生活困窮者**を対象

に自立支援策を講じ、その自立の促進を図ることを目的としている。

3　×　窓口に来訪しない者に対しては、積極的に制度の利用や支援の受容を働きかける等の**アウトリーチ型**の訪問支援を展開する。支援が必要であるにもかかわらず届いていない人の所に支援者側から出向き、必要な情報提供・支援を行う。一方、**ワンストップ型**の相談支援とは、1つの窓口で様々なサービスの相談やサービスの提供を行える体制を指す。

4　○　自立相談支援事業は、福祉事務所設置自治体の直営のほか、社会福祉協議会や社会福祉法人、特定非営利活動（NPO）法人等への**委託**もできる。

5　×　就労準備支援事業では、一般就労に向けた**日常生活の自立支援や就労のための訓練等**を行う。家計の状況の把握やその改善の意欲を高めることを支援の目的としているのは、家計改善支援事業である。

領域 こころとからだのしくみ
4 こころとからだのしくみ

問題19　解答1
副交感神経の作用

1　○　気道の収縮は副交感神経の作用である。一方、気道の弛緩は交感神経の作用となる。

2　×　消化の抑制は交感神経の作用であり、消化管の運動や消化液の分泌も抑制される。一方、消化の促進

は副交感神経の作用であり、消化管の運動や消化液の分泌も促進することになる。

3　×　血管の収縮は交感神経の作用である。一方、血管の拡張は副交感神経の作用となる。

4　×　瞳孔の散大は交感神経の作用である。一方、瞳孔の収縮は副交感神経の作用となる。

5　×　血糖値の上昇は交感神経の作用であり、グリコーゲンが分解されて起こる。一方、血糖値の下降は副交感神経の作用であり、グリコーゲンが合成されて生じることになる。

問題 20　解答 4
良肢位

1　×　基本肢位とは自然に起立した状態での関節の角度とその姿勢を指すため、関節への負担が少ない角度とする良肢位とは異なる。良肢位は拘縮の予防にも有効である。

2　×　良肢位を保持して安楽な姿勢とするためにも、適宜、クッションを使用し、適切なポジショニングを行う。そうすることで、安定した姿勢に加え、関節にかかる負担や身体の一部にかかる圧迫を軽減できる。

3　×　良肢位の場合、つま先は上を向いた姿勢（足首は90度）となる。

4　○　膝関節の良肢位は、膝関節を10～20度程度に屈曲した姿勢となる。

5　×　肘関節の良肢位は、肘関節を90度に屈曲した姿勢となる。

問題 21　解答 2
記憶をつかさどる部位

1　×　Aは、前頭連合野である。この部位は思考や創造性を担う脳の最高中枢で、一時的に情報を保持し推論、判断するといった作業記憶（ワーキング・メモリ）を担っている。

2　○　Bは、海馬である。感覚・知覚された情報は、海馬に送られ短期記憶となり、海馬では必要な情報かどうかを選択し、必要であれば大脳皮質に転送し長期記憶に貯蔵される。

3　×　Cは、大脳皮質となる。大脳皮質は部位によってどのような情報を受けとめるかといった役割が決められており（機能局在）、運動野、体性感覚野、視覚野、聴覚野、言語中枢などがある。

4　×　Dは、視床下部である。身体の内部環境を整える内分泌や自律神経の調整（交感・副交感）を行う総合中枢の役割を担う。たとえば、摂食行動、睡眠覚醒の調節を行っている。

5　×　Eは、脳幹である。脳幹は延髄、橋、中脳などの範囲をいい、生命活動の中枢をつかさどる。呼吸や心臓の動き、体温、血液の循環、血管の収縮と拡張などの動きを調節している。

問題 22　解答 5
側臥位における褥瘡の好発部位

1　×　褥瘡の好発部位とは、褥瘡が

発生しやすい部位を指す。膝関節部は、腹臥位における褥瘡の好発部位となる。

2　×　かかと部分である踵骨部は、仰臥位における褥瘡の好発部位となる。

3　×　尾骨部は、車いす座位やファーラー位等、座位における褥瘡の好発部位となる。

4　×　仙骨部は、仰臥位で最も褥瘡が発生しやすい部位である。このほか、仰臥位では後頭部、肩甲骨部、踵骨部も褥瘡の好発部位となっている。

5　○　側臥位における褥瘡の好発部位として大転子部が挙げられる。このほか、側臥位では、耳介部、肩峰部、外側のくるぶしである外踝部にも褥瘡が発生しやすい。

問題23　解答5
消化器系の構造・機能・疾患

1　×　水分の吸収が行われるのは大腸である。栄養分の吸収を主に行うのが小腸である。

2　×　大腸は、上行結腸、横行結腸、下行結腸、S状結腸、直腸の順になっており、直腸の後が肛門である。

3　×　喉頭がんは、女性より男性の方が発病しやすい。男女比では、10：1で圧倒的に男性が多く、喫煙と飲酒がその危険因子である。

4　×　食道静脈瘤の原因の90％は肝硬変（肝臓が萎縮して硬くなった状態）であるといわれている。

5　○　記述のとおり。胃十二指腸潰瘍（胃酸が胃や十二指腸の粘膜を溶かしてしまう疾患）の原因には、ヘリコバクター・ピロリ菌のほかに、ストレスや喫煙などがある。

問題24　解答4
マズローの欲求階層説

1　×　生理的欲求は食事、睡眠、排泄等、生命維持に必要な欲求で、基本的欲求（一次的欲求）に含まれる。最も高次な欲求は自己実現の欲求である。

2　×　安全欲求は安全な環境、経済的な安定、よい健康状態の維持を求める欲求で、生理的欲求とともに基本的欲求（一次的欲求）に含まれる。

3　×　所属・愛情の欲求は集団に所属したい、他の人に愛されたいという欲求である。

4　○　承認欲求は他の人に価値ある存在として認められ、尊重されたいという欲求で、所属・愛情の欲求、自己実現の欲求とともに社会的欲求（二次的欲求）に含まれる。

5　×　自己実現の欲求は自分の能力を最大限に発揮し、自己実現を目指す欲求である。

問題25　解答2
廃用症候群（生活不活発病）

1　×　長期臥床の状態から急に起き上がろうとすると、血圧が過度に低下し、結果的に脳への血流量が減少して、めまいや立ちくらみが起き

る。これを起立性低血圧という。

2 ○ 長期臥床の状態が続くと精神面への刺激が減り、意欲低下やうつ状態になる場合もある。

3 × 長期間の臥床や活動量の低下で二次的に生じる機能低下を廃用症候群（生活不活発病）という。例えば、長期臥床が続くと心拍を増加する必要がなくなるため、心筋の動きは低下する。

4 × 誤嚥性肺炎は長期臥床の状態でも発症する可能性が指摘されている。特に睡眠中に咳反射がみられず、無意識のうちに唾液や食物残渣等が気道に流れ込む不顕性誤嚥には注意が必要である。

5 × 長期臥床によって呼吸量が減少するため、1回に吸い込む空気の量である1回換気量は減少する。

問題26 解答2
筋肉

1 × 主として内臓を保護するのは骨の役割となる。筋肉には身体への衝撃を緩和する、姿勢を保持する、血液を心臓に戻す、代謝を上げる、水分を貯蔵する、免疫力を上げる等の役割がある。

2 ○ 骨格筋は自分の意思で動かすことができる随意筋の1つで、横紋筋に含まれる。それに対し、自らの意思で動かすことができない筋肉を不随意筋と呼び、内臓や血管の壁にある平滑筋が該当する。

3 × 上肢よりも下肢のほうが筋肉

の量が減少しやすい。

4 × 車いすのハンドリムを前方に押す際に必要となる筋肉は、三角筋である。三角筋は肩関節を覆うようにしてある筋肉で、上腕を外転させる際に働く。大腿二頭筋は膝関節を屈曲する際に使う筋肉である。

5 × 僧帽筋は脊柱から肩にかけてある筋肉で、肩を動かしたり、胸を張ったりする際に機能する。立位姿勢を維持するための抗重力筋には大腿四頭筋、腸腰筋、腹直筋、ハムストリングス（大腿二頭筋、半膜様筋、半腱様筋）等がある。

問題27 解答3
血液と血管系

1 × 血小板には血液凝固の働きがある。体内に侵入してきた細菌等を処理する食作用は、白血球が関与している。

2 × 赤血球では、血色素（ヘモグロビン）の働きによって酸素を運搬している。

3 ○ 血液は約45％の血球に加え、約55％の血漿から構成されている。

4 × 肺動脈には二酸化炭素を多く含んだ静脈血が流れている。一方、肺静脈には酸素を多く含んだ動脈血が流れている。

5 × 左心室から出た血液は、大動脈へ流れる。

問題28　解答3
疾病による食事療法

1　✕　糖尿病の場合、食事療法では1日のカロリーを病状によって制限する必要がある。よって、高カロリーの食品を多く摂取することは不適切である。

2　✕　慢性腎不全の場合、たんぱく質を制限する。よって、たんぱく質を多く摂取することは不適切である。その他に慢性腎不全では、水分や塩分を制限する必要もある。

3　○　脂質異常症は、血液中の脂質が多くなり、様々な病気の原因となるため、コレステロールや脂質を多く含む食品の摂取を控える。

4　✕　肝硬変の場合、食事療法では良質のたんぱく質やビタミン、ミネラルを含む栄養バランスのとれた食事を心がける必要がある。よって、ビタミン類を控える必要はない。

5　✕　痛風の場合、食事療法としてカロリー制限、アルコール類の摂取制限、肥満防止等が重要になる。たんぱく質の制限は特にない。

問題29　解答2
唾液と唾液腺

1　✕　唾液の分泌を促進するのは副交感神経が優位の時で、サラサラとした唾液が多く分泌される。一方、交感神経が優位の時は唾液の分泌が抑制され、粘り気が強くなる。

2　○　唾液にはアミラーゼという酵素が含まれており、この酵素によって糖質が分解される。

3　✕　耳下腺、顎下腺、舌下腺は大唾液腺である。一方、口唇や頬等の口腔粘膜の下に無数に分布するのは小唾液腺である。

4　✕　唾液の分泌中枢は、脳幹の一部である延髄にある。

5　✕　唾液の分泌量は概ね1日に約1〜1.5ℓとされている。

問題30　解答3
死を受容する過程

1　✕　キューブラー・ロスは死を受容する過程を否認→怒り→取引→抑うつ→受容の5段階に理論化した。

2　✕　キューブラー・ロスのいう「否認」とは、死の運命の事実を拒否し否定する段階である。「病気さえ治れば何でもします」等と何かと取引するかのように奇跡を願うのは、「取引」の段階である。

3　○　キューブラー・ロスのいう「怒り」とは、「なぜ自分が」という問いかけと怒りの段階である。

4　✕　すべての人がキューブラー・ロスの死を受容する過程をたどるものではない。個々のこれまでの生活歴や人間関係、死生観等によって、死を受容する過程は多様である。

5　✕　利用者本人が死を受容できていても、家族がその死を受容しているとは限らない。終末期ケアでは、利用者だけでなく、家族も含めて支援する視点が大切である。

領域 こころとからだのしくみ
5 発達と老化の理解

問題31　解答5
喪失体験と悲嘆

1　×　ボウルビィは、悲嘆の過程について①無感覚・情緒危機、②思慕と探求・怒りと否認、③断念・絶望、④離脱・再建という4段階の順序性があることを説明した。

2　×　ハグマンは、悲嘆過程について、その人物がいなくても生きていくことを認める一方、同時に死別した人との関係性が亡くなった後も今なお続いていくことを保証することであると説明した。

3　×　ラザルスとフォルクマンは日常の些細な苛立ちが積み重なることでストレスが発生するとし、ストレスコーピングの重要性を指摘した。一方、死別へのコーピングに関して喪失志向コーピングと回復志向コーピングによる二重過程モデルを提唱したのは、ストローブ（Stroebe, M. S.）とシュト（Schut, H.）である。

4　×　ストローブとシュトは、喪失の現実と向き合い、喪失自体への対処を図ることを喪失志向コーピングとして説明した。

5　○　フロイトは、死別後の心理状態を悲哀と呼び、そうした悲しい気持ちを乗り越え、平穏な状態に回復していく心理的な過程をモーニングワークとして説明した。

問題32　解答1
高齢者の掻痒感（かゆみ）

1　○　高齢者の皮膚は、乾燥しやすくドライスキンになりやすい。冬場の乾燥した室内環境や入浴時の熱い湯での洗身等によって起こる。

2　×　老人性乾皮症は、皮膚が乾燥した状態で、空気が乾燥する冬に多くみられる。皮膚が白い粉を吹いたようになり、掻痒感を伴う。

3　×　掻痒感を起こす刺激には、物理的刺激と化学的刺激に加え、心理的刺激もある。

4　×　頭皮や眉毛、耳介等にふけのような付着物を伴った紅斑ができるのは脂漏性皮膚炎である。皮脂欠乏性皮膚炎は高齢者に多く、乾燥してかゆみを伴い、かきむしることで湿疹ができて悪化した状態をいう。

5　×　接触性皮膚炎とは、異物との接触で刺激を受けるために起こる皮膚組織のかぶれである。高齢者の接触性皮膚炎の原因として、おむつ使用者のし尿汚染、湿布、塗り薬、点眼薬、毛染め剤、化粧品等がある。治療には、これらの原因を取り除き、ステロイド外用剤等を用いる。

問題33　解答3
高齢期のうつ病と精神疾患

1　×　高齢者のうつ症状は身体症状だけでなく、不安や焦燥感といった精神症状に加え、自殺念慮といった感情の障害を伴う場合もある。

2　×　せん妄には夜間せん妄もあ

り、昼間より夜間に生じやすい。

3 ○ 高齢者のうつ病は、若年者の
うつ病に比べ、**不安や焦燥感が強く
現れる**ことが多く、**自殺のリスクも
高い**傾向にある。

4 × 高齢者のうつ病は、若年者の
うつ病と比べて抑うつ気分が軽い傾
向にある。

5 × 老年期に発症する統合失調症
は、妄想型が多い。

問題 34 解答 4
めまいを症状とする疾患等

1 × 加齢黄斑変性症の場合、視
力低下のほか、ものが歪んで見える
変視症や視野の中心部が見えない
中心暗点が生じる。動悸を伴うめま
いは、加齢黄斑変性症の特徴ではな
い。

2 × メニエール病の場合、聴力低
下や耳鳴りが生じるほか、**めまいを
繰り返し起こす**。突然聴力が低下し、
一時的にめまいを引き起こすのは突
発性難聴の特徴である。

3 × 良性発作性頭位めまい症の場
合、急に起き上がったり、寝返りを
したりすると周囲や自分が回るよう
な**回転性のめまい**が生じる。フワフ
ワと揺れているような浮動性のめま
いは良性発作性頭位めまい症の特徴
ではない。

4 ○ 中枢性めまい症は脳梗塞や脳
出血等、脳の疾患によって引き起こ
される。なお、末梢性めまい症とい
った場合は、良性発作性頭位めまい

症やメニエール病等、主に内耳の障
害が原因で生じるめまいを指す。

5 × 一般的に不整脈によるめまい
では頭痛ではなく、**動悸や胸痛、失
神**等を伴う。

問題 35 解答 5
高齢期に心不全が進行した際に現れ
る症状

1 × 心不全になると心臓の機能が
低下し、身体に必要な血液量を十分
に送り出せなくなるため、その分、
呼吸数が増加したり、**呼吸困難**にな
ったりする。また、血液中の酸素量
が不足することで、口唇や指先等が
青紫色となる**チアノーゼが出現**する
こともある。

2 × 心不全になると心臓の機能が
低下し、体内の循環が滞るように
なる。その結果、下肢だけでなく、
顔や上肢等、全身に**浮腫（むくみ）**
が生じ、**体重が増加**する。

3 × 座位よりも仰臥位のほうが腹
部の臓器によって横隔膜が圧迫され
やすいため、呼吸しにくい。一方、
座位になると横隔膜が下がって呼吸
面積が広がることで呼吸しやすくな
る。例えば、呼吸が楽になる座位姿
勢として起座位が挙げられる。また、
座位の場合、下肢や腹部に血液がた
まる一方、心臓に戻ってくる血液は
減るため、**肺うっ血が軽減**され、呼
吸が楽になりやすいという側面もあ
る。よって、呼吸苦は、仰臥位より
も座位のほうが軽減する。

4　×　尿は腎臓でつくられる。心不全になると、その腎臓にも心臓から十分な血液が送られなくなり、結果的に尿量が減少してしまう。

5　○　心不全が進行した場合、歩行等の軽い労作でも動悸や疲労感を感じるようになる。こうした日常生活動作や軽い運動だけでも呼吸困難が生じることを労作時呼吸困難（ろうさじ）と呼ぶ。症状が進行すれば、安静にしていても息切れが治まらないこともある。

問題 36　解答 2
急性心筋梗塞

1　×　急性心筋梗塞は、一般的に突然発症し、30 分以上の胸痛が続く。

2　○　一般的に急性心筋梗塞では激しい胸の痛み（胸痛）が 30 分以上続く。ただし、高齢者や糖尿病のある人は痛みを感じない無痛性の場合もある。また、胸痛ではなく、吐き気や息切れ、肩の痛みといった症状が出る高齢者もいる。

3　×　急性心筋梗塞では激しい痛みによって、冷や汗や血圧低下、嘔吐（おうと）等を伴うこともある。

4　×　胸痛が数分程度で消失するのは狭心症の場合である。一方、急性心筋梗塞による胸痛は 30 分以上続くことが多い。心筋梗塞は狭心症に比べて重症化しやすく、早期に対応しなければ、死に至る恐れもある。

5　×　ニトログリセリンの投与は狭心症の痛みには効くが、心筋梗塞の場合には効果がない。

問題 37　解答 3
高齢者の肝機能障害

1　×　肝機能障害は、初期の段階は無症状である。進行するにつれ、皮膚が黄色くなる黄疸（おうだん）のほか、全身倦怠感、浮腫（むくみ）（ふしゅ）、食欲低下、嘔気（おうき）（吐き気）等の症状が現れる。

2　×　飲酒によるアルコール性肝障害は、肝硬変に進行することがある。

3　○　高齢者の場合、腎臓の排泄機能が低下するほか、肝臓の血流量が減少して解毒（げどく）作用も低下する。その結果、薬の副作用が生じやすい。

4　×　インスリンは、肝臓ではなく、膵臓（すいぞう）のランゲルハンス島から放出され、血糖値を下げる役割がある。肝臓ではグリコーゲン（glycogen）が貯蔵される。

5　×　肝臓での解毒作用が低下するため、肝臓での薬剤の代謝に要する時間は長くなる。

問題 38　解答 3
知能

1　×　20 歳頃を過ぎると低下しやすいのは流動性知能である。結晶性知能は、その人の長年にわたる経験や学習、生活習慣等から獲得した知能であり、加齢で低下しにくい。

2　×　新しい内容を学習したり、新しい環境に適応したりする知能は流動性知能である。

3　○　計算力や処理のスピード、直観力等の流動性知能は加齢とともに低下しやすい。

4 × 結晶性知能よりも流動性知能のほうが加齢とともに低下しやすい。つまり、流動性知能よりも結晶性知能のほうが維持されやすい。

5 × 学校教育等の環境条件の影響を受けやすいのは、結晶性知能である。

領域 こころとからだのしくみ
6 認知症の理解

問題 39 解答 1
認知症の人とその家族への支援体制

1 ○ 2019（令和元）年6月に国がとりまとめた認知症施策推進大綱では認知症疾患医療センターを地域の認知症に関する医療提供体制の中核と位置付けている。主な役割は認知症の早期診断、診断後の本人や家族へのフォロー、症状増悪期の対応、BPSD（行動・心理症状）等のための継続した医療・ケア体制の整備となる。

2 × 認知症施策推進大綱では認知症になってからも住み慣れた地域で普通に暮らし続けていくために障壁を除去していく認知症バリアフリーの推進が謳われている。具体的には認知症に関する取り組みを実施している企業等への認証制度の整備、認知症の人を地域で見守る体制の確立、成年後見制度の利用促進、消費者被害や虐待の防止等の施策を推進する。

3 × 認知症サポーターの活動は任意である。その上で地域の実情に応じ、認知症の人の見守りを行う等、可能な範囲内で認知症の人やその家族を支える取り組みが期待されている。

4 × 保健師や看護師等からなる認知症地域支援推進員は地域包括支援センター等に配置され、市町村社会福祉協議会には配置されていない。

5 × 認知症の人やその家族に早期に関わるため、認知症初期集中支援チームが地域包括支援センター等に配置されている。認知症介護研究・研修センターには配置されていない。

問題 40 解答 4
認知症の行動・心理症状（BPSD）

1 × 「トイレの水を流すことができなくなる」のは失行によるものである。失行は運動機能に障害がないにもかかわらず、それまで日常的に行っていた行為が適切に行えなくなる症状で、中核症状に含まれる。

2 × 「財布をどこに置いたか思い出せなくなる」のは記憶障害によるものである。記憶障害は中核症状に含まれる。

3 × 「買い物に行く途中で道に迷う」のは、自分がいる場所がわからなくなる見当識障害によるものである。見当識障害は場所のほか、日時や人もわからなくなる。見当識障害は中核症状の1つである。

4 ○ 「『外出したい』という意欲が

なくなり、家に閉じこもるようになる」のは認知症の行動・心理症状（BPSD）の1つである意欲・自発性の低下によるものである。なお、意欲や自発性が低下し、無気力で何もする気が起きない状態をアパシー（apathy）と呼ぶ。

5　×　「字の読み書きができなくなる」のは失語によるものである。失語は中核症状に含まれる。

問題41　解答5
アルツハイマー型認知症の特徴

1　×　アルツハイマー型認知症は、男性よりも女性に多くみられる傾向にある。

2　×　感情失禁は、血管性認知症にみられる症状の1つである。感情失禁とは、感情のコントロールがうまくできなくなることである。

3　×　多発性脳梗塞が原因で発症する認知症は、血管性認知症である。

4　×　アルツハイマー型認知症の場合、知的機能の低下はみられるが、意識障害はみられない。

5　○　けいれん発作は、アルツハイマー型認知症の比較的末期の段階でみられやすい。

問題42　解答4
パーソン・センタード・ケア

1　×　トム・キットウッドはイギリスの心理学者であり、パーソン・センタード・ケアは認知症の人を中心にとらえるというケアの考え方であ

って、中央組織のことではない。

2　×　周囲の人とお互いに支え合う関係づくりも重要であるが、まずは、認知症の人の思いや感情を表出してもらうことを重視している。

3　×　パーソン・センタード・ケアは、認知症であるその人の視点を大切にし、総合的にその人の世界を理解していこうと考えるため、症状のみに着目しない。

4　○　パーソン・センタード・ケアはその人の感じ方、思いを知り、その人の持っている能力を引き出すことで、その人がその人らしく生きることを支えるケアである。

5　×　認知症の人の権利を守ることは大切だが、その人を保護する対象ととらえるのではなく、その人の主体性を尊重したケアである。

問題43　解答4
認知症の中核症状

1　×　時や場所、人物がわからなくなる中核症状は見当識障害である。徘徊はBPSD（行動・心理症状）に該当する。

2　×　普段の生活で使用している物を見ても何かわからない等、見たことや聞いたことが理解できなくなる中核症状は失認である。妄想はBPSD（行動・心理症状）である。

3　×　調理や洗濯等を計画的に行うことが困難になる中核症状は実行機能障害である。

4　○　「今日は何月何日ですか」等

は時を問う質問であり、**見当識障害**を評価する際に用いる。答えることが難しい場合、見当識障害の可能性が高くなる。

5　×　以前は行えていた動作ができなくなる中核症状は**失行**である。例えば、ボタンをかけ間違えたり、ズボンを腕に通したりする失行を**着衣失行**という。

問題44　解答4
バリデーション

1　×　見る、話す、触れる、立つ、を介護の4つの柱と考えるのは**ユマニチュード**の考え方で、認知症の人のもつ能力を奪わないことを重視し、人間らしさを取り戻す試みである。

2　×　過去の記憶や本人が活躍した出来事など、自分史を楽しく振り返りながら自分の人生の意味を再認識したり自分の存在を確認したりするアプローチは、**回想法**である。

3　×　すべての人に価値があることを認めて尊重し、いつでも、どこでも、その人らしくという利用者本位のケアを実現することは**パーソン・センタード・ケア**の考え方である。

4　○　共感や傾聴することを通して認知症の人の心に寄り添う考え方は**バリデーション**である。言葉よりもむしろ、**感情表出**を促すことを重視し、信頼関係を築いていく。

5　×　思考の転換と思考の展開の2つの意義を提示し、利用者の言動の

背景要因を重視するのは、**ひもときシート**である。介護者の視点から認知症の人の視点に切り替えていく（**視点取得**）。

問題45　解答2
軽度認知障害（MCI）

1　×　65歳未満で発症する認知症は**若年性認知症**である。軽度認知障害（MCI）は認知症となる前段階の状態であり、認知症ではない。

2　○　軽度認知障害（MCI）は認知症となる前段階の状態で、もの忘れについての自覚はある。

3　×　軽度認知障害（MCI）の場合、記憶力の低下はあるが日常生活動作（ADL）の低下はみられない。

4　×　人が変わったような言動をとる等の性格の変化は、前頭側頭型認知症にみられる特徴の1つである。

5　×　睡眠中に激しく身体を動かす行為は**レビー小体型認知症**でみられることがある。例えば、睡眠中に大声を出し、蹴ったり、殴ったり、腕を上げて何かを探すしぐさをしたりする。これはレム睡眠時に身体が動き出す睡眠障害の1つで、**レム睡眠行動障害**と呼ばれる。

問題46　解答2
家族支援

1　×　施設の入所が必要な場合もあるが、まずはどのような状況なのか把握するために、妻の希望や状況、Dさんの気持ちや考えを確認するこ

とが大切である。

2　○　様々な支援を一緒に考えていくことになるが、初めに行うのは、**共感的な態度**でDさんの気持ちを聴くことである。Dさんの不安な気持ちを和らげ、これまで妻のために頑張ってきたDさんを認め、安心してもらうことが必要である。

3　×　介護福祉職が薬の使用を判断してはいけない。必要と考えるならば医療職に報告し相談することが大切である。

4　×　思わず怒鳴ってしまうほど精神的に追い込まれている状況を理解し、まずは、その気持ちを受けとめ**信頼関係**を築くことが大切である。一方的に非難してしまうと心を閉ざし、状況を悪化させるおそれがある。

5　×　幻視やパーキンソン症状はレビー小体型認知症の特徴であり、病気についての特徴を説明することによって精神的に安定する場合もある。しかし、Dさんは怒鳴ってしまうことについて罪悪感を感じているので、まずはその思いを**傾聴**することが大切である。

問題47　解答4
慢性硬膜下血腫の特徴

1　×　脳の前頭葉と側頭葉に限定し、脳の萎縮が起きる特徴があるのは、前頭側頭型認知症である。この前頭側頭型認知症は、主として初老期に発症し、その症状の改善が困難な疾患である。例えば、脱抑制の

症状は、理性に基づいた行動ができなくなり、時に暴力をふるう等、自らの本能を抑えることができなくなることである。側頭葉に加え、物事を考えたり理性をつかさどったりする前頭葉も萎縮するため、脱抑制が**起こりやすくなる**。また、同じ行動を繰り返す**常同行動**も前頭側頭型認知症でみられる代表的な症状の1つである。

2　×　異常化したプリオンたんぱくが脳に蓄積することで、脳神経細胞の機能障害が起こる疾患は、**クロイツフェルト・ヤコブ病**である。初発症状から1～2年で死に至る傾向にある。

3　×　脳卒中発作の度に階段状に進行する特徴があるのは、血管性認知症である。ただし、血管性認知症は、治療で大きく改善するとは言い難い。

4　○　慢性硬膜下血腫は、正常圧水頭症や甲状腺機能低下症などと同様、認知症の症状がみられるが、治療や手術によって改善が望める。

5　×　変性疾患による認知症原因疾患であり、治療によって大きく改善することが望めないのは、アルツハイマー型認知症である。

問題48　解答5
MMSE (Mini-Mental State Examination: ミニメンタルステート検査) の説明

1　×　日常生活動作(ADL)の状況からアルツハイマー型認知症の進行

度を判定するのは、FAST（Functional Assessment Staging of Alzheimer's Disease）である。FAST は質問形式ではなく、日常生活動作等を観察して評価を行う観察式の評価尺度が用いられる。

2　×　日常生活の**行動観察**から認知機能を評価する検査には、FAST や CDR（clinical dementia rating）がある。FAST や CDR であれば、仮に言語機能が障害されて質問に答えることができなくても、行動観察を通して認知症の進行度を評価することができる。

3　×　個人面接を通して一般的な**知能指数（IQ）**を評価するものとして、ビネー式知能検査が挙げられる。ビネー式知能検査は、子どもの知的発達の程度を測定するために考え出されたものである。つまり、成人向けではないうえ、認知機能の評価を目的としたものでもない。

4　×　6項目に関して**観察式**で評価するのは、CDR である。CDR で算出された**スコア**によって認知症の程度を把握することができる。例えば、スコアが1で「軽度認知症」、2で「中等度認知症」、3で「重度認知症」の可能性がある。

5　○　口頭での回答と図形の模写から認知機能を評価するのは、MMSE（ミニメンタルステート検査）である。MMSE では30点満点中23点以下が「認知症の疑い」と判定される。

問題49　解答1
障害受容の過程

1　○　第1段階のショック期は受傷直後や術後の初期段階で、障害を負った現実を実感することが難しく、受け入れられない状況にある。

2　×　第2段階は否認期で、自分の障害を受け入れられず、否定する。

3　×　第3段階は混乱期で、現状の不安や将来への恐怖を感じ、行き場のない気持ちが現れやすい段階である。また、障害が回復しないことを知り、気分が落ち込みやすい。

4　×　第4段階の努力期では障害を受け入れるには自らの努力も必要だと気づき、障害を受け入れようとする。

5　×　第5段階の受容期は自らの障害を受け入れる時期である。

問題50　解答5
自閉症スペクトラム障害がある人への支援

1　×　自閉症スペクトラム障害のある人は、1つのことに**執着・固執**するという特徴がある。思考の流れに関連性や統一性がないわけではない。

2　×　自閉症スペクトラム障害のある人は、対人関係を形成することが苦手である等、社会性の障害がみられる。そのため、相手の気持ちを読

み取ることが難しく、**協調性が低い**。

3　×　自閉症スペクトラム障害のある人は、**環境への適応能力が弱い**。そのため、不適切な行動をとったからといって**場所を変更することでパニックを起こすおそれもある**。よって、刺激の少ない同じ場所で、本人が安心して過ごせる居場所づくりをすることが重要となる。

4　×　自閉症スペクトラム障害のある人の場合、**コミュニケーションに障害がある**。例えば「Aではないのではない」といった**二重否定や複雑な表現を含む内容を理解することは難しい**。よって、**短く、簡潔に伝える必要がある**。

5　○　こだわり行動が本人や周囲に問題となる場合には、支援が必要となる。例えば、話を聞いたり、時間や場所を限定したりするといった**介入が必要**となる。

問題 51　解答 1
障害者総合支援法の地域生活支援事業

1　○　**地域活動支援センター**とは、障害のある人が通い、**創作的活動または生産活動の機会の提供、社会との交流の促進等を行う施設**である。障害者総合支援法の**地域生活支援事業**に位置づけられる。

2　×　**行動援護**は、知的障害や精神障害により自分一人での行動が著しく困難な人への外出支援である。障害者総合支援法の**自立支援給付の介護給付**に位置づけられる。

3　×　**地域定着支援**は、施設から自宅に戻った障害者に対し、連絡体制の確保や緊急時の対応を行い、地域生活が継続するためのサービスである。障害者総合支援法の**自立支援給付**に位置づけられる。

4　×　**福祉ホーム**は、障害者に低額な料金で居室等を提供するサービスで、障害者総合支援法の**地域生活支援事業**に位置づけられる。Gさんは両親と暮らしており該当しない。

5　×　**自立訓練**とは、自立した日常生活または社会生活ができるよう、**身体機能や生活能力の向上のための訓練を行う**ことである。障害者総合支援法の**自立支援給付の訓練等給付**に位置づけられる。

問題 52　解答 5
障害者の権利施策

1　×　1975（昭和50）年に国際連合総会（国連総会）で採択されたのは「**障害者の権利宣言**」である。

2　×　国際連合（国連）は障害者の権利宣言を普及させるために「**完全参加と平等**」をテーマに1981（昭和56）年を「**国際障害者年**」とした。2006（平成18）年に採択されたのは「**障害者の権利に関する条約**」（障害者権利条約）である。

3　×　1970年代にアメリカ合衆国の障害がある学生たちが中心になって**自立生活運動（IL運動）**を展開した。自立生活運動は、障害があっても自分らしい人生を送ることがで

きるよう、障害者の自己決定権の回復を求めた運動である。

4　×　1999（平成11）年の「国際高齢者年」では「すべての世代のための社会を目指して」をテーマとした。ADA（障害をもつアメリカ人法）は1990（平成2）年に制定された。

5　○　日本では、障害を理由とする差別の解消を推進させるため、「障害を理由とする差別の解消の推進に関する法律」（障害者差別解消法）が2016（平成28）年4月に施行された。

問題53　解答2
慢性閉塞性肺疾患（COPD）のある利用者への支援

1　×　酸素供給器による酸素流量は、利用者の状況に応じて医師が決定している。よって、酸素流量の調整や変更も医師が行う。介護福祉職や利用者が酸素供給量の調整や変更を行うことはできない。

2　○　慢性閉塞性肺疾患（COPD）がある場合、禁煙や薬物療法、酸素療法に加え、口をすぼめ、ゆっくり時間をかけて吐き出す口すぼめ呼吸も有効である。

3　×　一般的に慢性閉塞性肺疾患（COPD）などの呼吸機能障害では、仰臥位よりも起座位や半座位（ファーラー位）のほうが楽に呼吸できる。

4　×　携帯用酸素ボンベを用いれば、外出することも可能である。そ

の際は、医師の指示に従い、無理のない範囲にとどめる。

5　×　慢性閉塞性肺疾患（COPD）がある場合、食事の1回量を多くすると肺等の呼吸器系に負担がかかり、呼吸しづらくなる場合がある。呼吸器系への負担を軽減するため、食事は1回量を少なくし、少量ずつ何回かに分けて食べるようにする。

問題54　解答5
難聴の種類と原因

1　×　滲出性中耳炎は伝音性難聴の1つで、様々な原因によって中耳にある鼓膜に滲出液が溜まって生じる。なお、伝音性難聴は外耳から中耳に支障があって発生する。

2　×　感音性難聴は内耳、聴神経、脳の聴覚中枢に支障があって発生する難聴である。感音性難聴になると小さい音は聞こえにくく、大きい音はうるさく感じる。

3　×　突発性難聴は、突然発症する感音性難聴で、原因は不明である。

4　×　耳垢塞栓は耳垢が溜まって耳の穴を塞いでしまい、音が聞こえにくくなっている状態である。その予防のためにも、日頃から介護福祉職が利用者の耳垢の除去を行う必要がある。ただし、すでに耳垢塞栓になっている場合、介護福祉職は無理に耳垢を除去してはならない。耳鼻科を受診する必要がある。

5　○　老化が原因で生じる老人（加

齢）性難聴は感音性難聴の１つである。老人（加齢）性難聴になると他の人とのコミュニケーションが減る等、脳に入ってくる情報量が減り、場合によっては発症の危険性を高めたり、症状が進行したりするおそれがある。

問題 55　解答 2
内部障害

1　✕　後天性免疫不全症候群（エイズ：AIDS）は、ヒト免疫不全ウイルス（HIV）に感染して免疫機能が低下し、厚生労働省が定めた合併症（日和見感染症）を発症した場合に診断される。

2　○　心臓弁膜症で人工弁置換手術を行うと、血栓ができやすくなる。血栓は身体のどこかで詰まるおそれがあるので、塞栓症防止のためにも、人工弁置換手術を行った場合は、血液が固まりにくくなる薬（ワーファリン）を一生服用する必要がある。

3　✕　腎臓機能が低下すると老廃物や過剰な水分等を排泄できなくなるため、人工透析が必要な場合もある。人工透析のうち、透析液の注入と排出を繰り返す連続的携行式腹膜灌流（CAPD）は１日に３～４回透析液を交換する必要があるが、通院は月１～２回となる。

4　✕　人工肛門のうちＳ状結腸ストーマを造設した場合、硬便が排泄される。液状便が排泄されるのは回腸ストーマを造設した場合となる。

5　✕　肝臓には痛み等を感じる神経がないため、肝機能障害を起こしても、初期の段階では痛み等の自覚症状がみられない。黄疸出現時に、すでに進行している可能性が高い。

問題 56　解答 2
ホーエン・ヤール重症度分類

1　✕　ホーエン・ヤール重症度分類は、パーキンソン病の進行度を示す指標で、ステージⅠ～Ⅴの５段階に分けられる。ここで問われているのは、パーキンソン病のある人への食事支援の留意点となる。パーキンソン病は、便秘になりやすいため、腸内環境を整えたり、腸の蠕動運動を促したり、便を柔らかくしたりする働きがある食物繊維を摂取する。

2　○　ホーエン・ヤール重症度分類のステージⅢでは、歩行障害に加え、姿勢反射障害がみられる。立位での更衣はバランスを崩し、転倒の危険性が高いため、座位で行う。

3　✕　ホーエン・ヤール重症度分類のステージⅢでは、姿勢反射障害に加え、すくみ足、すり足歩行、小刻み歩行等の歩行障害がみられる。よって、脱げやすく、つまずきやすいスリッパやサンダルの使用は転倒の危険性を高めるため、不適切である。

4　✕　症状は両側性であるものの、姿勢保持ができるのは、ホーエン・ヤール重症度分類のステージⅡの状態である。

5　✕　ホーエン・ヤール重症度分類

のステージⅢでは姿勢反射障害、小刻み歩行、すくみ足等がみられる。床にクッション性のあるマットを敷くとかえって安定した歩行が得られず、バランスを崩し、**転倒しやすくなる**。また、マットの縁でつまずく危険性も高い。

問題57　解答4
脊髄損傷

1　×　脊髄損傷のうち、一般的に損傷部位が頸髄 $C_1 \sim C_3$ の場合、**四肢麻痺**に加え、**呼吸障害**もみられる。場合によっては人工呼吸器が必要となる。

2　×　脊髄損傷のうち、一般的に損傷部位が頸髄 $C_4 \sim C_8$ の場合、**四肢麻痺**となる。つまり、下肢に加え、**上肢の麻痺**もみられる。

3　×　脊髄損傷のうち、一般的に損傷部位が**胸髄** $T_1 \sim T_{12}$ の場合、**両下肢の麻痺（対麻痺）**がみられる。両下肢の筋力低下がみられるのは、一般的に損傷部位が腰髄 $L_4 \sim L_5$ や仙髄 $S_1 \sim S_2$ の場合である。

4　○　脊髄損傷のうち、一般的に損傷部位が仙髄 $S_3 \sim S_5$ の場合、膀胱や腸が機能しなくなり、**排尿・排便障害**が生じる。

5　×　脊髄の完全損傷で、**プッシュアップ**が可能となる最上位のレベルは**頸髄** C_7 である。なお、プッシュアップとは、脊髄損傷のある人が両手を体幹の両側について臀部を引き上げる動作を意味する。

問題58　解答1
内因性精神障害に分類される疾患

1　○　精神障害は①原因不明の内因性精神障害、②心理的な影響で生じる心因性精神障害、③病気や外傷、アルコール等が影響して生じる外因性精神障害に分けられる。これらのうち、気分が高揚した躁状態と憂うつで無気力なうつ状態が交互に繰り返される**双極性感情障害**は、**内因性精神障害**に分類される。

2　×　アルコールを長期間にわたって大量に摂取し続けたことにより、アルコールを摂取しないと不安感や手の震え、幻覚等の症状が生じる**アルコール依存症**は、**外因性精神障害**に分類される。

3　×　精神的なストレス等が原因で突然、めまいや動悸、息苦しさ、発汗等の症状を訴え、それが繰り返される**パニック障害**は**心因性精神障害**に分類される。

4　×　脳梗塞や脳出血等の脳血管障害（脳卒中）が原因で生じる**血管性認知症**は、**外因性精神障害**に分類される。外因性精神障害のうち、血管性認知症のように脳に損傷が起きて生じるものを**器質性精神障害**という。

5　×　人前で強く緊張し、強い不安や恐怖を感じ、その場での言動が思うようにできなくなる**社交不安障害**は、**心因性精神障害**に分類される。

領域 医療的ケア
8 医療的ケア

問題 59　解答 3
感染予防

1　×　特定の利用者ではなく、誰もが感染源になり得ると考え、すべての利用者に対して行う予防策がスタンダードプリコーションである。

2　×　速乾式手指消毒液を使った場合、乾燥により消毒効果が発揮されるため、手が乾く前にタオル等で拭きとってはいけない。

3　○　唾液や痰（たん）が貯留している場合もあるため、口腔（こうくう）内の吸引も必要である。さらに口腔内の吸引だけでなく、細菌・ウイルスの侵入を防ぐためにも口腔ケアを丁寧に行う等、口腔内の清潔保持にも努める。

4　×　細菌がつかないようにするために、吸引チューブの挿入部分には手を触れないようにし、清潔な吸引操作を行う必要がある。

5　×　家族から経済的な理由で「吸引器具の消毒液の利用を控えてほしい」と言われた場合でも、利用者が使う吸引器具を清潔に保たなければ感染の危険性があることを家族に丁寧に説明し、理解を得る必要がある。

問題 60　解答 2
人工呼吸器

1　×　人工呼吸器の回路には、加温加湿器等があるために、水滴がホース内に溜まる。それを廃棄するためにも回路ははずれる構造になっている。回路は、接続が緩んだりねじれたり破損することによって酸素が漏れてしまうので、しっかり接続するとともに確認する。

2　○　停電時の電源の確保は、必須である。

3　×　非侵襲的人工呼吸療法で使用するマスクは、鼻マスクに加え、口鼻マスク（フェイスマスク）もある。

4　×　侵襲的人工呼吸療法は、気管切開による気管カニューレを挿入して酸素を送り込むことをいう。設問は、非侵襲的人工呼吸療法のことである。

5　×　人工呼吸器による呼吸の補助は、全面的に呼吸の動きを助ける場合と装着者の呼吸に合わせて一部を補助する場合がある。

問題 61　解答 3
気管カニューレ内部の喀痰吸引

1　×　気管カニューレ内部の吸引で時間が長引くと、低酸素の状態となる。しかし、腹痛は消化器症状で、吸引による低酸素状態によるものではない。

2　×　嘔気は、吸引による低酸素状態によるものではない。

3　○　動脈血酸素飽和度は、動脈の血液中の酸素量を測った時の値で、それにより呼吸状態が観察できる。気管カニューレを挿入しているのは呼吸機能が低下している利用者のため、吸引が長引いた際には、低酸素

になり動脈血酸素飽和度が下がって
いないか注意する必要がある。

4　×　痰の色は、基本的な観察項目
で、吸引の時間にかかわらず色・性
状により対応が必要な場合がある。

5　×　脈拍数の低下は、長時間の吸
引による低酸素状態ではなく、チュ
ーブ挿入の深さが深すぎる場合、迷
走神経反射として発生する。

問題62　解答1
子どもの経管栄養の留意点

1　○　子どもは、無意識に手を顔に
持っていくこともあるため、チュー
ブ管理が必要である。

2　×　腹部状態の観察とともに排便
状態を確認し、異常時は医療職に報
告する。

3　×　子供は、無意識に手を顔に持
っていくことがあり、チューブ挿入
時につけられた印よりも少しでも抜
けている場合は、嘔吐や逆流が起こ
る危険性が高くなる。

4　×　栄養剤の注入前に排痰を十分
に行い、呼吸状態を整える。

5　×　開封した栄養剤を、冷凍や水
で薄めて保存するのは不適切であ
る。

問題63　解答2
胃ろうによる経管栄養の注入について

1　×　原則、注入した栄養剤が逆流
し、肺に流れ込むことがないように、
医師や看護師の指示に従って半座位
に保つ。円背があるために、安楽を

考慮し、指示に従う。

2　○　起きたことを確認し、説明と
同意のうえ、注入が安全に行えるよ
う覚醒状況や状態確認の観察を行
う。また、注入後の観察も行う。

3　×　難聴があったとしても、声か
けをし、本人に名乗ってもらう等確
認をする。また、説明も行う。

4　×　注入し、横隔膜への刺激によ
りしゃっくりがでる場合がある。そ
の場合には、注入を一時中止し、医
師や看護師と相談する。

5　×　注入中、痰が多くなる場合が
ある。その場合には、注入を一時中
止し、医師や看護師と相談する。

領域 介護
9 介護の基本

問題64　解答5
ICFの視点に基づく環境因子と心身機能

1　×　妊娠は、「健康状態」であり、
靴下を履くは「活動」なので、環境
因子と心身機能ではない。

2　×　車いすを自操することも、外
食へでかけることも、「活動」であ
って、環境因子と心身機能ではない。

3　×　視力の低下は、「心身機能」
であるが、本を読むは「活動」なの
で、環境因子と心身機能ではない。

4　×　下肢切断は、「心身機能」で
あるが、車いすで移動は、「活動」
なので、環境因子と心身機能ではな
い。

5　○　ちょっとした段差は、「環境因子」であり、バランスを崩すは「心身機能」であるため、適切である。

問題 65　解答 2
高齢者虐待の状況

1　×　養護者による高齢者虐待の種類は、身体的（65.3%）が最も多く、次いで心理的（39.0%）である。

2　○　虐待者は息子が 39.0% と最も多いが、被虐待高齢者は男性（24.2%）より女性（75.8%）が多い。

3　×　養介護施設従事者による高齢者の虐待において、虐待の発生要因は、「教育・知識・介護技術等に関する問題」（56.1%）が最も多く、次いで「職員のストレスや感情コントロールの問題」（23.0%）となっている。

4　×　養介護施設従事者による虐待は「特別養護老人ホーム（介護老人福祉施設）」274 件（32.0%）が最も多く、次いで「有料老人ホーム」221 件（25.8%）となっている。介護度や認知症が重度化すると虐待を受ける割合が高くなる傾向にある。

5　×　養介護施設従事者による虐待は身体的虐待が 57.6% と最も多いが、3.5% は性的虐待であった。

問題 66　解答 3
社会福祉士及び介護福祉士法

1　×　「社会福祉士及び介護福祉士法第 44 条の 2」の誠実義務とは、利用者個人の尊厳を保持し、利用者が自立した日常生活を営めるよう、常にその利用者の立場で、誠実に業務を行わなければならないという義務である。特に罰則等の規定はない。

2　×　「社会福祉士及び介護福祉士法第 45 条」の信用失墜行為の禁止とは、社会福祉士または介護福祉士の信用を傷つけるような行為をしてはならないことをさす。これに違反した場合の罰則規定は、社会福祉士および介護福祉士の登録の取り消し、または期間を定めて社会福祉士および介護福祉士の名称の使用の停止（同法第 32 条第 2 項）が該当する。

3　○　「社会福祉士及び介護福祉士法第 46 条」の秘密保持義務とは、社会福祉士および介護福祉士は、正当な理由がなく、その業務に関して知り得た人の秘密を漏らしてはならないという義務である。また、社会福祉士および介護福祉士でなくなった後においても、同様である。これに違反した場合の罰則規定は、登録の取り消し、または期間を定めて介護福祉士の名称の使用の停止（同法第 32 条第 2 項）、1 年以下の懲役または 30 万円以下の罰金（同法第 50 条）が該当する。

4　×　「社会福祉士及び介護福祉士法第 47 条第 2 項」の連携とは、介護福祉士は、その業務を行うにあたって、担当する人に、認知症であること等の心身の状況その他の状況に応じて、福祉サービス等が総合的かつ適切に提供されるよう、福祉サー

ビス関係者等との連携を保たなければならないということである。こちらの違反に関して、特に罰則規定はない。

5　×　「社会福祉士及び介護福祉士法第48条第2項」の名称の使用制限とは、介護福祉士でない者は、介護福祉士という名称を使用してはならないということである。これに違反した者は、30万円以下の罰金（同法第53条第3号）が課せられる。

問題67　解答4
事故予防

1　×　事故は、ソフト面、ハード面、関係する職員すべてが発生予防、対策を行わなければいけない。

2　×　介護現場では、利用者に対する行動制限や身体拘束を原則として禁止している。身体拘束は切迫性、非代替性、一時性の3つの要件が満たされた場合にのみ認められる。

3　×　緊急時のマニュアルは、適宜、最新の情報に更新する必要がある。

4　○　実際の救急時に対応できるようにするためには、定期的な訓練は必須である。

5　×　リスクマネジメントのマニュアルは、介護福祉職のみでなく関係する職種間で確認し、共有する。

問題68　解答3
ヘルプマーク

1　×　オストメイト対応のトイレの入り口、案内誘導プレートに表示さ

れているのは、オストメイト／オストメイト用施設マークである。

オストメイト用設備／オストメイト（出典：公益財団法人　交通エコロジー・モビリティ財団）

2　×　献血ルームの表示ではない。献血関連の施設はキャラクターを使用している。

3　○　義足や人工関節、内部障害や難病、または妊娠初期の方など、外見からは分からないが「援助」や「配慮」を必要としている方々が、周囲の方に「配慮」を必要としていることを知らせることができるマーク。

4　×　鞄等、身に着けて使用する。

5　×　妊娠初期、精神障害のある人も対象となる。

問題69　解答4
夜間対応型訪問介護

1　×　夜間対応型訪問介護は、定期巡回サービス、オペレーションセンターサービス、随時訪問サービスを一括して提供するサービスである。

2　×　夜間対応型訪問介護事業者は、利用者に対し、当該利用者が援助を必要とする状態となったときに適切にオペレーションセンターに通報できる端末機器を配布しなければならない。

3　×　オペレーターの資格要件に

は、介護支援専門員、社会福祉士、看護師などが含まれている。

4　○　夜間対応型訪問介護事業所は、利用者の心身状況などの情報を蓄積し、オペレーターが常時閲覧できるようにしなければならない。

5　×　夜間対応型訪問介護計画は、夜間対応型訪問介護を利用するすべての利用者に対して作成しなければならない。

問題70　解答2
育児・介護休業法

1　×　育児休業期間は、原則1歳までだが、最大2歳まで延長できる。

2　○　2019（令和元）年12月の法改正により2021（令和3）年1月から、子の看護休暇や介護休暇は時間単位で取得可能となった。また、労働時間に関係なくすべての労働者が取得できるようになった。

3　×　介護休業の対象家族は、配偶者、父母、子、配偶者の父母、祖父母、兄弟姉妹および孫で、別居の者も含む。

4　×　子の看護休暇は、小学校就学前の子が病気やけがをした場合に、1人につき、年5日まで取得できる。

5　×　介護休暇は、要介護状態の対象家族（介護休業の対象家族と同様）の介護などの世話を行う場合に取得できる。通院の付添いや介護サービスの手続き代行なども含まれる。

問題71　解答1
介護実践における多職種連携

1　○　民生委員やボランティアのインフォーマルな人材も多職種連携のチームの一員である。

2　×　異なる専門性をもった職種がそれぞれの専門的な知識や技術をもとに一人の利用者を支援するチームであるため、医師を中心としたチームではなく、それぞれが対等な立場で協力体制をとる。

3　×　介護実践において、各専門職が把握している情報はチームとして共有する必要がある。

4　×　ケアプランの立案は、介護支援専門員が担当するものであり、多職種連携のチームの目標ではない。

5　×　利用者を中心に、各専門職が知識と技術をもとに支援するチームであるため、介護福祉職を助けることがチームケアではない。

問題72　解答3
定期巡回・随時対応型訪問介護看護

1　×　オペレーターは、原則として看護師や介護福祉士である必要があり、オペレーターのうち1人以上は常勤でなければならない。なお、定期巡回・随時対応型訪問介護看護サービスは、定期巡回サービス、随時対応サービス、随時訪問サービス、訪問看護サービスで構成されており、オペレーターは、主に随時対応サービスを担当する。

2　×　定期巡回・随時対応型訪問介

護看護事業者は、訪問看護サービスの提供を開始する場合、**主治医による指示**を文書で受ける必要がある。

3　○　訪問看護サービスを提供した場合には、担当の看護師等（准看護師を除く）が訪問日や提供した看護内容などを記載した**訪問看護報告書を作成**しなければならない。また、常勤看護師等は、訪問看護報告書の作成に関し、必要な指導と管理を行わなければならない。

4　×　随時対応サービスの提供に支障がない場合には、オペレーターを随時訪問サービスに従事させることができる。また、オペレーターと「随時訪問サービスを行う訪問介護員」及び指定訪問介護事業所、指定夜間対応型訪問介護事業所以外の「同一敷地内の事業所の職員」の兼務も可能である。なお、今までは夜間と早朝のみに限られていたが、法改正で2018（平成30）年4月より日中も認められるようになった。

5　×　定期巡回・随時対応型訪問介護看護事業者は、設置した**介護・医療連携推進会議**に対し、おおむね6か月に1回以上、サービスの提供状況などを報告し、介護・医療連携推進会議による評価を受ける。

問題73　解答2
共生型サービス
1　×、2　○、3　×、4　×、5　×

ホームヘルプサービス（訪問介護）、デイサービス（通所介護）、ショートステイ（短期入所生活介護）について高齢者、障害児・者がともに利用できるサービスを**共生型サービス**という。Aさんのように、**障害者が65歳になって介護保険に移行しても、事業所を変更せず、これまでと同じようにサービスを利用できる**。なお、Aさんは施設入所を望んでいないため、3の提案は適切ではない。

領域 介護
10 コミュニケーション技術

問題74　解答4
コミュニケーションの基本
1　×　家族に対しての助言や指導は、家族のやり方についてすぐにはっきりと誤りを指摘するのでなく、家族介護の苦労をねぎらい、**家族の考えや方法を尊重**しながらよりよい方法を提案していく。

2　×　「なぜ」「どうして」と聞くと相手が身構えて、質問にますます答えられなくなることがあるので、責めるように質問しない。

3　×　うなずく、あいづちを打ちながら話を聞いている様子は、共感してもらえているように感じるので、失礼にはならない。

4　○　**傾聴**は、相手の言葉を妨げずじっくりと聴くことである。

5　×　焦点化ではなく、聴き手が確認する内容を言語化することは「**明確化**」である。

問題 75　解答 3
幻覚症状に対する対応

1　×　否定をしても本人にとっては事実であるため認めず、関係性を悪くしてしまう。

2　×　必要に応じて話題の転換は大事であるが、本人は訴えを聞いてもらえないという思いから、不満や不信感が生じてしまうことがある。

3　○　受容的な態度で肯定も否定もせずに聞き、辛さを受け止めることで、Bさんは安心することができる。

4　×　肯定をすることで確信や拘りを強めてしまう。

5　×　詳細を深く掘り下げることで妄想が重なり不安が増強してしまう。

問題 76　解答 2
家族と信頼関係

1　×　家族と利用者の関係はさまざまである。利用者の希望と家族の希望の両方を聞く必要がある。

2　○　関係づくりや相互理解を目的とし、話し合いの機会を丁寧にもつことが必要となる。

3　×　専門用語はわかりやすいことばに替え、理解しあえるようなコミュニケーションをとる。

4　×　無下に否定せず、家族の考え方を尊重しながら、より良い方法を検討する必要がある。

5　×　家族の一員ではなく、専門職として適切な距離を保ち客観性を持った対応をする。

問題 77　解答 3
事故報告

1　×　事故報告は大切な情報共有となるため、口頭だけではなく、文書でも報告する必要がある。

2　×　事故報告は情報共有であるため、客観的事実に基づいて記述できるような書式となっている。

3　○　事故報告書は事故（アクシデント）の分析を行い、再発防止や業務改善に活用する。

4　×　事故報告書は、介護福祉職のみではなく、利用者の状況や状態、医療関係者の所見などもその内容に含まれる書式である。

5　×　事故報告書は事故後の書式であるため、アクシデントを共有することとなる。インシデントとは、ヒヤリハット報告書の内容である。

問題 78　解答 5
自殺を示唆する発言への返答

1　×　自殺を示唆する発言をした入所者に対して、「落ち込んだらだめ」というような、批判的な返答を行うことは不適切である。

2　×　自殺を示唆する発言をした入所者に、「〜しないから、そのような気持ちになってしまう」というような、批判とも受けとれる表現の返答をすることは不適切である。

3　×　「昨日も同じことを言っていましたよ」というように、入所者の発言を軽くあしらうような返答をすることは不適切である。

4　✕　自殺を示唆する発言をした入所者に対して、「頑張って」などの励ます返答をすることは、精神的な負担や圧迫につながり、自殺のリスクを助長させるおそれもある。よって、「そんなことを言わずに頑張って生きていきましょう」と返答することは不適切である。

5　○　入所者が「もう死にたい」のような自殺を示唆する発言をした場合、今の気持ちや思いを傾聴し、受容することが大切である。

問題 79　解答 1
老人性難聴のある利用者とのコミュニケーション

1　○　難聴の人は、特に「サ行」を含むことばが聞き取りにくいといわれている。そのため、それらを含む言葉を発する際には、特にはっきり発話するよう心がける。

2　✕　老人性難聴は、高い音が聞こえづらい特徴がある。そのため、少し低い声で話しかけるようにする。

3　✕　老人性難聴の人は、方向感弁別困難といって、真後ろから声をかけられるとどこから誰に話しかけられたのか気づきにくい。そのため、なるべく正面から肩に触れるなどして注意をひいたうえで、話しかけるとよい。

4　✕　老人性難聴は、内耳の蝸牛にある有毛細胞が音を感じ取りにくくなっている状態である感音性難聴であるため、補聴器を使っても、効果

が得られにくい。

5　✕　83歳という年齢から、新たに手話を覚えることは難しい。そのため、適切な方法とはいえない。

領域 介護
11 生活支援技術

問題 80　解答 3
生活支援

1　✕　生活に関するすべてを援助するのではない。生活支援においては、利用者の能力や意欲を引き出し、できない部分を援助する。

2　✕　安全確保は重要であるが、活動を制限するのではなく、安全な活動ができるように配慮、工夫を行う。

3　○　利用者の意欲を引き出す声かけや支援が生活支援の基本である。

4　✕　家族の意向は重要で、留意すべきであるが、まずは利用者本人の意向の確認が求められる。

5　✕　利用者本位の支援が必要である。

問題 81　解答 2
介護保険の給付対象となる住宅改修

1　✕　介護保険の給付対象となる住宅改修には、取付けに工事を伴わないものは給付されない。そのため、「工事不要な取り外しできる手すり」は対象外となる。

2　○　介護保険の給付対象となる住宅改修には、滑りの防止及び移動の円滑化等のための床または通路面の

材料の変更が認められている。

3　×　介護保険の給付対象となる住宅改修には、**洋式便器等への便器の取替え**が認められており、その際に洗浄機能付便座に取り替えることも可能である。しかし、すでに洋式便器である場合に、新たに洗浄機能付便座を取り付けるのは**対象外**となる。

4　×　介護保険の給付対象となる住宅改修には、**引き戸等への扉の取替え**が認められているが、自動ドア設置にかかる費用は**対象外**となる。

5　×　腰掛け便座は、特定福祉用具販売の対象となる。

問題 82　解答 4
右片麻痺（みぎかたまひ）の利用者に対する仰臥位（ぎょうがい）から立位への介助方法

1　×　側臥位（そくがい）の際、麻痺側（患側）を下にすることは原則行わない。一般的に麻痺側（患側）は痛みを感じないため、仮に麻痺側（患側）を下にしたとき、何かしらの危険物に接触していても気づかず、大きな事故につながる危険もある。また、長時間、麻痺側（患側）を下にした場合、血行不良になるため、体位には注意が必要である。

2　×　端座位（たんざい）から立ち上がるためには、両膝を曲げ、前傾姿勢をとる。両足のかかとが膝（ひざ）よりも前に出ている状態で立ち上がることは難しい。

3　×　立ち上がるためには、利用者は前傾姿勢をとる必要がある。しかし、利用者の正面に介護福祉職が位

置すると、立ち上がりの際の前傾姿勢を邪魔することになってしまう。

4　○　右片麻痺の場合、麻痺側（患側）である右足に力が入らず、立ち上がりの際、**右膝が勝手に曲がってしまう（膝折れする）**おそれもある。それを防止するためにも、介護福祉職は利用者の麻痺側（患側）の右側に位置し、右膝も含めて**麻痺側（患側）をしっかりと支える必要がある。**

5　×　片麻痺の利用者の場合、左右両方の腋窩（えきか）から手を入れて持ち上げようとする方法は不適切である。右片麻痺の場合、健側の左側には支障はないため、左手や左足を使うよう声かけし、**残存能力を活かすことが重要である。**

問題 83　解答 5
排泄介護（はいせつかいご）

1　×　腰掛便座は特定福祉用具販売の種目である。

2　×　補高便座は洋式便器の上に置いて高さを上げ、**立ち上がりしやすくする**用具である。座位姿勢が不安定な人用ではない。

3　×　洋式トイレでの排泄は、**前傾姿勢**をとり、腹圧をかけることでスムーズな排泄ができる。

4　×　尿取りパッドを複数枚重ねると、蒸れや尿漏れの原因となる。尿量が多い場合は、**吸収量が多いパッド**を選択する。

5　○　男性の利用者がベッド上で尿器を使用して排尿する場合は、**側臥**

位の方が陰茎を尿器の受尿部に入れ
やすいため、排尿しやすい。

問題84　解答1
右片麻痺のある利用者の車いすへの移乗

1　○　片麻痺のある利用者がスライディングボードを活用してアームサポートが跳ね上がるタイプの車いすに移乗する場合、端座位になっている利用者の健側のベッドの**真横**に車いすを置く。ベッドの真横に車いすを置き、ベッド側のアームサポートを上げることで、**無理なく安定した形**でスライディングボードを差し込むことができる。右片麻痺の場合は、利用者の左側のベッドの真横に車いすを置くことになる。

2　×　片麻痺のある利用者が車いすに移乗する際は、端座位になっている利用者の健側20〜45度程度の角度に車いすを置くことが基本となる。ただし、この問題のような場合は、無理なく安定した形でスライディングボードを差し込むため、できる限りベッドと車いすに隙間が空かないよう、ベッドの真横に車いすを置くことが望ましい。角度をつけて車いすを置くとベッドと車いすの間に**隙間**ができ、その分、真横に置くよりも移乗の距離も若干長くなってしまう。

3　×　スライディングボードは持ち上げず、座ったままの状態で滑りながら移乗するため、**移乗先を少し低**くすることが望ましい。よってこの場合は、移乗先が車いすとなるため、ベッドの高さよりも車いすの座面の高さが少し低くなるようにベッドの高さを調整する必要がある。

4　×　スライディングボードに座ったままの状態で滑りながら移乗するため、ベッド側のアームサポートを上げておく必要がある。ベッド側のアームサポートを上げておかないと、アームサポートが妨害して利用者が車いすに移乗できない。右片麻痺の場合は、健側である左側に車いすが置かれるため、**右側（ベッド側）のアームサポートを上げておく。**

5　×　スライディングボードは、移動時、**臀部を滑らせながら使う福祉用具**であるため、利用者の身体を横に傾けて**臀部**の下に差し込むようにする。

問題85　解答2
膀胱留置カテーテルの管理

1　×　水分摂取を控えることで、尿量が減り、尿の混濁やカテーテルの閉塞を起こすほか、細菌が繁殖しやすくなる。

2　○　カテーテルが折れていると、尿が流れなくなり、逆流して尿漏れを起こすので、カテーテルが**折れていないことを確認する**ことは必須である。

3　×　採尿バッグは膀胱より低く、床につかない高さに置く。

4　×　膀胱留置カテーテルの固定液

の取り扱いは医行為にあたるため、看護職に報告をする。

5 × 尿量や性状の確認は介護福祉職が実施する。

問題86 解答3
手引き歩行の方法

1 × 介護福祉職は、手引き歩行の際、Fさんの半歩前を歩くとともに、周囲の状況や危険な箇所を適切に知らせるなど、視覚障害者の不安を取り除くよう誘導するべきである。

2 × 階段を上るときは、介護福祉職がFさんの前（上）を歩き、段差の状況を説明しながら、Fさんのペースに合わせて上る必要がある。

3 ○ 溝や段差をまたいで越える際は、介護福祉職が先に越えた後に、Dさんに溝の幅などを説明し、越えてもらうように対応する。

4 × いすに誘導する場合は、肘掛（ひじかけ）や背もたれなどの座席の特徴を説明して、座面部分をFさん自身で触って確認してもらう必要がある。

5 × 手引き歩行をする際には、Fさんが安心して移動できるように、段差や突起物などの状況を説明することや、移動速度を確認するなど、必要に応じて声かけをしながら行う。

問題87 解答2
爪切り

1 × 巻き爪の予防には、バイアス切りは適していない。爪を斜め方向から切るため、爪を内側に巻き込み、巻き爪になりやすいとされている。

2 ○ 設問の通りである。また、爪切りの際、入浴（手浴・足浴）後や蒸しタオルなどで水分を与えると切りやすくなる。

3 × 爪切りには、爪を適切な長さに整えることで爪及び周囲の皮膚の汚れをとることも目的の1つである。衣服に引っかからないようにすることが最も大切な目的ではない。

4 × 平成17年に出された医師法第17条、歯科医師法第17条及び保健師助産師看護師法第31条の解釈について（通知）において、爪切りは介護福祉士が行っても良い医行為として規定されている。

5 × 爪白癬（つめはくせん）とは白癬菌による爪の感染症である。爪が異常に厚くなるのは、爪白癬が原因で起こる爪肥厚である。

問題88 解答4
身体拘束

1 × 言葉による身体的・精神的行動の制限、制止は、スピーチロックと言われる。身体拘束ではないが、リスク回避のために行動を制止する威圧的な言動になっていないか気をつける必要がある。

2 × 自分で降りられないようにベッドの四方を柵で囲むことは、「身体拘束ゼロの手引き」に示されている身体拘束に該当する。

3 × 両手にミトンをつけることは、自由を奪い行動を抑制するもの

である。たとえ医師の指示があったとしてもそこに**切迫性、代替性、一時性**の３つの条件を満たす根拠がなければ行ってはならない。

4 ○ 座位保持が困難な利用者は車いすの着座姿勢が崩れ、背部や腹部の筋力低下から仙骨座りなど徐々に座面からずり落ちる姿勢となる場合がある。座面に滑り止めシート、体圧分散クッションを敷き、利用者が車いすから転落するのを防ぐことは**福祉用具を活用した介護**であり、身体の自由を奪う拘束ではない。

5 × 事前に身体拘束について施設としての考え方を利用者や家族に説明し、理解を得ていたとしても、実際に身体拘束を行う時点で、必ず個別に説明を行う。

問題 89 解答 5
半側空間無視のある利用者への介護

1 × 半側空間無視とは、脳の障害の１つで、空間の半分が認識できなくなっている状態であり、失認の１つ。左半側無視では自分では全部食べたつもりでも、左半分をきれいに残していることがあるので、残っていることを案内した方がよい。

2 × 左側に壁があっても気づかずに歩くので危険であり、左側に付き添う必要がある。

3 × 健常である右側から話しかける。

4 × 絵を描くと左半分を描かないことがあり、プライバシーや利用者の気持ちを考慮してもレクリエーシ

ョンとしては勧めるべきではない。

5 ○ 左側にブレーキがあることを意識できていないので、かけ忘れが多い。自動ブレーキを用いたり、介助者が常に気をつける必要がある。

問題 90 解答 1
自己導尿

1 ○ 介護福祉職は自己導尿のカテーテルの準備や体位が不安定にならないように保持することができる。

2 × 介護福祉職は自己導尿のカテーテルの準備をすることができる。

3 × カテーテルの挿入は医行為にあたり、介護福祉職は実施することができない。

4 × 使用したカテーテルは水道水で周囲及び内部を十分洗浄したのち、消毒液の入った保存ケースに入れ、保存する。乾燥はさせない。

5 × 尿の異常の観察は利用者ではなく介護福祉職が行い、医療職に報告する。

問題 91 解答 5
洗濯上の留意点

1 × ポリエステルや綿、アクリル等は、塩素系漂白剤を使って漂白するのに適した素材である。

2 × ナイロンやアセテートは、塩素系漂白剤を使って漂白するのに適さない素材である。

3 × 血液等のたんぱく質の汚れに対し、高温のお湯で洗濯すると凝固してしまうので、**アンモニア水や漂**

白剤等を使用するとよい。

4 ✕ 液体酸素系漂白剤は、水洗いが可能なすべての繊維製品に使用することが可能である。よって、水洗いできる絹やウールを洗濯する際にも有効である。

5 ○ 蛍光増白剤の入った洗剤で淡色のものを洗うと、変色する恐れがある。

問題92 解答5
調理方法の特徴

1 ✕ 蒸し料理は、型くずれしにくく、ビタミンCなどの水溶性栄養素の損失も少ない。

2 ✕ 酢のものは、魚類の生臭さや脂っこさを抑える効果がある。

3 ✕ 電磁調理器での調理は、高齢者でも安心してでき、熱効率もよい。

4 ✕ 電子レンジでの調理は、速く加熱することができ、栄養分の損失も少ない。

5 ○ 電子レンジでの調理は、火事の危険性は低くとても便利だが、水分が蒸発してしまうので硬くなりやすい。

問題93 解答2
高齢者のリハビリテーション

1 ✕ 一般的に高齢者は体力が低下し疲れやすいため、機能訓練は一回の量を少なくし複数回に分けて行う。

2 ○ 基本的な動作を行う訓練は理学療法士と作業療法士が実施する。

3 ✕ 関節障害がある場合、関節に負担をかけてはならない。動く範囲で関節を動かし、筋力の維持を図る。

4 ✕ パーキンソン病の場合、筋固縮で腕や脚、体幹の筋肉がこわばって固くなり、動かしづらくなる。よって、日頃から上肢の上げ下げや、体幹をゆっくりねじる等身体の柔軟性を維持する訓練が重要となる。

5 ✕ 関節リウマチで痛みがある場合、関節を冷やすと痛みが増加する。

問題94 解答5
利用者の自宅での排泄の自立について

1 ✕ 排泄介護においては、飲食の状況は重要な情報の1つである。しかし、設問は、Gさんが自宅のトイレで排泄を実現するための情報であるため、適切ではない。

2 ✕ 排泄介護においては、便意・尿意は最も大切な情報といえる。しかし設問は、Gさんが自宅のトイレで排泄を実現するための情報であるため、適切ではない。

3 ✕ Gさんは現在、自宅のトイレで排泄を実現するためにリハビリテーションに取り組み、トイレ動作は自立している。そのため、家族介護者が常に介護しなければならない状態とはいえない。

4 ✕ Gさんの現状は、トイレ動作が自立していると記載があるため、衣服の着脱動作は自立している。

5 ○ Gさんは、トイレ動作は自立しているが、病院内ではトイレまで

手すりを使って移動している。その
ため、自宅でトイレでの排泄を実現
するためには、Gさんの自宅でのト
イレまでの状況を確認することが最
も重要である。

問題95 解答1
食中毒の予防

1 ○ 肉や魚に使用した包丁とまな
板は、**使用後すぐに洗浄し、熱湯を
かけることで菌の増殖を防ぐことが
できる。**

2 × 豚肉はサルモネラ菌やカンピ
ロバクターといった菌で汚染されて
いる場合があるため、中心部75℃
以上で1分以上加熱させて菌を死
滅させる必要がある。

3 × 冷凍食品を解凍する際は、使
用する分のみを解凍し、すぐに使用
しない分は冷凍保存する。一度、解
凍したものを再度、冷凍することに
よって菌が増殖することになる。

4 × カレーやシチューによる食中
毒の原因は、**ウエルシュ菌**である。
熱に強く、常温で増殖するため、保
存する場合は、小分けにして急速に
冷やし、冷凍保存する。

5 × 卵は、加熱しなければ増殖す
る特徴をもつ**サルモネラ菌**で汚染さ
れている場合がある。

問題96 解答4
緊急時の対応

1 × 介護福祉職は、医療行為は行
えないものの、利用者の状態が急変

（意識がない・息をしていないなど）
した場合、気道確保、人工呼吸、心
臓マッサージなどの救命処置を行う
ことはできる。

2 × 傷口に直接綿やティッシュペ
ーパーなどをあてると細かい繊維が
残るので、**清潔なガーゼをあてて止
血する**必要がある。

3 × 骨折部位を固定する場合は、
上下の関節2箇所を固定しなけれ
ばならない。

4 ○ 廊下で倒れている利用者を発
見した場合、まずは肩を軽くたたい
て、耳元で名前を呼び、**意識の有無
を確認する**必要がある。なお、意識
がなく、呼吸もない場合には、大き
い声で周囲に助けを求め、119番通
報とAEDの手配を依頼してから心
肺蘇生法を行う。

5 × 脱水症状がある場合は、水分
摂取量だけでなく、**体温、排尿量、
下痢**などの状態についても確認する。

問題97 解答2
福祉用具

1 × 車いすは福祉用具貸与の対象
である。

2 ○ なお原則的に要支援、要介護
1の利用者は**特殊寝台のレンタルは
できない**が、身体状況等の理由によ
り例外的に認められることもある。

3 × 排泄、入浴で使用する直接肌
に触れる福祉用具は、レンタルはで
きず、**購入**となる。

4 × 福祉用具貸与は、介護保険制

度下での居宅サービス等の中で**医療費控除の対象とならないサービス**である。

5　×　福祉用具の購入は、介護保険により１割負担である。一定以上の所得がある利用者は２割または３割負担となる。

問題98　解答4
入浴介助

1　×　片麻痺がある場合、浴槽へは健側から入り、患側から出る。

2　×　まず介護福祉職自身の手で湯の温度を確認する。その後、利用者の末梢（足元）から徐々に中枢（心臓）に向けて湯をかけていく。

3　×　入浴すると湯の水圧（静水圧作用）によって血行が促進され、新陳代謝が活発になる。

4　○　空腹時や食事の直後の入浴は避け、排泄を済ませてから入浴する。

5　×　入浴後は、気化熱によって湯冷めしないためにも、すぐに身体の水分を拭き取る必要がある。気化熱とは液体の物質が気体になるときに周囲から吸収する熱のことで、身体が濡れていると表面の水滴が体温を奪って蒸発し、これが湯冷めの原因となる。

問題99　解答2
低栄養

1　×　低栄養は食欲の低下や食事摂取量が下がるため、体重が減少する。

2　○　低栄養状態の場合は、身体を動かすために必要なエネルギーや筋肉、皮膚、内臓などをつくるたんぱく質が不足しており、風邪や感染症にかかりやすくなり、治りにくい。

3　×　体格指数（BMI）は、18.5未満で低栄養のリスクがあり、25.0以上は肥満と判断される。

4　×　低栄養状態と高血圧症状の改善は特に関係がない。

5　×　低栄養状態と低血圧症状には特に関係がない。

問題100　解答4
自立度の高い左片麻痺がある利用者の仰臥位から端座位への体位変換

1　×　左片麻痺があるため健側は右側なので、右側の手で介助バーをつかんで、身体を右側に向ける。介助バーは、利用者がベッドから起き上がったり、車いすへ移乗したりする際に補助の役割をするベッドに取り付けられる手すりで、この場合は、健側の右側にあると考えられる。

2　×　健側である右側の足の膝を曲げて、患側である左側の足の下に入れることで、身体を横に向けられる。

3　×　健側である右側の足を使えば、麻痺が残る左足も一緒に右端に寄せることができる。

4　○　体を起こすときは、足をベッドから下ろしながら、介助バーをつかんでいる健側の右側の肘を使って、頭を上げて上半身を起こす。

5　×　ベッドの端に座ることができたら、両足底を床にしっかりとつけ

てから、座位姿勢をとる。

問題101　解答4
安眠効果の支援

1　× 　就寝直前に熱い風呂に入浴すると、**身体深部体温が上がったまま**の状態で身体が活性化し、かえって寝つきが悪くなるおそれがある。

2　× 　睡眠は、**メラトニン**というホルモンが関係している。メラトニンは光を浴びることによって脳内で分泌が抑制され、夜間、部屋を暗くすると分泌が促進されて眠る態勢を整える。また、適度に日光を浴びることや**適度の疲労**は安眠に導く。

3　× 　緑茶やコーヒーには**カフェイン**が含まれており不眠の原因となる。心の安定には、牛乳に含まれるトリプトファンから生成される**セロトニン**が有効で、温めた牛乳を飲むことで身体も温まり**リラックス**することにより安眠できる。

4　○ 　就寝前に、軽く身体を動かすストレッチ体操を行うと、**心地よい疲れ**を感じるとともに**血液循環**がよくなることで、手先や足先が温まり、安眠を促しやすくなる。

5　× 　アルコールは分解されて**アセトアルデヒド**に変化する。アセトアルデヒドは人間にとって刺激が強いのと、**アルコールはセロトニンを減少させる**ので、眠りは浅くなり早朝覚醒しやすくなる。

問題102　解答1
「人生の最終段階における医療・ケアの決定プロセスに関するガイドライン」（2018（平成30）年改訂）において示されている内容

1　○ 　アドバンス・ケア・プランニング（ACP）とは、万一のときに備えて、**自分が望む医療や介護について前もって考え、家族や介護・医療チームと繰り返し話し合い、共有する**取り組みのことをいう。

2　× 　人生の最終段階における医療・ケアの方針決定は、十分な話し合いを行い、本人の意思が確認できる状況の場合は、意思確認を行い、その内容をノートなどにまとめておくことが必要であるとされている。

3　× 　あくまでも、本人が、家族、介護・医療チームと十分な話し合いを行って、今後の方針を決定する。

4　× 　本人の意思が確認できる状況の場合は、本人に意思確認を行うことが重要であるとしている。

5　× 　アドバンス・ケア・プランニング（ACP）では、心身等の状況によって本人の意思は都度変化するものであるので、**状況の変化に伴い、日頃から話し合いの場を持つことが重要**であると示されている。

問題103　解答5
施設入所者の終末期から死後における家族への支援

1　× 　特別な希望がない限り、終末期では家族と利用者が一緒に落ち着

いて過ごせるように環境を整えるべきである。

2 × 在宅や施設に関係なく、終末期から死後においては家族への配慮が特に必要である。

3 × 家族の気持ちや利用者の状態によっては、家族室で過ごした方がよいときもあり得る。

4 × 家族の気持ちや状態によっては、死後の処置は職員だけで行うこともある。

5 ○ グリーフケアの1つとして、思い出話を行うことは悲しみをお互いに分かち合うことにつながる。

問題 104　解答 4
デスカンファレンス

1 × デスカンファレンスとは、利用者の死後にケアを振り返り、悲しみを共有することである。素直に悲しみを表現したり、家族の悲嘆を受け入れたり、次のケアへ活かす。

2 × デスカンファレンスは介護福祉職と利用者家族のほか、ケアに携わった他職種への参加も呼びかける。

3 × 介護福祉職の精神的な安定を目指すことも目的の1つで、素直に悲しみを表現することも大切である。

4 ○ 介護福祉職自身もケアを振り返り、悲嘆を受け入れることで精神的なケアへと活かされる。

5 × 介護福祉職は、利用者家族に励ましの言葉をかけるだけでなく、

その悲嘆を受け入れることも求められる。

問題 105　解答 3
薬の服用や副作用

1 × 高齢者の口腔乾燥の原因には、利尿薬や抗うつ薬の副作用のほか、加齢に伴う唾液分泌量の低下、唾液腺疾患などがある。

2 × 経管栄養を行っている高齢者でも、経口摂取が可能である場合は、錠剤の内服薬の投与も可能である。

3 ○ 薬剤の種類によっては、同時に摂取しない方がよい食品がある。そのため、主治医などから、食事内容に関する指導等を得ておく必要がある。

4 × 経皮吸収型貼付剤（パッチ剤）は、嚥下機能の低下が見られる認知症高齢者や経口摂取が困難な認知症高齢者に対して有効である。また、薬剤が徐々に吸収される点や管理しやすい点から用いられることもある。

5 × 薬の服用により、高齢者の心身に変化が見られた場合には、処方した主治医に相談し、指示を仰ぐ。

領域 介護
12 介護過程

問題 106　解答 1
介護過程におけるアセスメント

1 ○ アセスメントに必要な情報を整理し、課題を抽出し課題を明確化する。

2 × 利用者本人と関わりながら利用者の主観に近づきたいが、利用者ではない他者が観察したことによる情報は**客観的情報**である。

3 × 情報の取捨選択をし、必要な情報を判断することも大切である。正確な事実であるのか、利用者の発した言葉や伝えられた言葉の意味も正確に捉えられているのか検討し、記録する。

4 × 情報が足りず、生活課題と位置づけることができない場合があるので、**必要となるすべての情報を把握している**かが重要である。

5 × 加えて、その人らしく生活できるのか**人生の豊かさ**も、アセスメントの基本的視点である。

問題 107　解答 2
介護過程の目的

1 × 介護福祉職には、介護過程を通して個々の利用者の**希望や状況**に応じた支援を行うことが求められる。

2 ○ 介護過程は、利用者の情報を収集し、アセスメントにより生活課題（ニーズ）を見出し、その生活課題に基づいて介護計画を立案し、実践・評価していく。そのため、根拠に基づいた支援の実施が可能となる。

3 × 利用者が望んでいることの中には、**実現不可能なものも含まれる**場合があるため、すべて実現できるわけではない。また可能でも、複数ある場合は、利用者の希望や状況を考慮して**優先順位が高いもの**から支援する。

4 × 介護過程の目的は、**利用者が望む生活の実現**やそれに近づけるよう支援することである。

5 × 介護過程を展開する中で**多職種との連携**は重要となる。介護福祉職の望む仕事を実現することが介護過程の目的ではない。

問題 108　解答 5
生活課題

1 × 課題は顕在的課題、顕在的課題の要因、潜在的課題を含め、課題を明らかにする必要がある。

2 × 家族ではなく**利用者が望む生活の実現**のために解決をすべきことである。

3 × 主語は利用者である。介護福祉職が実施したいことではなく、利用者にとって必要なことを課題とする。

4 × 思い付きではなく、**エビデンスに基づいた分析**が必要となる。

5 ○ 生活課題は利用者が望む生活を実現するために解決するべきことである。

問題 109　解答 3
生活課題の把握

1 × 利用者の部屋が分かるように、部屋に表札など**特徴づけ**をし、利用者が自室を認識できる手だてを早く見つけるように努める。いつも職員を呼ぶことでは解決しない。

2 × 回廊型の廊下を延々と歩き続

けることは、利用者に精神的にも身
体的にも苦痛を強いる。利用者の人
権を尊重したものではない。
3　○　共同生活する他の利用者とも
コミュニケーションを図り、利用者
の居場所の安定と、自分の部屋に戻
れる自由の意思が尊重される。
4　×　まずは、自分の居場所である
ことを、理解するのが大切である。
5　×　居間で他者との交流を楽しむ
ことは大切であるが、居室は個室が
環境として整えられており、体調に
配慮し、個人的な空間でゆっくりす
ることも大切である。

問題110　解答4
評価項目
1　×　介護福祉職の満足度ではな
く、目標の達成度で評価する。
2　×　収集した情報は量のみではな
く質が重要となる。
3　×　目標は個別的であり、ADL
の向上のみではない。
4　○　短期目標ごとに評価をし、長
期目標が達成しているか検討する。
5　×　最も優先するものは短期目標
の達成度である。その積み重ねによ
り長期目標が達成される。

問題111　解答4
介護支援専門員とケアプラン
1　×　介護福祉職は介護計画を作成
することはできるが、介護支援専門
員（ケアマネジャー）ではないため、
ケアプラン（居宅サービス計画や施

設サービス計画等）を作成できない。
2　×　訪問介護計画は、介護支援専
門員が作成した居宅サービス計画
（ケアプラン）を踏まえて作成され
るものの、居宅サービス計画ではな
い。介護計画に該当する。
3　×　介護支援専門員が作成したケ
アプランの中に位置づけられた1つ
の介護サービス提供事業所の個別援
助計画が介護計画にあたるため、ケ
アプランと介護計画は連続性と整合
性がとれたものとする。
4　○　介護支援専門員は、利用者の
生活全般のニーズに対して多様な社
会資源の活用を盛り込んだケアプラ
ンを作成するのに対し、介護福祉職
は個々の利用者の生活課題を見出
し、それに基づく介護計画を作成す
る。そのため、利用者への生活支援
の全体像を示すケアプランよりも利
用者への個別支援の内容・方法を具
体的に記載した介護計画のほうが詳
細なものとなる場合が多い。
5　×　介護支援専門員はケアプラン
に位置づけた利用者へのサービスに
ついて、個別に評価する必要があ
る。例えば、訪問介護を導入した結
果、利用者の満足度はどうなったか、
通所リハビリテーションでの歩行訓
練は予定どおりに進んでいるかとい
うように、サービスごとに確認する。

問題112　解答2
主観的記録
1　×　医師によってパーキンソン病

が診断されているため、**客観的記録**である。

2　○　レクリエーション参加の拒否理由は情報がなく、介護福祉職の**主観**と考えられる。

3　×　動作の不安定さは観察されたものであるため、**客観的記録**である。

4　×　娘に服薬を管理してもらっているため**客観的記録**である。

5　×　午後になると、「レクリエーションには参加したくない」と落ち着かない様子は、観察されたものであるため**客観的記録**である。

問題113　解答1
短期入所生活介護（ショートステイ）における生活課題

1　○　昼食時にむせ、食事を残していることから、誤嚥の危険性と栄養状態の悪化が危惧される。安全に食事ができることが生命の維持上も最優先である。

2　×　動作の不安定さから課題には上がるが、現状では最優先ではない。

3　×　レクリエーションに参加したくない理由をリサーチし、状況に合わせて参加をすればよいため、現状ではさほど優先度は高くない。

4　×　短期間の入所であるためなじみの友人ができることは最優先ではない。

5　×　安全に食事ができることが最優先であるため、自分でできることを増やすことは最優先とはならない。

問題114　解答5
関節リウマチとその支援

1　×　関節リウマチの場合、両手指の関節のこわばりは**朝が強い**が、朝食をパンのみで済ませると、栄養不足で**免疫力が低下**し、関節リウマチの症状が悪化するおそれがある。よって、柄の太いスプーン等、自助具を活用し、**食事はしっかりと摂取**する。

2　×　動かしづらいからといって、関節を動かさないでいると、関節の可動域が制限され、屈曲や伸展が困難となる状態（関節拘縮）につながるおそれがある。しかし、関節リウマチの人への支援では可能な限り**関節への負荷をかけない**ようにし、**関節を保護**することが重要である。

3　×　関節リウマチになると、首の第1頸椎と第2頸椎に負担がかかることが多いため、その人に適した**枕の高さ**が重要となる。枕が高いと、首が前屈し、負担がさらに重くなる。

4　×　据置式便座は和式便器の上にかぶせ、**洋式便器にかえる**ものである。関節リウマチがある場合、**補高便座**を用いて洋式便器の便座の高さを高くすることで、立ち座りの動作が楽になり、膝関節への負担も軽減される。また、洋式便座からの立ち上がりを支援する**立ち上がり補助便座**を使うのもよい。

5　○　急性期にみられるような発赤

や腫脹がなくなった**慢性期**では入浴等で身体を温め、血液循環を良くすることで、痛みが軽減する。よって、手浴や足浴を行うとよい。

問題115　解答1
Lさんが優先的に使用するサービスとそれを規定している法律
1 ○、2 ×、3 ×、4 ×、5 ×

　Lさんは50歳で、65歳以上が対象となる介護保険法の第1号被保険者には該当しないものの、夫が会社員として働いているため、**40歳以上65歳未満で医療保険に加入している介護保険法の第2号被保険者**であると判断できる。Lさんの場合、**特定疾病**の1つである**関節リウマチに罹患**しているため、介護保険制度を活用してX市に申請を行い、要介護認定を受けた上で介護保険サービスを利用することが可能である。Lさんには「本当は短時間でも自宅の庭を散歩したい」という希望があり、そのために「リハビリを行ったほうがよいのではないか」と考えているため、**通所リハビリテーション**を選択するのが適切である。通所リハビリテーションでは日中、介護老人保健施設等で本人に適したリハビリテーションを理学療法士や作業療法士等の指導のもと行えるほか、入浴等の介護サービスも受けられる。

問題116　解答2
Lさんが使用している自助具
1 ×　整髪時、肘関節や肩関節の可動域に制限や痛みがある場合は、柄

（持ち手）を長くした整髪用の**長柄**ブラシを自助具として用いるとよい。
2 ○　図は**ボタンエイド**で、関節リウマチ等によって手指に障害がある人が使用する自助具である。下の図のようにボタン穴に差し込み、ボタンを引き出してボタンをかける。

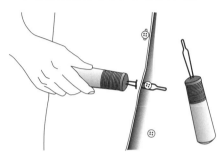

3 ×　片手で爪を切る場合、固定式爪切りを用いると便利である。
4 ×　ストッキングや靴下（ソックス）を履く際に使用する自助具として、**ストッキング（ソックス）エイド**がある。
5 ×　カーテンの開け閉めなどは、手を伸ばす代わりに**リーチャー**という自助具を用いる場合もある。

総合問題
事例問題2

問題117　解答1
歩行障害の種類
1 ○　**間欠性跛行**とは、歩き続けると下肢が痛くなったり、しびれたりするものの、止まって休むとその痛みやしびれが軽減してまた歩けるようになるが、歩き始めるとまた痛み

に悩まされるという歩行障害である。主に腰椎椎間板ヘルニアや閉塞性動脈硬化症、脊柱管狭窄症になると発生しやすい。Mさんは歩き続けると右足が痛くなるため、休みながらでないと歩けない状態で、腰椎椎間板ヘルニアの診断も受けているため、間欠性跛行に該当する。

2 × 動揺性歩行は、腰や身体を左右に振りながら歩く歩行である。主に多発性筋炎や進行性筋ジストロフィーになると発生しやすく、Mさんの歩行障害には該当しない。

3 × 失調性歩行とは、ふらふらとぎこちなく不安定な歩行である。脊髄小脳変性症や小脳梗塞等、小脳の疾患が原因で発生しやすい症状で、Mさんの歩行障害には該当しない。

4 × 墜落性跛行は、左右の足の長さの違い（脚長差）によって生じる。具体的には、片方の足を地面につく際に墜落するように落下する歩き方になったり、肩を上下に激しく動かして歩くようになったりする。Mさんの歩行障害には該当しない。

5 × 痙性歩行とは、下肢が棒のように突っ張った感じの歩き方をいう。主に脳血管障害の後遺症で片麻痺となった場合にみられ、Mさんの歩行障害には該当しない。

問題118　解答3
糖尿病の合併症の早期発見のために特に注視すべき心身の変化

1 × 糖尿病になると歯周病にかかりやすくなることなどから、Mさんの口腔内を観察することは重要である。ただし、歯周病は糖尿病の3大合併症ではないこと、今のところMさんの口腔内の状況は良好で、歯が20本以上残っていることから、合併症を早期発見するための心身の変化として、最も適切とはいえない。

2 × 喉の渇きや夜間頻尿といった糖尿病の症状によって夜間の眠りが妨げられ、不眠になる場合がある。不眠になると血行コントロールが悪くなるといわれており、糖尿病と不眠は関係性が強い。ただし、不眠自体は糖尿病の合併症ではなく、事例は不眠の症状は確認できない。

3 ○ 糖尿病の3大合併症として、糖尿病性網膜症、糖尿病性腎症、糖尿病性神経障害がある。このうち糖尿病性網膜症は、初期では自覚症状がほとんどないものの、目のかすみなどを訴える人もいる。悪化するにつれて視野が狭くなる視野狭窄がみられるようになり、場合によっては失明するおそれもある。Mさんの場合も、目のかすみが出現した時点で糖尿病性網膜症を疑い、早期に医師に診察してもらう必要がある。

4 × Mさんの夫は、3か月前にくも膜下出血で急死したため、その悲しみからうつ症状が出る可能性はある。また、糖尿病の人は、「なぜ、糖尿病になってしまったのか」などの苦悩から、うつ病になりやすいともいわれている。ただし、うつ症状

自体は糖尿病の合併症ではない。

5　×　**小刻み歩行**とは、前傾姿勢で小さい歩幅で歩くことである。主にパーキンソン病や多発性脳梗塞でみられ、糖尿病の合併症ではない。なお、糖尿病の3大合併症の糖尿病性神経障害は、両足に痛みやしびれが生じ、進行すると感覚が鈍くなり痛みを感じなくなるため、両足の状態を注視して、早期発見に努める。

問題119　解答4
寂しさを訴える利用者への介護福祉職の対応

1　×　亡き夫がフランス料理のシェフであったからといって、フランス料理を食べに行ってはどうかと声かけするのは**安易で不適切**である。

2　×　Mさんは編物が得意で、夫のためにマフラーやセーターをよく編んでいたため、この声かけが不適切とはいえない。しかし「今頃になって、とても寂しい」と伝えてきたMさんに編物を提案するのは**唐突**すぎる。まずはMさんの夫に対する思いを**傾聴**し、寂しさや悲しさを少しずつ癒していくことが求められる。

3　×　**腰椎椎間板ヘルニア**がある人は、雨の日や寒い日等に下肢の痛みやしびれが増すことがある。Mさんが雨の日は「足の調子が悪い」と言い、通所介護を休むことが多いのも、おそらく椎間板ヘルニアの症状が強まったことが影響していると考

えられる。雨の日に「足の調子が悪い」というだけで、雨の日に夫が亡くなったと勝手に予測してMさんに尋ねるのは、Mさんのことを**真摯に考えていない**。まずはMさん自身の声を聴く機会を設けるようにする。

4　○　身近な人と死別して悲しい気持ちになっている家族に対する支援である**グリーフケア**（grief care）では、遺族へねぎらいの言葉をかけるとともに、悲しみを共有するため、遺族の話を**傾聴**することが求められる。よって、Mさんにも、気遣いの言葉をかけ、亡くなった夫の思い出話等を聴くことは重要である。

5　×　寂しさは、**免疫力の低下**や高血圧、うつ病、不眠が引き起こされやすくなるため、健康を脅かすといわれている。特に糖尿病と高血圧の症状がともに悪化すれば、心筋梗塞や脳卒中の危険性をより高めるため、直接は関連しないものの、寂しさを緩和する支援も重要となる。

総合問題
事例問題3

問題120　解答2
ICFにおける個人因子

ICF（国際生活機能分類）を構成する6つの要素

ICFを構成する6つの要素	意味・内容
健康状態	疾病、ケガ、ストレス　等
心身機能・身体構造	精神や身体の働き、身体の一部分の状態　等
活動	ADL（日常生活動作）、IADL（手段的ADL）　等
参加	社会的な出来事への関与、生活上の役割　等
個人因子	年齢、生活歴、趣味、思い、希望、価値観　等
環境因子	本人以外の人、物、建物、制度、サービス　等

1　×　「夫と一緒に暮らしている」は、本人以外の人に該当するため、ICFにおける環境因子となる。

2　○　「以前、洋菓子店を営んでいた」という経歴は生活歴、社会的背景、過去の経験等に該当するため、ICFにおける個人因子となる。

3　×　「常連客からの評判が高い」は、本人以外の人に該当するため、ICFにおける環境因子となる。

4　×　ICFにおける健康状態には、疾病やケガだけでなく、妊娠やストレス状態等を含むため、「ストレスが溜まり」は健康状態を表す。一方、

「意欲の低下」は精神の働きに関わるため、心身機能・身体構造となる。

5　×　移動、排泄、入浴等の日常生活動作（ADL）や調理、掃除、買い物、服薬管理、金銭管理等の手段的日常生活動作（IADL）は、ICFにおける活動となる。「歩行や排泄、入浴には支障はみられない」は活動を表す。

問題121　解答3
Aさんの障害・疾病と認定する手帳

1　×　脊髄小脳変性症は、小脳や脊髄が障害されることで発症する。歩行時のふらつき等の運動失調や手の震え、呂律が回らない等の症状がみられるが、Aさんには該当しない。

2　×　前頭側頭型認知症は前頭葉と側頭葉が萎縮して起こる認知症で、人格変化や同じ行動を繰り返す常同行動が生じる。Aさんは、頭部外傷後に性格が変化したので前頭側頭型認知症とはいえない。

3　○　高次脳機能障害は、脳血管障害や交通事故等による頭部外傷で脳がダメージを受けることで生じる。主に、感情のコントロールができなくなる社会的行動障害、2つ以上のことを同時にしようとすると混乱する注意障害、物事を計画的に進められなくなる遂行機能障害、新しいことを覚えられなくなる記憶障害がある。これらの症状がAさんには確認できるため、高次脳機能障害であると考えられる。高次脳機能障害は、

器質性精神障害として精神障害者保健福祉手帳の交付対象である。

4　×　自閉症スペクトラム障害は**発達障害の１つ**で、**低年齢で発症**し、**協調性のある活動が苦手**なほか**場の雰囲気を読み取れない**などの症状がある。Aさんは頭部外傷後に性格の変化等が生じたため、該当しない。

5　×　注意欠如・多動性障害（ADHD）は**発達障害の１つ**で、**低年齢で発症**し、気が散ってしまう**不注意**やじっとしていられない**多動**等がみられる。Aさんは頭部外傷後に性格の変化が生じたため、該当しない。

問題122　解答3
市役所の職員が紹介した事業

1　×　**移動支援事業**は、障害者総合支援法において市町村が行う地域生活支援事業の必須事業である。**屋外での移動が困難な障害者等を対象**とし、社会生活上必要不可欠な外出、余暇活動や社会参加のための外出を支援する。Aさんは外出時の移動が困難であるとの記述はない。

2　×　**生活介護**は、障害者総合支援法における介護給付の１つで、主に昼間、日常生活上の支援に加え、創作的活動や生産的活動の機会を提供している。利用には**障害支援区分3（50歳以上は2）以上**（障害者支援施設に入所している場合は障害支援区分4（50歳以上は3）以上）が必要なため、障害支援区分1であるAさんは**対象外**となる。

3　○　**地域活動支援センター機能強化事業**は、障害者総合支援法において市町村が行う地域生活支援事業の必須事業である。地域活動支援センターに障害者等が通い、創作的活動や生産活動の機会の提供や、社会との交流の促進等を図ったりする。特に機能強化事業は**精神保健福祉士や社会福祉士**等、専門職の配置が強化されており、Aさんや夫への相談体制も整っているため、「色々な人と話したい」「役割を持ちたい」というAさんの思いに沿ったものといえる。

4　×　**意思疎通支援事業**は、障害者総合支援法において市町村が行う地域生活支援事業の必須事業である。意思疎通を図ることが困難な障害者等を対象に、その障害の状況に応じて点訳、代筆、代読、音声訳等を行い、**意思疎通の支援**を図る。Aさんには、これらの支援は必要ない。

5　×　**自発的活動支援事業**は、障害者総合支援法において市町村が行う地域生活支援事業の必須事業である。障害者等が自立した日常生活や社会生活を営むことができるよう、孤立防止活動やボランティア活動、災害対策等、**障害者・家族・地域住民**による地域での自発的な取り組みを支援する。Aさんに全く関係がないとはいえないが、本人に加え家族や地域住民も含めた**自発的な活動**を支援することになるため、適切ではない。

第2回

問題123　解答3
ICFの「個人因子」と「参加」の関係

　ICFの構成要素については、問題120の解説（p.100）の表を参照。

1　×　「会社の事務部門で新たに働き始め」は社会的な役割の変更に該当するため「参加」を示す。一方「職場までは電動車いすで通勤している」は移動に該当するため「活動」となる。ただし、電動車いすのみに着目すれば「環境因子」となる。

2　×　「頸髄損傷」は疾病やケガに該当するため「健康状態」を示す。「排泄のコントロールが困難となった」は膀胱・直腸の機能障害に該当し、「心身機能・身体構造」となる。

3　○　「景色を見ながら走ることの楽しさを忘れられず」はBさん自身の思いや嗜好、過去の出来事に関係するため「個人因子」を示す。一方「車いすマラソン大会に出場する準備を始めた」は地域社会への参加に該当するため「参加」となる。

4　×　「玄関の段差を解消した」は物的環境に該当するため「環境因子」を示す。一方、「自宅から一人で外出できるようになった」は移動に該当するため「活動」となる。

5　×　「指先が思うように動かない」は身体の動きに該当するため「心身機能・身体構造」を示す。一方「自助具を使用して食事をしている」については食事動作に該当するため「活動」となる。ただし、自助具のみに着目すれば「環境因子」となる。

問題124　解答4
頸髄損傷がある利用者の注意点

1　×　Bさんは損傷レベルC6の頸髄損傷で、現在、電動車いすを使用して会社まで出勤していることから座位姿勢が可能である。ただし、座位姿勢のままではズボンを大腿部や臀部に通すことは困難である。

2　×　自己導尿とは自分の手で消毒済みのカテーテルを尿道口から入れて尿を体外に出す方法である。会社等、自宅以外の場所でも自己導尿は実施できる。なお、自己導尿は腹圧をかけやすくするため、利用者が座位姿勢で行うのが基本である。

3　×　起立性低血圧は急に身体を起こした時に血圧が下がり、めまいや立ちくらみ等の症状が発生するものである。発熱を起こしているわけではないため、頭部を冷やす必要はない。起立性低血圧が生じた際はベッドで横になったり、リクライニング式車いすを使用している場合は背もたれを倒したりする等、頭部を下げ、脳への血流を促す対応を行う。

4　○　頸髄損傷の場合、麻痺部分の皮膚で発汗障害が起き、暑くても汗をかかないため、体内に熱がこもり、うつ熱が生じやすい。うつ熱を起こした際は自分自身で体温調節を行えなくなるため、適宜冷房を使用した

り、濡れタオルで冷やしたりする。

5 × 膀胱への尿の溜まりすぎや便秘は自律神経を刺激する。その結果、自律神経過反射を引き起こし、血圧の急激な上昇をもたらす場合がある。よって、自己導尿や膀胱留置カテーテルによって適切に排尿するとともに、医師の指示に基づき下剤や浣腸等を使用して便秘に対処する。

問題125 解答4
移動支援事業

1 × 移動支援事業の対象は、市町村が外出時の移動の支援が必要と認めた障害者である。

2 × 移動支援事業は、障害者総合支援法における市町村地域生活支援事業のサービスである。訓練等給付には自立訓練(機能訓練・生活訓練)、就労移行支援、就労継続支援（A型：雇用型・B型：非雇用型）、共同生活援助（グループホーム）、自立生活援助、就労定着支援がある。

3 × 移動支援事業は通勤以外にも買い物や散髪等、社会生活上必要不可欠な外出と市町村が認めれば利用できる。さらに地域の会合やスポーツ教室への参加等についても、社会参加のための外出として認められれば移動支援事業の対象となる。

4 ○ 移動支援事業を利用する場合、障害支援区分は必要ない。

5 × 現状、介護保険制度に障害者総合支援法における移動支援事業のようなサービスは存在しない。

領域 人間と社会
1 人間の尊厳と自立

問題1 解答5
IL運動（自立生活運動）

1 × IL運動は、アメリカの**ロバーツ**（Roberts, E.）が中心となって展開した。アメリカの**ソロモン**（Solomon, B.）は1976年に『黒人のエンパワメント（Black Empowerment）』を著し、**エンパワメント**の重要性を指摘した。

2 × 1981年は「完全参加と平等」をテーマとする国際障害者年が宣言された年である。一方、IL運動の中心人物であった**ロバーツ**（Roberts, E.）は重度の障害があろうとも、地域で自立して生活することが重要だと主張し、1972年に世界初の**自立生活センター**（Center for Independent Living：CIL）を創設した。

3 × IL運動では、たとえ重度の障害があろうとも、施設収容されるべきではなく**地域**で自分らしく**主体的**に生活することが重要だとされた。

4 × IL運動が目指す自立の考え方は、他の人の支援を受けつつも、地域の中でどのように暮らしたいかについて**自己選択・自己決定**し、主体的な生活を送るということである。

5 ○ IL運動は1990年成立のADA（障害をもつアメリカ人法）に影響を与えた。ADAでは障害のある人の社会参加を図るため、公共交通機関における環境整備や教育・雇用の場での差別禁止等を義務付けた。

問題2 解答3
やむを得ず身体拘束を行う場合の留意点

1 × 虐待の種類のうち、身体拘束は身体的虐待に位置づけられ、本人の意思に反して行動を制限することである。一方、心理的虐待は暴言や脅し、侮辱、無視、嫌がらせ等によって精神的な苦痛を与える行為を指す。

2 × 身体拘束は介護福祉職個人の判断で実施してはならない。医師や看護師、他の介護福祉職等、**多職種**で検討する必要がある。その上で身体拘束を実施するのであれば、事前に利用者や家族に**説明**して**同意**を得なければならない。

3 ○ 利用者を落ち着かせるために、向精神薬を過剰に服用させる行為は**身体拘束**に含まれる。このほか、ベッドを柵（サイドレール）で囲む、車いすから立ち上がらないようにY字型抑制帯をつける、おむつを外さないように**つなぎ服**を着せる等の行為も身体拘束となる。

4 × おむつの着用は本人の同意を得て行うことが原則である。ただし、失禁があるにもかかわらず、重度の認知症で意思疎通が困難な場合等、

やむを得ず、本人の同意なく、おむつを着用させることは「身体拘束ゼロへの手引き」に示された身体拘束禁止の対象となる具体的な行為には含まれていない。

5　×　やむを得ず身体拘束を行う際は、①身体拘束しなければ、生命が危険となる切迫性、②身体拘束に代わる他の方法がない非代替性、③身体拘束が一時的である一時性の3つの要件すべてを満たす必要がある。その上で利用者や家族に説明して同意を得なければならない。

領域　人間と社会
2 人間関係とコミュニケーション

問題3　解答2
コーチング

1　×　1年目のB介護福祉職に5年目のA介護福祉職が「順を追って説明する」のは、ティーチングに該当する。ティーチングとは、経験の浅い人に対し、経験豊かな人が自らの知識・技術等を教えることである。

2　○　コーチングとは、相手の話をよく聴き、適切な質問を行う中で考える機会を提供し、その人の内側にある答えや能力を引き出し、その人自身が目標達成できるようにすることである。よって、1年目のB介護福祉職に5年目のA介護福祉職が「適宜質問を行い、移乗介護の方法について考える機会を提供する」のは、コーチングに該当する。

3　×　1年目のB介護福祉職に5年目のA介護福祉職が「その場で直接助言する」のは、ティーチングに該当する。ティーチングでは、経験豊かな人が経験の浅い人に口頭で助言や指示をし、知識・技術等を教える。

4　×　1年目のB介護福祉職に5年目のA介護福祉職が「模範を見せる」のは、ティーチングに該当する。ティーチングでは、口頭での助言や指示等に加え、動作の模範を見せながら教えることも含まれる。

5　×　一方的に教えるだけでは、自ら考える力が育ちにくく、答えとなる方法を自ら見出せない等、コーチングの効果が得られない。よって「理学療法士や作業療法士から移乗介護の方法を教わる」「指示する」という方法はコーチングとはいえない。

問題4　解答4
視覚障害や聴覚障害のある人のコミュニケーション手段

1　×　点字は、点字器や点字タイプライター等を用いて浮き上がった点を指先の感触を使って読みとるという視覚障害のある人のコミュニケーション手段の1つである。

2　×　手話は、手指や腕、顔の表情、視線等を使って行うという聴覚障害のある人のコミュニケーション手段の1つである。ただし、手話の習得には相当な訓練が必要となるため、高齢の中途失聴者の場合、手話を使

いこなせない人もいる。高齢の中途失聴者は、手話よりも筆談や要約筆記を用いる傾向にある。

3 × 紙等に文字や文章を書いて意思を伝える筆談は、グループディスカッション等、多人数による双方向のコミュニケーションには適していない。また、短時間で微妙なニュアンスを伝えることも難しい。

4 ○ 読話は話している相手の口の動きや表情から話を読みとるコミュニケーション手段で、口話とも呼ばれる。手話と併用することで話の内容の理解が促進される傾向にある。

5 × 手指を使って50音やアルファベット、数字を表現するのは指文字である。触手話とは、通訳する側が手話をあらわし、視覚と聴覚の両方に障害がある人（盲ろう者）がその手指に触れて読みとる手段を指す。

問題5 解答2
チームマネジメント

1 × 新人職員等に対して日常の業務を通じて必要な知識・技術を指導することをOJT（On the Job Training)という。一方、Off-JT(Off the Job Training）とは、外部講師によるセミナーや研修会等、通常の業務から離れて行われる職場外教育・研修を指す。

2 ○ 利用者の病状に応じた介護を行うために介護福祉職が医師から意見をうかがう等、他の領域の専門職から助言や示唆を受けることをコン

サルテーション（consultation）という。

3 × スーパービジョン(supervision)とは、スーパーバイジー（新人の介護福祉職等、経験の浅い援助者）がスーパーバイザー（主任の介護福祉職等、指導的な立場にある援助者）から教育的な指導・訓練を受けることである。

4 × チームの目標達成のために、自主的にリーダーや他のメンバーに働きかけることをフォロワーシップ(followership）という。一方、コーチング（coaching）とは、相手の話をよく聴き、適切な対応をとる中で、その人の能力を引き出し、その人自身が目標を達成できるように導くことを指す。

5 × 法令遵守に加え、倫理や社会貢献に配慮した行動をとることをコンプライアンス（compliance）という。リーダーシップ(leadership)とは、組織・チームをまとめ、その共通目的・目標に向かって導いていく能力のことである。

問題6 解答5
利用者と介護福祉職における人間関係とコミュニケーション

1 × 傾聴とは利用者の言葉の内容に加え、感情や価値観、行動、経験も含めて総合的に聴くことである。

2 × 自己開示の説明である。自己覚知とは、介護福祉職等の支援者が自分自身の性格や行動傾向等を理解

することをいう。

3　×　エンパワメントの説明である。ラポールは利用者と介護福祉職等の支援者との信頼関係を意味する。

4　×　パターナリズムは父権主義とも呼び、介護福祉職等の支援者が良かれと思って、利用者本人の意思を確認しないまま、支援や介入を行ってしまうことである。弱い立場にある利用者と強い立場にある支援者との間で生じるおそれがあるため、支援者は利用者への自らの関わり方が適切かどうかを常に確認したり振り返ったりする必要がある。

5　○　アメリカのジョセフ・ルフト（Luft, J）とハリー・インガム（Ingham, H）が提唱した「ジョハリの窓」は自己開示に役立つツールの1つである。①自分も他人も知らない自分（未知の窓）、②自分は知らないが他人が知っている自分（盲点の窓）、③自分は知っているが他人は知らない自分（秘密の窓）、④自分も他人も知っている自分（開放の窓）という「4つの窓」から構成され、④の開放の窓をどれだけ広げられるかが適切な自己開示を行う上で重要となる。

領域 人間と社会
3 社会の理解

問題7　解答1
2022（令和4）年「国民生活基礎調査」（厚生労働省）と世帯

1　○　世帯人員1人当たり平均所得金額をみると「50〜59歳」が291万9千円で最も高く、最も低いのは「70歳以上」の194万6千円となっている。

2　×　各種世帯の意識をみた場合、生活が「苦しい」（「大変苦しい」と「やや苦しい」）の割合は「高齢者世帯」が48.3％、「児童のいる世帯」が54.7％、「母子世帯」が75.2％となっている。

3　×　1世帯当たりの平均世帯人員は、2.25人となっており、2.0人を下回ってはいない。

4　×　65歳以上の者のいる世帯のうち、高齢者世帯の世帯構造をみると「単独世帯」が873万世帯（高齢者世帯の51.6％）で最も多い。次いで「夫婦のみの世帯」が756万2千世帯（同44.7％）となっている。

5　×　65歳以上の「単独世帯」をみると、女性は64.1％、男性は35.9％となっている。

問題8　解答5
障害者虐待防止法

1　×　障害者権利擁護センターで実施する業務は、民間団体などに委託することが認められている。

2　×　障害者への著しい暴言や拒絶的な対応は、**心理的虐待**に含まれる。

3　×　障害者虐待防止法では、障害者に対する虐待の**禁止**規定として、何人も、障害者に対して、虐待をしてはならない旨を規定している。

4　×　事業所で使用者による虐待を受けたと思われる障害者を発見した者は、**速やかに市町村や都道府県に通報しなければならない**という通報義務が課せられている。

5　○　障害者虐待のなかには、食事を与えない、必要なサービスを利用させないといった**ネグレクト**（放棄・放置）も含まれる。

問題9　解答3
地域包括ケアシステム

1　×　地域包括ケアシステムには、医療、介護、介護予防、住まい、生活支援の**5つの要素**が含まれている。

2　×　地域包括ケアシステムでの**公助**は自助・互助・共助では解決できない**生活困窮**等の課題に対し、税による負担で**行政**が対応するものである。社会保障制度は被保険者の相互負担で成り立つため、**共助**となる。なお、家族、友人、クラブ活動の仲間等は互助、個人による自発的な取り組みは**自助**となる。

3　○　地域包括ケアシステムでは、おおむね**30分以内**に駆け付けられる日常生活圏域を単位として想定している。

4　×　地域包括ケアシステムとは、

様々な生活支援サービスが**日常生活圏域**で提供できることを目指す。

5　×　地域包括支援センターでは、高齢者が住み慣れた地域で過ごせるように**介護や福祉、医療**などの面で**相談や情報提供**を行う。原則として、保健師、社会福祉士、主任介護支援専門員を置くこととされている。

問題10　解答2
地域ケア会議

1　×　介護保険事業支援計画は、都道府県が3年を1期として策定する。

2　○　地域ケア会議には①個別課題の解決、②ネットワークの構築、③地域課題の発見、④地域づくり・資源開発、⑤政策形成の5つの機能がある。

3　×　介護保険料に関する不服申立ての審査は、都道府県に設置されている**介護保険審査会**が行う。

4　×　要介護認定に対する不服申立ての審査は、都道府県に設置されている**介護保険審査会**が行う。

5　×　福祉サービス第三者評価は、社会福祉法人等が提供するサービスの質について、公正・中立な**第三者機関**が専門的・客観的な立場から評価を行う事業を指す。第三者評価は、都道府県から認証を受けた**評価機関**が実施する。

問題 11　解答 1
各専門職とその業務内容

1　○　相談支援専門員は、障害者等の相談に応じ、助言や連絡調整等の必要な支援を行うほか、障害者総合支援法におけるサービス等利用計画も作成する。

2　×　主に精神障害者への相談援助を行うのは精神保健福祉士である。

3　×　地域包括支援センターで権利擁護事業を担当するのは、主に社会福祉士である。

4　×　介護保険被保険者証を交付するのは、保険者の市町村である。

5　×　居宅療養管理指導を行う職種に介護福祉士は含まれていない。居宅療養管理指導は医師、歯科医師、薬剤師、管理栄養士、歯科衛生士、看護職員（保健師、看護師、准看護師）が通院困難な利用者の居宅を訪問し、療養上の管理・指導を行う。

問題 12　解答 2
障害福祉サービス

1　×　就労移行支援では一般企業等への就労を希望する障害のある人に対し、一定期間、就労に必要な知識や能力の向上のために必要な訓練を実施する。一方、自立訓練では自立した日常生活が送れるよう、一定期間、身体機能または生活能力の向上のために必要な訓練を実施する。

2　○　障害者総合支援法における訓練等給付の1つである就労継続支援では、一般企業等での就労が困難な障害のある人に対し、働く場を提供するとともに、知識や能力の向上のために必要な訓練を実施する。なお、就労継続支援には雇用契約を結んで利用するA型と、雇用契約を結ばないで利用するB型がある。

3　×　就労定着支援では就労移行支援等を経て一般就労へ移行した障害のある人等に対し、相談を通じて就労に伴う生活面の課題を把握するとともに、企業や事業所、関係機関との連絡調整等の支援を実施する。一方、一般企業等への就労を希望する障害のある人に、一定期間就労に必要な知識や能力の向上に必要な訓練を行うのは就労移行支援である。

4　×　生活介護では障害者支援施設等で常時介護が必要な利用者に対し、主に昼間、入浴・排泄・食事等の介護や創作的活動等を実施する。一方、施設入所支援では障害者支援施設に入所する利用者に対し、主に夜間、介護等を実施する。

5　×　重度障害者等包括支援では介護の必要性が著しく高い重度の障害がある利用者に、居宅介護等、複数のサービスを包括的に実施する。一方、療養介護では医療と常時介護を必要とする障害のある利用者に、医療機関で機能訓練や療養上の管理、看護、介護、日常生活の援助を実施する。

問題 13　解答 4
地域密着型サービス

1　×　地域密着型介護老人福祉施設入所者生活介護の定員は 29 人以下である。

2　×　設問は、地域密着型特定施設入居者生活介護のことである。

3　×　設問は、小規模多機能型居宅介護のことである。看護小規模多機能型居宅介護は以前「複合型サービス」とも呼ばれ、小規模多機能型居宅介護に訪問看護を加え、一体的なサービスを提供することができる。

4　○　定期巡回・随時対応型訪問介護看護には、1 つの事業所で訪問介護と訪問看護を一体的に提供する「一体型」と、訪問介護を行う事業者が地域の訪問看護事業所と連携してサービスを提供する「連携型」がある。

5　×　認知症対応型共同生活介護は、認知症グループホームとも呼ばれ、1 ユニット 5 人から 9 人までの認知症の利用者（要支援 2 または要介護 1〜5 の利用者）が少人数で家庭的な雰囲気の中、入浴や食事、排泄等の支援を受けながら共同生活を送る。なお、設問はグループリビングの内容を表し、介護保険制度の地域密着型サービスに該当しない。

問題 14　解答 1
地域支援事業の構成

1　○　介護予防・日常生活支援総合事業の 1 つとして位置づけられている一般介護予防事業は、介護予防把握事業、介護予防普及啓発事業、地域介護予防活動支援事業、一般介護予防事業評価事業、地域リハビリテーション活動支援事業からなる。

2　×　地域支援事業は、2015（平成 27）年度施行の介護保険法改正によって再編され、必須事業である包括的支援事業として認知症総合支援事業、在宅医療・介護連携推進事業、生活支援体制整備事業が創設された。よって、認知症総合支援事業は介護予防・日常生活支援総合事業に含まれない。

3　×　介護給付等費用適正化事業や家族介護支援事業は、任意事業に含まれるものである。

4　×　訪問型サービスは、介護予防・生活支援サービス事業に位置づけられ、介護予防・日常生活支援総合事業に含まれる。なお、介護予防・生活支援サービス事業は、訪問型サービス、通所型サービス、生活支援サービス、介護予防支援事業からなる。

5　×　総合相談支援事業は、包括的支援事業の 1 つに位置づけられており、必須事業に含まれるものである。

問題 15　解答 4
障害者総合支援法

1　×　補装具費については、市町村民税非課税世帯と生活保護世帯については無料（自己負担なし）となる。

2　×　障害福祉計画は、国の基本指針に即して市町村と都道府県がそれ

ぞれ作成する(**市町村障害福祉計画、都道府県障害福祉計画**)。その際、市町村と都道府県は障害者総合支援法における(自立支援)協議会の意見を聴くよう努めなければならない。

3　×　都道府県は障害福祉サービス事業者の指定に加え、指定障害福祉サービス事業者の指定の**取り消し**や指定の効力の停止を行える。

4　○　各事業所の**サービス管理責任者**は利用者の意向・適性・障害の特性等を踏まえた**個別支援計画**を作成し、これに基づき障害福祉サービスを提供する。なお、**サービス等利用計画**の作成は相談支援専門員が行う。

5　×　障害児については、障害支援区分認定を行う**必要がない**。

問題16　解答5
介護保険制度の要介護認定

1　×　1人暮らしで家族も遠方にいる等の理由から、被保険者本人が要介護認定の申請を行えない場合、**被保険者本人の代理として家族、親族、民生委員、地域包括支援センター、成年後見人、指定居宅介護支援事業者、介護保険施設等**が行える。

2　×　介護保険法が施行された2000(平成12)年度は要支援、要介護1〜5の6段階の区分であったが、2006(平成18)年度施行の改正介護保険法で**要支援1・2、要介護1〜5の7段階**の区分に変更された。なお、一般的に要介護認定

といった場合、要支援1・2の認定も含まれる。

3　×　要介護認定は**申請日に遡って有効**となるため、要介護認定の結果通知を受け取る前であっても、介護保険サービスが利用できる。

4　×　要介護認定の結果に不服がある場合、**都道府県**に設置されている**介護保険審査会**に審査請求(不服申し立て)を行える。介護認定審査会は市町村に設置され、要介護(支援)認定の審査・判定を担っている。

5　○　要介護認定の取り消しは、介護保険の保険者である**市町村**が行う。

問題17　解答1
生活保護制度

1　○　生活保護制度は、憲法第25条の生存権に基づき、国が困窮の程度に応じて必要な保護を行い、健康で文化的な最低限度の生活を保障し、その自立を助長する制度である。

2　×　生活保護制度には**補足性の原理**があり、「民法に定める**扶養義務者の扶養**及び他の法律に定める**扶助**は、すべてこの法律による保護に優先して行われるものとする。」(生活保護法第4条第2項)と規定されている。受給に際しては本人の能力・財力の活用が前提とされるほか扶養義務者の扶養や他の法律の扶助が優先され、それでも最低生活が維持できない場合生活保護を受給できる。

3　×　生活保護法第10条に「保護

は、世帯を単位としてその要否及び程度を定めるものとする。但し、これによりがたいときは、個人を単位として定めることができる」と規定されている。

4 × 生活扶助の範囲は、衣食その他日常生活の需要を満たすために必要なもの、移送とされている（生活保護法第12条1・2号）。

5 × 扶助の支給は金銭給付が原則だが、医療扶助や介護扶助は、医療サービス、介護サービスを提供する機関や施設、事業者に委託して現物給付とするのが一般的である。

問題18　解答2
「障害者総合支援法」における行政の役割

1 × 指定障害者支援施設や指定一般相談支援事業者に加え、指定障害福祉サービス事業者の指定についても都道府県が行うことになっている。

2 ○ 「障害者総合支援法」第88条に基づき市町村は市町村障害福祉計画、同法第89条に基づき都道府県は都道府県障害福祉計画をそれぞれ策定することが義務付けられている。

3 × 「障害者総合支援法」で定める協議会は、市町村が設置する。

4 × 障害のある人が必要とする支援の度合いを総合的に示した障害支援区分の認定は、市町村が実施する。障害支援区分は、その障害の状態に

よって1〜6の段階で区分される。

5 × 地域生活支援事業の1つである成年後見制度利用支援事業は、市町村が行う必須事業である。

問題19　解答1
Cさんに生じている適応（防衛）機制

1 ○ 退行とは、欲求不満や不安等の状況を避けようとし、過去の自分や発達の未熟な段階に戻り、自分を守ろうとすることである。Cさんについても、他の利用者から怒鳴られたことをきっかけに退行が生じたと考えられる。Cさんの場合は、服を着るのが遅くなって、他の利用者からまた怒鳴れることを避けるため、時間をかければ上衣については自分で着脱できるにもかかわらず、「服を着るのを手伝ってほしい」と何度も訴える等、介護福祉職に対して子どものように依存的な態度をとったことになる。

2 × 同一化とは、自分が満たせない欲求を実現している人と自分とを同一に見立てたり、その人のまねをしたりすることで満足感を得ることである。例えば、ある利用者が敬意を抱いている利用者の口癖を自分もまねて用いることで自分自身の価値が高まったように感じようとする心理も同一化に含まれる。

3 × 昇華とは、直ちに実現でき

ない欲求を価値の高い行為に置き換えることである。例えば、満たすことができない欲求を芸術や文学、スポーツ等、社会的・文化的に承認される行動に置き換えて実行し、それによって心理的な満足感を得ることも昇華に含まれる。

4　×　合理化とは、もっともらしい理由をつけて自分自身を正当化しようとすることである。例えば、自分の失敗や欠点を他の人や自分以外のところに原因があるとし、自らの言動に問題はないと訴えることも合理化に含まれる。

5　×　抑圧とは、認めたくない欲求を心の中に抑え込むことである。例えば、自分にとって都合の悪い欲求を意識にのぼらせないように抑えつけることも抑圧に含まれる。

問題20　解答2
脱水症状

1　×　脱水の症状には食欲不振、喉の渇き、めまい、意識低下等があり、さらに悪化するとけいれんが生じ、最悪の場合、死に至ることもある。

2　○　老化に伴い感覚機能が低下し、喉の渇きに気づかない場合もある。また、認知症の利用者の中には「喉が渇いているので飲み物がほしい」と訴えることができない人や飲み物自体を認識できない人もいるため、介護福祉職がこまめに水分補給を促すことが必要である。

3　×　脱水症状が疑われた場合に

は、心拍数・呼吸・血圧・体温等のバイタルサインを確認する必要がある。なお、バイタルサインは、利用者や患者の生命に関する最も基本的な情報を意味する。

4　×　誤嚥の危険性がある利用者もいるため、まずは誤嚥の危険性がない利用者であることを見極めた上で、脱水症状が軽度であれば飲水を促す。誤嚥の危険性がある利用者の場合には、とろみをつけた誤嚥しにくい飲み物を提供する。また、利用者のバイタルサインを確認するとともに、医師や看護師等の医療職にも連絡する必要がある。

5　×　脱水症状を防ぐには、個人差はあるが1日に飲水として約1,500ml以上の水分摂取が必要となる。

問題21　解答1
腎・泌尿器系の疾患や症状

1　○　腎盂腎炎の症状には発熱のほか、背中や腰の痛み、吐き気等もみられる。

2　×　排尿時痛がみられるのは、膀胱炎の場合である。一方、神経因性膀胱では、神経の異常によって膀胱が収縮する力が弱まり、膀胱に溜まった尿をうまく排出できなくなる。そのため、頻尿に加え、尿が残っている感じがする残尿感がみられる。

3　×　心因性頻尿とは、不安や緊張等の精神的な要因によって頻回に尿意を催す状態を指す。膀胱炎でも頻尿の症状はみられるものの、その

原因は基本的に細菌感染によるものである。よって、心因性頻尿と膀胱炎は直接的には関連がない。

4　×　多尿がみられるのは主に糖尿病の場合等である。一方、前立腺肥大症では、尿道が狭くなることで排尿困難や残尿感等が生じる。尿が少しずつ漏れ出る溢流性尿失禁の原因にも前立腺肥大症が挙げられる。

5　×　排尿困難がみられるのは、前立腺肥大症の場合である。一方、糖尿病による高血糖状態では多尿のほか、口渇、体重減少、倦怠感等もみられる。

問題22　解答2
栄養素

1　×　食物繊維の過剰摂取による下痢が起こった場合、カルシウムや微量元素の体外排出に影響がでる。

2　○　不溶性食物繊維には、大腸の働きを促進する作用があるため、水溶性食物繊維よりも不溶性食物繊維の方が、排便促進に効果的である。

3　×　ビタミンCを多く含む食材には、さつまいもやじゃがいもなどがある。ただし、ビタミンCの欠乏症として、壊血病は含まれるものの、夜盲症は含まれない。夜盲症は、ビタミンAの欠乏症である。

4　×　ビタミンB₁の欠乏症には、脚気やウェルニッケ脳症などが含まれるが、くる病は含まれない。くる病は、ビタミンDの欠乏症である。

5　×　ビタミンB₁は水溶性である

が、カルシウム代謝に関与するものではなく、主に糖質の代謝に関与するものである。

問題23　解答1
ストーマ

1　○　回腸ストーマからは、水様便が排泄される。

2　×　上行結腸ストーマからは、水様便～泥状便が排泄される。

3　×　横行結腸ストーマからは、泥状便～軟便が排泄される。

4　×　下行結腸ストーマからは、軟便～固形便が排泄される。

5　×　S状結腸ストーマからは、ほぼ固形便が排泄される。

問題24　解答2
歯の構造・機能

1　×　歯の象牙質の周囲は、エナメル質で覆われている。

2　○　歯の噛み合わせは、全身の筋力、姿勢の制御、嚥下機能などに大きく影響を及ぼす。

3　×　歯根膜には、神経や血管などが分布しており、力が加わる歯を支持するなどの働きがある。

4　×　歯肉に覆われた部分は、歯根部という。歯冠部とは、歯根部の上部分をさす。

5　×　知歯（第三大臼歯）も含めてすべて生えそろった歯の数は、上あご：16本、下あご：16本の計32本となる。

問題25　解答2
血液・リンパ液の役割

1　×　白血球は、生体防御に関わる免疫担当細胞で、ウイルスや細菌などの異物を排除しようと貪食などを行っている。

2　○　血液は、骨髄やリンパ組織の中でつくられ、古くなると脾臓や肝臓などで壊れる。血液は、酸素、栄養素を全身に運び、ホルモンや老廃物を運搬し、生体防御や体温調節も行っている。

3　×　リンパ液は、静脈とつながる出口に向かって一方向に流れ、余分な液体の回収、老廃物の排泄、免疫機能を担っている。生体内に侵入した細菌を血液に入れないための関所の役目は、リンパ節が担っている。

4　×　血小板は、血管壁が損傷した際に、血液の凝固を行って傷をふさぎ、止血する。

5　×　赤血球は、ヘモグロビンによって全身に酸素の運搬を行い、二酸化炭素を回収し排出を行う。

問題26　解答1
人体とそれに関連する数値

1　○　日本高血圧学会のガイドラインによれば、高血圧の基準は140/90mmHg以上で、降圧目標は75歳未満が130/80mmHg未満、75歳以上が140/90mmHg未満である。

2　×　個人差はあるものの、一般的に体温は36〜37℃程度で、乳幼児は高く、高齢者は低い傾向にある。

3　×　成人では通常、脈拍が1分間に60〜80回程度となっている。徐脈とは脈拍が1分間に50回以下、頻脈とは脈拍が1分間に90〜100回以上の状態を指す。

4　×　皮膚から1日に500〜600ml程度の不感蒸泄がある。不感蒸泄とは、汗とは別に失われる水分を意味する。

5　×　個人差はあるものの、一般的に安静臥床を行い続けた場合、1日で1.0〜1.5％程度、3〜5日で5％程度、1週間で15％程度の筋力低下が起こるとされている。

問題27　解答1
皮膚感染症・皮膚疾患

1　○　カンジダ症は真菌による感染症の1つで、口腔内や腋窩(腋の下)、手足の指の間、内股等、湿った環境で感染しやすい。患部の腫れや水ぶくれ、ただれ、かゆみ等の症状が出現する。特に免疫機能が低下している人の場合、身体の奥深くまで感染し、重症化する恐れがある。

2　×　白癬は真菌による感染症の1つで、一般的に「水虫」と呼ばれている。特に足趾(足の指)で感染しやすい。一方、ヒゼンダニによる皮膚感染症は疥癬のことを指す。疥癬は通常疥癬と感染力が非常に強い角化型疥癬に大別できる。角化型疥癬の場合は治療に加え、個室で対応する等、感染防止が重要となる。

3　×　帯状疱疹は以前かかった水

疱瘡（水痘・帯状疱疹ウイルス）が原因となるため、**他の人に感染させる心配はない**。ただし、過労やストレス、**免疫機能の低下等**があると発症しやすくなるため、注意が必要である。発見・治療が遅れた場合、神経痛といった症状が残る恐れもあるため、早期発見・早期治療が重要となる。一方、**黄色ブドウ球菌**等による皮膚感染症で、全身に症状が広がりやすいのは**膿痂疹**である。膿痂疹は「とびひ」と呼ばれることもある。

4　✕　皮膚掻痒症の場合、かゆみの訴えはあるものの、**皮膚に明らかな症状がみられない**のが特徴である。一方、皮脂量の減少で皮膚が乾燥して白い粉をふいたり、ひび割れを起こしたりするのは**皮脂欠乏症**である。皮脂欠乏症も皮膚掻痒症と同様、かゆみが発生する。

5　✕　低温やけどは 40 ～ 50℃程度のものに長時間触れ続けた場合に発症する。

問題28　解答 1
入浴の作用と効果

1　○　毛細血管の拡大は、温熱作用によるものである。

2　✕　全身浴は、静水圧作用によって身体に水圧がかかるため、**心臓にも負担がかかりやすくなる**。圧迫される部分を減らし、心臓への負担を軽減するには半身浴が望ましい。

3　✕　新陳代謝の促進は温熱作用によるものである。

4　✕　下肢のむくみ（浮腫）の軽減は、静水圧作用によるものである。

5　✕　関節への負担軽減は、浮力作用によるものである。

問題29　解答 1
不眠の種類

1　○　長い睡眠時間をとっていても「寝た気がしない」「疲れがとれない」状態を熟眠障害という。**ストレスや加齢、飲酒、睡眠時無呼吸症候群**などの原因が考えられる。

2　✕　**中途覚醒**とは睡眠が浅く、少しの物音などで夜中に何度も目が覚めてしまうことである。朝早く目が覚めてしまい、その後眠れなくなるものを**早朝覚醒**という。

3　✕　**入眠障害**とは、眠ろうとしてもなかなか寝付けない状態をいう。リラックスできる環境（温度や照明、音）作りや、ストレス解消のケアをすることが大切となる。

4　✕　**レストレスレッグス症候群**とは足がむずむずする、ほてる、かゆい、痛いなどの症状が出るもので、入眠時に出現することが多い。

5　✕　**睡眠時無呼吸症候群**とは、睡眠中に気道周囲の筋肉がゆるみ、気道が閉塞して呼吸が止まる状態が何度も起きる。肥満型の人に多い。

問題30　解答 2
人生の最終段階における呼吸の異変

1　✕　口すぼめ呼吸とは、鼻から息を吸った後、口をすぼめて長く息を

吐く呼吸法を指す。すぼめた口から息を吐き出すと気管支を広げる効果があるため、息苦しさを感じる慢性閉塞性肺疾患（COPD）がある場合は、立ち上がる際に口すぼめ呼吸を行うとよい。

2　○　チェーンストークス呼吸とは、呼吸が30秒弱程度止まった後、浅めの呼吸から深く大きな呼吸になるという一連の周期を繰り返す呼吸を指す。死期が近くなるとみられる呼吸の1つである。

3　×　ビオー呼吸とは、呼吸のリズムや1回あたりの換気量がすべて不規則な呼吸を指し、脳血管障害（脳卒中）や脳腫瘍、脳炎等でみられる。ビオー呼吸でも、チェーンストークス呼吸のように呼吸が30秒弱程度止まることがある。ただし、チェーンストークス呼吸が規則的な周期を繰り返すのに対し、ビオー呼吸はばらつきがある。

4　×　下顎呼吸とは、下顎をガクガクと動かす呼吸を指し、死の間近に多くみられる。Dさんにみられる呼吸には該当しない。

5　×　肩呼吸は、息をするたびに肩も動く呼吸を指し、死期が近くなるとみられる。Dさんにみられる呼吸には該当しない。

領域 こころとからだのしくみ
5 発達と老化の理解

問題31　解答4
乳幼児期の標準的な発達

1　×　知らない人を見ると顔を背ける人見知りの反応が生じるようになるのは、生後8か月頃である。

2　×　機嫌の良い時に舌を使わないで「アー」「ウー」「クー」等の声を出すクーイングが生じるのは、生後1か月頃である。生後6か月頃は「ダーダー」「バーバー」といった意味を持たない喃語を発するようになる。

3　×　周囲の人々に微笑みかける社会的微笑は3か月微笑とも呼ばれ、生後3か月頃に見られる反応である。

4　○　1歳半〜2歳頃になると「ママ、いく」「ワンワン、きた」等、2つの単語をつなげた二語文を話せるようになる。

5　×　単語や言葉の量が急激に増加する語彙爆発が起きるのは、1歳半頃である。

問題32　解答4
糖尿病

1　×　動脈硬化の危険因子である糖尿病では、心筋梗塞や狭心症を合併する危険性がある。

2　×　糖尿病の症候として、多飲や多尿、口渇、倦怠感などがみられる。

3　×　糖尿病の進行によって、心筋

梗塞や狭心症を合併することがあり、さらに糖尿病性神経障害と足の血管の動脈硬化などが重なることで、足指の壊疽が起こる危険性がある。

4 ○ 糖尿病のうち、インスリン分泌異常によるものは1型糖尿病に、インスリン消費異常によるものは2型糖尿病に分類される。

5 × 糖尿病の3大合併症とは、①糖尿病性神経障害、②糖尿病性腎症、③糖尿病性網膜症をいう。

問題 33　解答 1
高齢者の年齢規定

1 ○ 高年齢者等の雇用の安定等に関する法律（高年齢者雇用安定法）が一部改正され、2021（令和3）年4月からは65歳までの雇用確保義務に加え、70歳まで就業機会を確保することが努力義務となった。

2 × 高齢者の医療の確保に関する法律では、前期高齢者を65歳以上75歳未満、後期高齢者を75歳以上としている。

3 × 道路交通法では、免許証の更新の際、高齢者講習に加え、認知機能検査を行う高齢者を75歳以上としている。さらに一定の違反行為がある75歳以上の人の場合には、これらに加え、運転技能検査も必須となる。

4 × 老人福祉法における施策の対象は、65歳以上の者を原則としている。

5 × 国民年金の第1号被保険者は、20歳以上60歳未満の自営業者、農業者、無職の人等である。

問題 34　解答 2
老化の特性

1 × 加齢は誰でも同じであるが、老化には個人差がある。

2 ○ 老化が起きるよう、体内にプログラムされていることを内在性という。

3 × 老化が身体機能の低下を生じさせることを退行性という。

4 × 老化が不可逆的な変化であるとするのは進行性である。

5 × 老化が避けられないとするのは普遍性である。

問題 35　解答 4
発達段階説と発達課題

1 × ピアジェ（Piaget, J.）の発達段階説では、子どもの感覚運動から思考・認知の発達を4つの段階にまとめた。

2 × 発達課題という概念を初めて提唱したのは、ハヴィガースト（Havighurst, R.J.）である。

3 × エリクソン（Erikson, E.H.）は、身体的・精神的に自己を統合し、「これが自分である」という自己を確立していく時期、すなわち同一性の獲得は、青年期（12～20歳頃）であるとしている。

4 ○ バルテス（Baltes, P.B.）らは、人間発達を規定する基本的な決定要因として生物学的要因と環境的要因

とそれらの相互作用を示した。

5　×　バルテスらが示した**標準歴史的要因は青年期に強い影響を持つ**。また、標準年齢的要因は幼児童期と老年期に強い影響を持ち、非標準的要因は幼児童期から老年期まで**一貫して増加する**と考えられている。

問題36　解答4
高齢者の疾患の特徴

1　×　高齢者の疾患の特徴として、**個人差が大きい**ことがある。

2　×　高齢者の疾患の特徴として、**多疾患の合併が多い**傾向にある。

3　×　高齢者の場合には、**代謝機能の低下**等に伴い服用した薬が体内に留まる時間が長くなるため、薬の効果が現れやすく副作用も現れやすい。

4　○　高齢者の場合は、疾患の経過が**慢性化する**ことが多い傾向にある。

5　×　高齢者の疾患の特徴として、**潜在的な臓器障害が多い**傾向にある。

問題37　解答2
尿失禁の種類

1　×　下肢筋力の低下で歩行に時間がかかる等、**身体機能の低下の影響**でトイレに間に合わず、尿が漏れてしまうのは、**機能性尿失禁**である。

2　○　**溢流性尿失禁**は男性に多く、前立腺肥大等の影響を受け、気付かないうちに少しずつ尿が漏れ出る。

3　×　認知症の見当識障害等、認知

機能の低下の影響でトイレの場所がわからず、トイレに間に合わず、尿を漏らしてしまうのは、**機能性尿失禁**である。

4　×　突然、尿意が生じ、トイレまで我慢できずに尿が漏れてしまうのは、**切迫性尿失禁**である。切迫性尿失禁は、膀胱炎や脳血管障害、パーキンソン病等が原因となる。

5　×　くしゃみや咳をした時、重い物を持った時等、腹部に力が入った際に尿が漏れてしまうのは、腹圧性尿失禁である。腹圧性尿失禁の原因は、尿道括約筋等の骨盤底筋群の機能低下が挙げられる。よって、骨盤底筋群を鍛える体操が腹圧性尿失禁の予防には効果的である。混合性尿失禁とは、切迫性尿失禁と腹圧性尿失禁が混在した状態を指す。

問題38　解答3
高齢者と薬剤

1　×　抗ヒスタミン薬は、アレルギー性鼻炎や皮膚炎、蕁麻疹等に効く。一方で眠気を生じさせる作用もある。夢の中の行動がそのまま現実の行動として現れるのは、レム睡眠行動障害によるものである。レム睡眠行動障害はパーキンソン病やレビー小体型認知症の人に多い。

2　×　複数の薬剤の服用は、相互作用により副作用が生じやすくなるうえ、効果が強く出ることもある。

3　○　高齢者は、若い頃に比べ、腎臓の排泄作用が低下するため、腎臓

からの薬物排泄量も減少する。よって、薬剤の効果が強く出る場合がある。

4 × 高齢者は、肝臓の機能低下によって薬剤の代謝が低下し、薬剤の血中濃度が高くなりやすい。

5 × どこに入所しているか、どの薬剤が必要かを問わず、薬剤の処方を行うのは医師である。看護師が薬剤を処方することはできない。

領域 こころとからだのしくみ
6 認知症の理解

問題39 解答2
認知症の症状

1 × 認知症に伴い、上衣と下衣を間違える等、衣服を適切に着られなくなることを着衣失行と呼ぶ。失行の1つで中核症状に該当する。

2 ○ 認知症に伴い、場所や時間、人物がわからなくなることを見当識障害と呼び、中核症状に該当する。一般的に見当識障害は時間→場所→人物の順にわからなくなる。

3 × 認知症に伴い、計画を立てて実行することができなくなることを実行機能障害と呼び、中核症状に該当する。一方、注意障害は物事に集中できず、2つ以上のことを同時に行えなかったり、作業を長く行えなかったりすることで、高次脳機能障害にみられる。なお、高次脳機能障害では計画を立てて実行できなくなることを遂行機能障害と呼ぶ。

4 × 認知症に伴い、簡単な計算ができなくなることを失計算と呼ぶ。失行の1つで中核症状に該当する。

5 × 認知症に伴い、自分の物を他人が盗んだと思い込むことを物盗られ妄想と呼ぶ。被害妄想の1つでBPSD（行動・心理症状）に該当する。

問題40 解答5
せん妄

1 × せん妄の症状には、1日のなかで変化する日内変動があり、特に夜間に悪化することが多い。そのため、「夜間せん妄」とも呼ばれる。

2 × せん妄の症状は突然現れ、その後消失する一過性のものである。

3 × せん妄の場合、一過性であるものの、日時や場所がわからなくなる等の見当識障害がみられる。

4 × せん妄は意識がはっきりとしない意識障害の一種で、認知症ではない。ただし、幻覚や妄想、興奮、集中力や意欲の低下等、認知症と似た症状が出現することがある。

5 ○ せん妄が生じる危険因子として、貧血、ビタミンB_{12}欠乏、感染症、脱水、ストレス、手術後の混乱、環境の変化、薬剤による副作用などが該当する。

問題41 解答4
認知症の治療

1 × 抗認知症薬は、すでに発症している認知症の進行を抑制したり遅

らせたりする効果はあるが、根本的な治療薬ではないため、症状の進行を完全に止めることはできない。

2　×　認知症の行動・心理症状（BPSD）には、医師の診断に基づく薬物療法だけでなく、バリデーションやユマニチュード、リアリティ・オリエンテーション、回想法、音楽療法、環境面へのアプローチ等の非薬物療法の活用が重要となる。

3　×　認知症の行動・心理症状（BPSD）に対する抗精神病薬を用いた薬物療法でよくみられる副作用に歩きにくさがある。薬の作用でドーパミンの働きが抑えられ、その副作用でパーキンソン症状（パーキンソニズム）が生じ、歩幅が狭くなり、転倒の危険性が高まる。その他の副作用として、眠気、ふらつき、意欲低下等がみられることがある。

4　○　コリンエステラーゼ阻害薬は、脳内の神経伝達物質であるアセチルコリンの量を増やす働きがある。この薬剤は、アルツハイマー型認知症やレビー小体型認知症による記憶障害の進行を遅らせることや、意欲低下の改善に効果がある。

5　×　アルツハイマー型認知症の治療薬にはコリンエステラーゼ阻害薬であるドネペジル、ガランタミン、リバスチグミンの３つがあるが、薬の効き方が同じで副作用が強くなるため、それらの併用はできない。一方、NMDA受容体拮抗剤のメマンチンは、これらの抗認知症薬とは作用が異なるため、３つのうちのいずれかと併用することが可能である。

問題42　解答4
認知症初期集中支援チーム

1　×　認知症初期集中支援チームの「初期」とは、必ずしも認知症という疾患の初期段階を意味するのではない。認知症の疑いがある人や認知症がある人、その家族等に対して、すぐに適切な対応を行っていくという「初動」を意味している。

2　×　認知症初期集中支援チームでは、その人らしい自立した生活を住み慣れた地域で継続していくことを支援するため、複数の専門職が認知症の疑いがある人、認知症がある人、その家族を訪問し、必要な支援を包括的かつ集中的に行う。認知症の治療を主な目的としていない。

3　×　家族介護者の相談に応じる等、認知症初期集中支援チームの支援対象には、認知症の疑いがある人、認知症がある人に加え、家族介護者も含まれている。

4　○　認知症初期集中支援チームは市町村の本庁、地域包括支援センター、認知症疾患医療センター、病院等に配置される。

5　×　認知症初期集中支援チームは専門医と医療職に加え、福祉や介護の専門職もチームメンバーに含まれる。具体的には医師、保健師、看護師、作業療法士、社会福祉士、精神保健福祉士、介護福祉士、介護支援

専門員等がメンバーとなる。

問題43　解答5
若年性認知症

1　×　若年性認知症は、Eさんの年齢がすでに55歳になっていることからもわかるとおり、55歳未満に発症する認知症を指すのではなく、65歳未満で発症する認知症のことである。

2　×　地方独立行政法人東京都健康長寿医療センター「わが国における若年性認知症有病率・生活実態把握に関する調査研究報告書」（研究期間2017～2020年）によれば、若年性認知症の原因疾患（診断名）の割合はアルツハイマー型認知症が52.6％で最も多く、次いで血管性認知症が17.0％であった。

3　×　若年性認知症の場合、若くして認知症となった本人のつらさに加え、それを支える家族も精神的に不安定な状況にあることが多い。そのため、家族には精神的な負担が少なくない。したがって、本人だけでなく、家族も含めた支援が求められる。

4　×　介護保険制度の第2号被保険者は40歳以上65歳未満の医療保険加入者となっている。第2号被保険者が介護保険サービスを利用するには特定疾病が原因で要支援または要介護状態であると認められなければならない。16ある特定疾病の中には40歳以上65歳未満で発症する「初老期における認知症」が含ま

れているため、若年性認知症を発症した55歳のEさんは介護保険制度によるサービスを利用できる可能性がある。

5　○　地方独立行政法人東京都健康長寿医療センター「わが国における若年性認知症有病率・生活実態把握に関する調査研究報告書」（研究期間2017～2020年）によれば、若年性認知症の発症後、発症時に就労していた職場を退職した人の割合は67.1％に達し、約7割を占めた。この結果からも若年性認知症をめぐる課題の1つとして、経済的な問題が挙げられる。

問題44　解答4
認知症と似た症状をもたらす原因疾患

1　×　甲状腺機能低下症は慢性的な甲状腺の炎症で甲状腺ホルモンの分泌量が減り、全身の活動性が低下する。その他、物忘れが顕著となり、認知症と似た症状が出現するものの、甲状腺ホルモンを補充する内服薬による治療で改善が見込まれる。

2　×　クロイツフェルト・ヤコブ病はプリオンたんぱくという物質が脳にたまって起きると考えられ、現在でも治療法が確立していない。罹患すると幻覚や妄想等の認知障害、筋固縮や運動麻痺等の症状が現れ、発症から約6～12か月で死に至る。

3　×　正常圧水頭症は髄液が脳室にたまり、脳を圧迫して起きるため、シャント手術を行い、髄液の流れを

整えて脳の圧迫を取り除くと認知症に似た症状が改善することが多い。ステント留置術は頸動脈狭窄症（けいどうみゃくきょうさくしょう）や冠動脈疾患等の治療で用いられる。

4 ○ 慢性アルコール中毒では脳が萎縮したり、慢性的なビタミンB₁不足で疲れやすさとともに認知症と似た症状が出現するウェルニッケ脳症になったりする。

5 × 慢性硬膜下血腫（こうまくかけっしゅ）は頭部外傷によって硬膜と脳の間に血液がたまって血のかたまり（血腫）ができ、それが脳を圧迫して認知症と似た症状が起きる。よって、外科的治療（手術）で血腫を取り除くことができれば、症状の改善が見込まれる。

問題45 解答3
認知症対応型共同生活介護

1 × 2021（令和3）年度介護報酬改定で、認知症対応型共同生活介護（認知症グループホーム）における開設可能なユニット数が「2以下」から「3以下」に変更となった。つまり、認知症対応型共同生活介護（認知症グループホーム）では、原則3ユニットまで開設可能となった。

2 × 1つのユニットでの利用者の定員は、5人以上9人以下である。

3 ○ 地域密着型サービスの1つである認知症対応型共同生活介護（認知症グループホーム）では、利用者や家族、地域住民、地域包括支援センターの職員等で構成される運営推進会議をおおむね2か月に1回以

上開催しなければならない。

4 × 認知症対応型共同生活介護（認知症グループホーム）の利用者は、居宅療養管理指導は利用可能だが、その他の介護保険制度によるサービスについては利用できない。

5 × 障害のある利用者に、主に夜間、共同生活を営む住居で相談や入浴、排泄・食事の介護といった日常生活上の援助を行うのは共同生活援助である。認知症対応型共同生活介護は認知症の人を対象とした介護保険制度に基づくグループホームだが、共同生活援助は障害のある人を対象とした障害者総合支援法に基づくグループホームである。

問題46 解答3
回想法

1 × 時間や場所等の見当識に関して繰り返し確認する中で現実への認識を深めていくのは、リアリティ・オリエンテーション（Reality Orientation：RO）である。現実見当識訓練とも呼ばれる。

2 × 回想法を行う際は過去の楽しい体験等を思い出すアルバムや玩具、食べ物等の道具（ツール）を事前に準備しておくことが有効である。

3 ○ 回想法では過去の出来事について語り合って懐（なつ）かしんだり、共感したりするだけでなく、その人の将来の生き方につなげていくことも目的とされている。

4 × 回想法を行う場合、毎回異な

る場所では**落ち着かず、不安になる**おそれもある。よって、本人が落ち着けて、話しやすい場所を決め、そこで回想法を行うことが望ましい。

5　×　回想法には1対1で行う個人回想法に加え、グループを対象としたグループ回想法もある。対象となる利用者や参加者の状況に応じて個人かグループかを決める。

問題47　解答5
トランスファーショック（リロケーションダメージ）

1　×　トランスファーショック（リロケーションダメージ）とは、**環境が変化することによるダメージ**のことで、施設に入所したばかりの頃は不安になりやすい。そのため利用者が今まで慣れ親しんできた家具や日用品を持ち込んでもらい、そのダメージを軽減する配慮が必要である。

2　×　新しい環境では緊張しストレスがかかっているので、そばに寄り添う時間を多くして**安心感が得られるかかわりをする**。

3　×　見知らぬ利用者が大勢いると、混乱し不安が増強されるので、なるべく**少人数体制で家庭的な環境**とすることが望ましい。

4　×　部屋の変更や模様替えなどの環境の変化は、利用者にとっては混乱する要因になるので、なるべく行わないほうがよい。

5　○　受容的態度で接することで、利用者は安心して施設で生活するこ

とができる。環境の変化は物理的環境だけでなく、**職員や他の利用者との交流**も含まれる。なじみの関係になれるよう配慮が必要である。

問題48　解答2
前頭側頭型認知症

1　×　**脱抑制**とは、温和であった人が少しの刺激で怒鳴ったり攻撃的になったりする等、理性や感情のコントロールができず、周囲への配慮を欠いた言動を起こすことを指し、**前頭側頭型認知症**でみられる。前頭側頭型認知症になると自発性が低下し、周囲に対して無関心となる場合もあるが、それらの症状は脱抑制ではない。

2　○　ピック病になると脳の**前頭葉**と側頭葉に限定して脳が萎縮する。よって、**ピック病は前頭側頭型認知症の原因疾患の1つ**である。

3　×　前頭側頭型認知症では、脱抑制によって、**初期の頃から性格が変わったようになる人格変化**や万引きや痴漢、暴力等のような**反社会的行動**がみられる。

4　×　周回とは、同じルートを歩き回る症状をいう。つまり、周回の場合は元の場所に戻ってくるため、GPS追跡機を使用して居場所を確認する必要は**ない**。周回は、同じ行動を繰り返す常同行動の一種である。

5　×　前頭側頭型認知症では記憶障害や常同行動、反社会的行動のほか、

言葉の意味がわからなくなったり、発音がうまくできなくなったりする言語障害がみられる。

領域 こころとからだのしくみ
7 障害の理解

問題49 解答1
関節リウマチがある人への支援

1 ○ 関節リウマチは、関節の腫脹や熱感がある**急性期**では内服薬に加え、一時的に冷湿布等で**冷やす**とよい。しかし、症状が落ち着く**慢性期**は、冷やすと痛みが強くなることがあるため、保温に努めるようにする。

2 × 膝関節や股関節の負担を軽減するため、排泄時は洋式便器に補高（ほこう）便座を活用して便座を高くする。補高便座は介護保険制度の**特定福祉用具販売（購入）**の対象になっている。

3 × 全身運動は筋力低下や関節可動域（ROM）が狭くなることを防ぎ、ストレスの発散にもつながる。よって、炎症や痛みがある程度治まってから水中ウォーキングを行う等、関節に負担がかからない程度に全身運動を行うことは有効である。

4 × 関節リウマチによる関節のこわばりは夕方よりも**朝**のほうが強く、その緩和のためには、手先や足先の関節を温め、ほぐすことが重要となる。よって、夕方よりも朝に**手浴**や**足浴**を行ったほうが効果的である。

5 × 関節リウマチの場合、関節に負担がかからないようにすることが重要となる。そのため、日常生活ではリーチャーや長柄ブラシ等の**自助具**を活用するとよい。

問題50 解答5
高次脳機能障害による症状

1 × 「食事の際、料理の半分を認識できず、残す」のは半側空間無視に該当する。半側空間無視では視覚機能に問題がないにもかかわらず、片側を認識できないため、**片側だけ無視したり見落としたりする**。視覚障害の1つで、片側が見えない状態の半盲とは異なる。

2 × 「突然興奮したり、怒り出したりする」のは社会的行動障害に該当する。社会的行動障害では突然興奮する、怒り出す、大声を出す等の症状がみられる。認知症や精神障害等でみられる幻覚とは異なる。

3 × 「道具の使い方がわからない」のは失行に該当する。失行では鉛筆やハサミ、歯ブラシの使い方がわからなくなったり、衣服の着方がわからなくなったりする等、今まで行えていたことができなくなる。一方、半側身体失認とは麻痺側（患側）を意識することができず、無視してしまうことである。例えば、麻痺側（患側）の手を臀部で踏んだまま座っているにもかかわらず、その状態に気づかないことが挙げられる。

4 × 「同時に2つ以上のことに気配りできない」のは注意障害に該当する。注意障害では2つ以上のことが

同時にできなくなる、集中力が続かない、注意力が散漫になる等の症状がみられる。一方、記憶障害では新しいことを覚えられなくなり、同じ質問を何回も行う等の症状が現れる。

5　○　「日常生活を計画して実行できない」のは遂行機能障害に該当する。遂行機能障害では物事を計画的に順序に沿って行えなくなる。

問題 51　解答 1
ダウン症候群の特徴

1　○　ダウン症候群の場合、心疾患を生じやすい傾向にある。

2　×　ダウン症候群の場合、筋緊張が弱い。

3　×　ダウン症候群では幻聴ではなく、難聴がみられる。伝音性難聴が一般的であるが、感音性難聴や混合性難聴の場合もある。

4　×　ダウン症候群では認知症ではなく、知的障害がみられる。

5　×　ダウン症候群では身体的な発達が遅れ、低身長となることが多い。

問題 52　解答 4
ICIDH と ICF

1　×　ICF では ICIDH の能力障害を活動制限に、社会的不利を参加制約にそれぞれ置き換えた。

2　×　職場復帰困難は、経済的不利益等とともに ICIDH における社会的不利に該当する。一方、能力障害として移動・食事・入浴・排泄等の日常生活動作（ADL）の障害等が

挙げられる。

3　×　ICF は、医学モデルと社会モデルを総合した統合モデルとして位置づけられている。ICF における統合モデルは、生物・心理・社会モデル（bio-psycho-social model）としてとらえることもできる。

4　○　ICF では、心身機能・身体構造、活動、参加の 3 つをあわせて生活機能と呼ぶ。なお、個人因子と環境因子をあわせたものは背景因子となる。

5　×　年齢は、性別や人種、生活歴、性格、希望、思い、困難への対処法等とともに個人因子に含まれる。一方、健康状態には疾病や変調、傷害、妊娠、加齢、ストレス等が該当する。

問題 53　解答 2
血液透析を行っている利用者の日常生活上の留意点

1　×　禁酒しなくてもよいが、摂取したアルコール飲料がほとんどそのまま水分として体内に入り、身体の負荷につながるため、飲む量には注意が必要である。水分摂取量は、医師の指示を守らなければならない。

2　○　腎機能障害では体内にカリウム（K）が溜まりやすく危険であるため、カリウムを多く含む生野菜や果物、豆類の摂取量には気をつける。

3　×　カロリー制限の必要はなく、必要な分を摂取しなければならない。

4　×　成人男性の塩分摂取量は一般的に 1 日 8g 未満を目安とするが、

腎機能障害がある場合、これよりも少量にする必要がある。腎機能障害がある場合、一般的に多い人でも1日6g以下を目安にする。

5　×　血液透析の場合は、週2〜3回の定期的な通院が必要である。

問題54　解答3
統合失調症

1　×　統合失調症は精神障害者保健福祉手帳の取得対象となり得る。精神障害者保健福祉手帳とは精神障害で長期にわたり日常生活または社会生活への支障がある者が福祉サービス等を利用するために必要な手帳で、1〜3級まである。療育手帳は知的障害があると判定された人に交付される。

2　×　うつ状態と躁状態を繰り返す精神障害は、双極性感情障害である。躁うつ病とも呼ばれる。

3　○　統合失調症の症状は陽性症状、陰性症状、認知機能障害に大別できる。このうち陰性症状として意欲低下や感情表現が乏しくなる感情の平板化等が挙げられる。

4　×　離脱症状は依存性のある薬物等の反復使用を中止することによって生じる。例えばアルコール依存症による精神障害のある人が、アルコールが切れた際に多量の汗をかいたり、身体が震えたり、けいれんを起こしたりするのも離脱症状である。

5　×　統合失調症は原因不明の内因性精神障害の1つに該当する。不安

やストレス等が原因で生じる心因性精神障害ではない。

問題55　解答1
発達障害

1　○　限局性学習障害（SLD）では「聞く」「話す」「読む」「書く」「計算する」等の学習能力のうち、特定の学習能力に支障が生じる。

2　×　注意欠陥多動性障害（ADHD）では不注意、多動性、衝動性がみられ、日常生活に支障が生じる。例えば不注意では勉強等に集中できず、ミスが出やすく、多動性では授業中、席に座っていられず、動き回る。一方、人と目を合わせず、特定の物事へのこだわりが強いのは自閉症スペクトラム障害の特徴となる。

3　×　自閉症スペクトラム障害のある人は急な予定の変更に戸惑う可能性が高いため、口頭での説明に加え、メモや図等を用いる等、具体的に丁寧に伝える必要がある。身振り手振りでは抽象的すぎて伝わりづらい。

4　×　自閉症スペクトラム障害には自閉症に加え、アスペルガー症候群も含まれる。どちらも社会性の障害、コミュニケーションの障害、興味・関心・活動の偏り等が共通してみられる。一方、自閉症では認知機能や言語発達の遅れを伴うが、アスペルガー症候群では認知機能や言語発達の遅れがみられない。

5　×　自分の意思とは無関係に咳やまばたき等の動作を何度も繰り返す

のは**チック障害**の特徴である。運動チックと音声チックがあり、両方とも18歳以前に発症する。

問題56　解答5
精神障害のある人が一般企業への就職を目指して利用する障害福祉サービス

1　×　行動援護では常時介護が必要な知的障害者や精神障害者に対し、危険を回避するために必要な支援や外出支援を行う。ただし、利用するためには**障害支援区分3以上**が必要となるため、障害支援区分1のFさんは行動援護を利用できない。

2　×　自立訓練では自立した日常生活や社会生活が送れるよう、一定期間、身体機能または生活能力の向上のために必要な訓練を実施する。一般就労を目的としたサービスではない。

3　×　就労継続支援A型は一般企業等での就労が困難な障害者を対象としている。A型は雇用型として働く場を提供するとともに、知識や能力の向上に向けて必要な訓練を実施する。一方、Fさんは一般企業への就職を目指しているため、就労継続支援A型は不適切となる。

4　×　就労継続支援B型は一般企業等での就労が困難な障害者を対象としている。B型は非雇用型として働く場を提供するとともに、知識や能力向上に向けて必要な訓練を実施する。一方、Fさんは一般企業への就職を目指しているため、就労継続支援B型は不適切となる。

5　○　就労移行支援は一般企業等への就労を希望する障害者を対象に、一定期間、就労に必要な知識や能力の向上のため必要な訓練を実施する。よって、Fさんが利用するサービスとして適切である。

問題57　解答2
サービス管理責任者の業務

1　×　サービス等利用計画は、指定特定相談支援事業所の相談支援専門員が作成する。

2　○　個別支援計画は**サービス管理責任者**が作成する。具体的には相談支援専門員が作成した**サービス等利用計画**を踏まえて、利用者に対して障害福祉サービスを提供する事業所のサービス管理責任者が利用者の思い・希望や障害特性等に応じて**個別支援計画**を作成することになる。

3　×　居宅サービス計画は、介護保険制度において居宅でサービスを利用する際に指定居宅介護支援事業所の**介護支援専門員**が作成する。障害者総合支援法では居宅サービス計画は存在しない。

4　×　障害支援区分の審査・判定を行うのは、**市町村審査会**である。

5　×　地域に住む高齢者等の様々な相談に応じる**総合相談支援業務**を行うのは、**地域包括支援センター**である。

問題58　解答1

難病の種類とその症状

1　○　後縦靭帯骨化症は背骨の後ろにある後縦靭帯が骨化して神経が圧迫され、感覚が鈍くなる感覚鈍麻に加え、手足のしびれや痛み、運動障害が起きる難病である。

2　×　ベーチェット病は①口腔粘膜のアフタ性潰瘍、②皮膚症状、③眼のぶどう膜炎、④外陰部潰瘍を主症状とする難病である。安静時振戦はパーキンソン病でみられる症状の1つである。

3　×　全身性エリテマトーデスは、自分自身の免疫が正常な細胞や組織を攻撃してしまう自己免疫性疾患の1つで、女性に多くみられる。主な症状として顔面の蝶型紅斑、腎機能障害、関節炎、発熱がある。口腔粘膜のアフタ性潰瘍はベーチェット病でみられる症状の1つとなる。

4　×　脊髄小脳変性症は主に小脳に病巣がある難病であり、呂律が回らない等の言語障害に加え、歩行時のふらつきやバランスを崩しやすい等の運動失調がみられる。視力低下は多発性硬化症やベーチェット病等でみられる。

5　×　クローン病は小腸に病巣があり、腹痛や下痢、発熱、全身倦怠感等の症状を示す難病である。関節の腫脹は悪性関節リウマチにみられる症状の1つである。

領域 医療的ケア
8 医療的ケア

問題59　解答5

消毒と滅菌

1　×　消毒とは、病原性の微生物を殺滅させること、または感染が起こらない程度に弱くすることである。

2　×　滅菌とは、すべての微生物を殺滅、または除去することである。

3　×　速乾性の手指消毒液には、塩化ベンザルコニウムという消毒剤とアルコールが含まれている。

4　×　滅菌はできない。しかし、熱水消毒としてなら、家庭用食器洗浄機が利用できる。

5　○　滅菌物を使用する前の確認事項は、①滅菌済みの表示②滅菌期限③開封していないことである。

問題60　解答1

半固形タイプの栄養剤による経管栄養

1　○　半固形化栄養剤はゼリー状のためイリゲーターではなく、カテーテルチップシリンジや加圧バッグやスクイーザーで圧を加えながら注入する。経鼻経管栄養法では使用できない。

2　×　半固形タイプの栄養剤注入の場合も、腹部の緊張を緩和するために上半身を30～45度程度起こす。注入後も嘔吐や食道への逆流防止のために上半身を起こした姿勢を保つ。

3　×　半固形タイプの栄養剤も液状

タイプと同様に、医師の指示書を確認してから実施する。指示書によって、利用者氏名、栄養剤の種類と量、注入時間、注入速度などを確認する。

4　×　半固形タイプの栄養剤は腸管への流入は速くなく、また腸の蠕動（ぜんどう）運動を改善させる効果はあるが、**短時間で注入するために下痢等の危険性はあり、注意が必要**である。

5　×　半固形タイプの栄養剤は液状タイプの栄養剤よりも実際の経口摂取に近い形態ではあるが、経管栄養法として医師の指示に従い実施し、医療職への報告と記録は必要である。

問題61　解答4
喀痰吸引の実施と留意点（かくたん）

1　×　口腔内吸引（こうくう）の場合、1箇所ばかり吸引すると粘膜の損傷につながるため、吸引圧が1箇所にかからないようにする。

2　×　鼻腔内吸引（びくう）の場合、吸引チューブの挿入範囲はおおむね8〜10cm程度（咽頭の手前）（いんとう）までとする。

3　×　決められた吸引圧になっていることを確認する。

4　○　吸引器は水平な場所に設置するとともに、**使用しやすい位置に置く**。また、電源配置や接続チューブの長さについても確認しておく。

5　×　必ず本人確認を行う。もし喀痰吸引の必要のない利用者に行った場合は、重大な事故になってしまう。

問題62　解答4
痰を出しやすくするケア

1　×　痰を外に出す働きをする気道粘膜のせん毛運動を活発にさせるためには、室内を40〜60%の湿度に保つ加湿が望ましい。

2　×　咳は痰を出すための重要な機能であり、我慢させてはいけない。咳を十分に出せるよう、肺活量を維持したり、腹筋を鍛えたりする支援をしていく。

3　×　痰の粘性が強いと痰は出しにくいので、身体全体の水分バランスを整えるために水分量を控えてはいけない。

4　○　痰を効果的に出すためには、重力を利用した体位ドレナージを行う必要がある。たとえば、右肺に痰があれば、右側を上にする左側臥位にする。

5　×　痰が出やすいよう重力を利用し体位を工夫するが、長時間の同一体位は身体的・精神的に苦痛や弊害を生じるため避ける。

問題63　解答5
経管栄養に必要なケア

1　×、2　×、3　×、4　×、5　○

経管栄養では、水分不足、食物繊維不足、運動不足、腸蠕動機能の低下（薬剤性、神経性）等で便秘を生じやすい。

経管栄養の栄養剤の変更、注入速度、栄養剤、水分の注入量などすべて医師の指示によるもので、**介護福祉職が変更することはできない**が、運動を勧める

ことは介護福祉職にも可能である。Hさんは運動不足による便秘の可能性があるため、運動量を増やすことで改善が期待できる。

領域 介護
9 介護の基本

問題64 解答5
第8期介護保険事業計画に基づく介護人材の必要数について

1 × 2019（令和元）年度までの推移を見てみると、介護職員の総数は年々増加している。

2 × 介護職員数の内訳では、入所系が最も多い。次いで訪問系、通所系の順位である。

3 × 2040（令和22）年度末までの介護人材の必要数は約280万人と推計される。

4 × 2040（令和22）年度における都道府県別の介護職員の必要数は、最も多いのが東京都で263,741人、次いで大阪府235,608人、神奈川県203,805人、愛知県140,940人、埼玉県139,931人の順となっている。北海道は133,216人で、兵庫県134,276人に続いて7番目に多い。

5 ○ 国は、①介護職員の処遇改善、②多様な人材の確保・育成、③**離職防止・定着促進・生産性向上**、④介護職の魅力向上、⑤外国人材の受入環境整備などに取り組むとしている。

問題65 解答5
尊厳を支えるケア

1 × 終末期ケアにおいても、**尊厳を保てるように支援を行う**。

2 × 認知症の人に対しても、本人の意思、意向を可能な限り尊重する。

3 × 入浴拒否の理由を見極め、信頼関係の構築に努めて清潔保持を行う。

4 × 長く生きるだけでなく、利用者の生活の質（QOL）に配慮する。

5 ○ 尊厳を支えるケアとして、介護福祉職は、利用者がその人らしい生活が送れるように支援する。

問題66 解答5
多職種連携にかかわる専門職

1 × サービス提供責任者になるためには、介護福祉士、実務者研修修了者、旧介護職員基礎研修課程修了者、旧ホームヘルパー1級資格取得者といった資格や経験が必要であり、社会福祉士はそこに含まれない。なお、**サービス提供責任者は訪問介護事業所の要**ともいえる存在である。

2 × 精神保健福祉士は、精神保健福祉士法で位置づけられた国家資格であるが、業務独占の資格ではない。

3 × 医療ソーシャルワーカー（MSW）は国家資格ではない。病院や診療所で社会福祉の視点から患者やその家族の抱える経済的・心理的・社会的問題の解決・調整を支援し、社会復帰の促進を図る業務を行う。

4 × 介護支援専門員は国家資格ではない。各都道府県の実施する「介護支援専門員実務研修受講試験」に合格後、「介護支援専門員実務研修」を受講し、登録を受けて介護支援専門員証を交付された者をいう。

5 ○ 言語聴覚士は、言語聴覚士法に基づき制定された国家資格で、理学療法士や作業療法士等とともにリハビリテーションを担う。

問題67　解答4
ユニット型指定介護老人福祉施設

1 × 「指定介護老人福祉施設の人員、設備及び運営に関する基準」に「共同生活室は、いずれかのユニットに属するものとし、当該ユニットの入居者が交流し、共同で日常生活を営むための場所としてふさわしい形状を有すること」と規定されており、ユニットごとに設置する必要がある。

2 × 1ユニットの入居定員は、原則としておおむね10人以下（15人を超えないものとする）とされている。

3 × 「指定介護老人福祉施設の人員、設備及び運営に関する基準」に「要介護者が入浴するのに適したものとすること」と規定があり、ユニットごとに設置の必要性はない。

4 ○ 昼間はユニットごとに常時1人以上の介護職員又は看護職員を配置することとされている。

5 × 「指定介護老人福祉施設の人員、設備及び運営に関する基準」において「ユニットごとに、常勤のユニットリーダーを配置すること」と規定されており、各ユニットに1人配置しなければならない。

問題68　解答4
生活を支えるインフォーマルサービス

1 × 介助とは、AがBの日常生活を助けるという一方的な行為をいう。Aさんは、U通所介護事業所の職員にボタンを外すことを頼んでおり、それを受けて職員も行動したので、この関係は一方的ではない。

2 × 公助は、生活保護のように一般財源による生活保障を行う事業を表す。AさんとU通所介護事業所との関係にはあてはまらない。

3 × 共助とは、介護保険や介護給付のように制度化された相互扶助のことを表す。Aさんは居宅介護サービスを受けているが、U通所介護事業所を利用していないので、共助とはいえない。よって不適切である。

4 ○ 互助とは、インフォーマルな費用負担が制度的に裏付けられていない相互扶助を表す。Aさんは、U通所介護事業所を利用していないので、互助が適切である。

5 × 自助とは、自分で行うこと、また、自らの収入により自分の生活を自分で管理することなどをいう。よって、不適切である。

問題 69　解答 3
ヤングケアラー

1　×　一見、孫の気持ちを理解していそうだが、本人に頑張るように言っており、現状に対する不安の解消にはならず、**追い込んでしまう場合もあるため適切ではない**。

2　×　サービス内容の変更は介護支援専門員と相談する内容であり、本人や家族の**意向を確認**することなく、訪問介護員が提案することではない。

3　○　誰に不安を相談すればよいのか道筋を示し、不安の軽減につながる発言となっている。

4　×　Bさんは日常生活が難しくなってきており、現状の家事労働が可能かわからない。孫の不安の軽減にはつながっていない。

5　×　入所を希望しているかどうかは不明であり、**本人の意向を確認しないまま入所を勧めてはならない**。そもそも要介護2では介護老人福祉施設に入所することはできない。

問題 70　解答 1
日本介護福祉士会倫理綱領

1　○　日本介護福祉士会倫理綱領では、「利用者ニーズの代弁」として、「介護福祉士は、暮らしを支える視点から利用者の真のニーズを受けとめ、それを代弁していくことも重要な役割であると確認したうえで、考え、行動します」と定めている。

2　×　「奉仕的サービスの提供」に関する規定はない。「専門的サービスの提供」として、「介護福祉士は、常に専門的知識・技術の研鑽に励むとともに、豊かな感性と的確な判断力を培い、深い洞察力をもって専門的サービスの提供に努めます。また、介護福祉士は、介護福祉サービスの質的向上に努め、自己の実施した介護福祉サービスについては、常に専門職としての責任を負います」と定めている。

3　×　日本介護福祉士会倫理綱領に「介護放棄をした家族への責任追及」に関する規定はない。

4　×　日本介護福祉士会倫理綱領に「相互援助の徹底と推進」に関する規定はない。

5　×　日本介護福祉士会倫理綱領に「秘密保持義務への違反に係る罰則」に関する規定はない。介護福祉士に対する秘密保持義務などへの違反に係る罰則が規定されているのは、**社会福祉士及び介護福祉士法**である。

問題 71　解答 4
チームマネジメント

1　×　リーダーには集団の維持と目標の達成の両方が求められる。

2　×　フォロワーシップは集団の目的達成に向けてリーダーを補佐する機能・能力であるが、リーダーを含めた**チーム全体**に求められる。

3　×　フォロワーは、**自律的・主体的**にリーダーやメンバーに働きかける役割がある。

第3回

4 ○ カーネギーメロン大学のロバート・ケリー教授によると、組織が出す結果に対して「リーダー」が及ぼす影響力は10％〜20％程度なのに対し、「メンバー」が及ぼす影響力は80％〜90％にのぼることが分かっている。

5 × チーム内に医師がいても、いつもリーダーになるとは限らない。

問題72 解答2
介護保険サービス

1 × 定期巡回・随時対応型訪問介護看護は、日中・夜間を通して1つの事業所で訪問介護と訪問看護を提供する一体型と訪問介護事業者が地域の訪問看護事業所と連携しサービス提供する連携型がある。

2 ○ 介護保険法指定の入居定員29人以下のサービス付き高齢者向け住宅や介護付有料老人ホーム、養護老人ホーム、軽費老人ホームでの生活支援は、地域密着型特定施設入居者生活介護に含まれる。

3 × 夜間対応型訪問介護は、①夜間、利用者の通報に応じて調整・対応するオペレーションサービス、②夜間、利用者や家族の求めに応じた随時の訪問介護、③夜間の定期的な巡回による訪問介護を行う。

4 × 看護小規模多機能型居宅介護とは、利用者の選択に応じて、通い（通所介護）や短期の宿泊（短期入所）、訪問看護、訪問介護を組み合わせたサービスである。

5 × 介護老人保健施設等への短期入所療養介護や介護老人福祉施設への短期入所生活介護でも、おおむね4日以上連続して利用する場合、それぞれ介護計画を作成する必要がある。4日未満でも繰り返し利用している場合は、介護計画を作成し利用者の意向や状態に応じた支援を行う。

問題73 解答4
介護医療院について

1 × 介護医療院は、要介護者が長期療養し生活するための施設であるため、要支援者は入所することができない。（介護保険法第8条第29項）

2 × 介護医療院に、サービス管理責任者の配置規定はない。サービス管理責任者は、障害者支援施設に配置が必要な役職である。

3 × サービス提供責任者（サ責）は、訪問介護事業所に配置規定がある。介護医療院には配置規定がない。

4 ○ 介護医療院には、介護支援専門員の配置規定がある。さらに、医師、薬剤師、看護師または准看護師、介護職員、理学療法士等のリハビリテーション専門職なども配置規定がある。（介護医療院の人員、施設及び設備並びに運営に関する基準第4条）

5 × 介護医療院の開設には、都道府県の許可が必要である。（介護保険法第107条第1項）

領域 介護
10 コミュニケーション技術

問題74　解答1
直面化の技法
1　○　直面化は、利用者の感情と行動の矛盾点を指摘する技法である。
2　×　「はい」や「いいえ」だけで答えられる質問は、閉じられた質問である。
3　×　利用者が話した思いや考えを単に言葉を置き換えるのではなく、介護福祉職の言葉で表現するのは言い換えの技法である。
4　×　利用者が話した内容を介護福祉職が整理し内容をまとめることは、要約の技法である。
5　×　利用者が話した内容に、うなずきやあいづちを用いるのは、傾聴の技法である。

問題75　解答3
利用者と家族の意向が対立する場面
1　×　利用者と家族が意見を言えるよう、きっかけを作り、家族が利用者の話を聞くよう動機づける役割を持つ。
2　×　どちらかの意向を優先するのではなく、両者の意向を調整する。
3　○　記述の通りである。
4　×　介護福祉職は必要に応じてそれぞれの意向を代弁する役割を持つ。
5　×　介護福祉職だけでは十分な対応が困難なケースは、様々な専門職

の意見を聞き、解決する必要がある。

問題76　解答2
運動性失語症に関するコミュニケーション
1　×　感覚失語（ウェルニッケ失語）の特徴である。感覚失語症は、軽度の場合でも、「明日は、午後から外出します」といった文を理解できないことも多い。また、錯誤も多く見られ、こちらが推測することが難しいような発語になることもある。
2　○　運動性失語（ブローカ失語）は軽度の場合は、「明日は、午後から外出します」といった文は、理解することができる。また、短文は話すことができるが、たどたどしく、ときに詰まったり、別の言葉が出てきてしまったりすることがある。
3　×　失語症の人とのコミュニケーションには、できるだけ静かな場所で、1対1で話をすることが求められる。人の多い環境でのコミュニケーションは落ち着かず、雑音などにより注意が散漫になってしまう。
4　×　失語症の人とのコミュニケーションにおいては、抽象的な表現ではなく、できるだけ具体的な表現を心がけることが大切である。言葉以外の絵や写真、ジェスチャーなどを活用することも必要である。
5　×　失語症の人とのコミュニケーションでは短い文で明瞭に話しかけ、「はい」「いいえ」で答えられる形で質問することが有効である。ま

第3回

た、急に話題を変えずに、伝わらなければ繰り返す、伝わったかどうか確認しながら話を進めることが重要である。

問題77　解答2
多職種協働チームのコミュニケーション

1　✕　それぞれの職種が、お互いの専門性を活かした支援を行うため、方法は異なる。

2　○　利用者を支援するためには、お互いの専門性を活かした意見を尊重しあうことが重要である。

3　✕　お互いの専門性を活かした意見を尊重しあう。

4　✕　専門性が異なるため、利用者の捉え方や視点も異なる。

5　✕　お互いの専門性を活かした視点から得られた情報を共有することで、片寄りのない支援が行える。一方通行に指示を受けるものではない。

問題78　解答2
ICTを活用した介護記録とその管理

1　✕　インターネットに接続された環境では、ウイルス対策ソフトだけでは情報漏洩を防げない可能性もある。例えば、パソコン内部に潜み、情報を勝手に流出させるスパイウェアにも注意が必要なので、ウイルス対策に加えてスパイウェア対策も含まれた総合セキュリティソフトを使用したうえで、パソコンの状態を定期的に点検する必要がある。

2　○　データは、定期的にバックアップする必要がある。

3　✕　パスワードが漏れると他のサービスへ不正にログインされてしまうおそれがあるため、パスワードは複数のサービスで使い回ししない。

4　✕　介護記録には、利用者のできたこととできなかったことの両方を記載する必要がある。

5　✕　USBフラッシュメモリは小型で携帯性に優れているが、その分、紛失や盗難の危険性もある。よって、情報漏洩を防ぎ、個人情報を守るためにも、利用者の情報が入ったUSBフラッシュメモリを自宅に持ち帰るべきではない。

問題79　解答4
入所間もない認知症のある利用者への介護福祉職の対応

1　✕　この場合の「仕方ないですね」は、Ｃさんの気持ちを受け止めようとせず、Ｃさん自身に責任があると受け取られる可能性もある。さらに「次回は必ずお風呂（ふろ）に入ってくださいね」とＣさんに精神的な圧力をかけるような対応はすべきでない。

2　✕　「落ち着かないのですね」とＣさんの気持ちをいったん受け止めているが、その後「お風呂に入れば気分転換にもなりますよ」と話の内容を変えている。Ｃさんの気持ちはまだ十分に表出されているとはいえず、その前に話の内容を変えるのは不適切である。また、Ｃさんにはア

ルツハイマー型認知症もあるため、話の内容をすぐに変えると混乱するおそれもある。

3 × 「気が向いたときにお風呂に入りましょうね」は、入浴するか否かはＣさんに任せるという内容に受け取られ、Ｃさんの入浴拒否の理由に迫り、その課題を解決しようとする介護福祉職の姿勢に欠ける。

4 ○ Ｃさんの夫が入院していること、入所して日が浅いこと等、Ｃさんにとっては落ち着かず、心配なことがいろいろある。こうしたＣさんの思いに対して共感と受容の姿勢で対応することは重要である。

5 × Ｃさんは入浴拒否の理由として「お風呂が嫌だ」とは言っていない。にもかかわらず「お風呂が嫌で落ち着かなくて、不安なのですね」と決めつけ、入浴から清拭に変更することは不適切である。

領域 介護
11 生活支援技術

問題80 解答2
エンゲル係数

1 × エンゲル係数は、家計の消費支出に占める食費の割合である。交際費は、町内会費、お祝い金や見舞金など、親戚や近所の付き合いに必要な費用である。

2 ○ 食費は一人ひとりが食事に消費する費用で、家計を共にする家族分の食費が多くなれば、生活は苦し

くなる。一般的にエンゲル係数が高いと家計は苦しいとされる。

3 × 住居費は、住まいにかかる費用で、住宅ローンなども含まれる。

4 × 光熱水道費は、生活環境を整える費用で、電気・ガス・上下水道などがあてはまる。

5 × 教育娯楽費は、余暇活動に必要な費用のことで、スポーツ、遊び、新聞、書籍の購入費などが含まれる。

問題81 解答3
バリアフリーとユニバーサルデザイン

1 × ハートビル法（高齢者、身体障害者等が円滑に利用できる特定建築物の建築の促進に関する法律）は、日本で初めて高齢者や障害のある人等の建築物（デパートやホテル、学校等）の利用を考慮することを規定した法律である。設問は交通バリアフリー法（高齢者、身体障害者等の公共交通機関を利用した移動の円滑化の促進に関する法律）のことである。

2 × 設問はバリアフリーが解決すべき4つのバリア（障壁）のことである。ユニバーサルデザインには「誰でも使用でき、入手できること」「柔軟に使えること」「使い方が容易にわかること」等が明記されたユニバーサルデザインの7原則がある。

3 ○ バリアフリー新法は正式には「高齢者、障害者等の移動等の円滑化の促進に関する法律」といい、2006（平成18）年6月に制定され、

第3回

同年 12 月から施行された。

4　×　ユニバーサルデザインは、子どもから高齢者、障害のある人もない人も、すべての人にとって可能な限り最大限に使いすいように配慮されたデザインのことである。設問は、バリアフリーのことである。

5　×　シャンプーの容器の側面につけられた凹凸（ギザギザ）は、洗髪中、目を閉じた状態でもシャンプーとリンスの容器の区別がつくように工夫されたものである。片麻痺のある人だけでなく、視覚障害のある人をはじめ、より多くの人の使いやすさを考えたユニバーサルデザインである。

問題 82　解答 4
施設の介護における安全の確保

1　×　事故が発生した場合、施設の職員の安全ももちろん大事だが、まずは、利用者の安全を確保する。

2　×　利用者には、均一ではなく個別に合わせたサービスを提供する。

3　×　利用者の拘束は法令で禁止されている。やむを得ない場合は、「一時性」「切迫性」「非代替性」の原則の 3 つを全て満たす必要がある。

4　○　施設の職員に定期的に研修を行うことで、職員全てが利用者や施設としての安全に関する知識や技術を統一して持つことができる。

5　×　安全研修については事故後に行うのも有効だが、実際に事故が起こらないように、事前に定期的な研修を実施することが重要である。

問題 83　解答 1
老化に伴う機能低下のある高齢者の住まい

1　○　老化に伴う機能低下といった場合、下肢筋力の低下による歩行能力の低下等が想定できる。よって、尿意便意を感じた際に負担や時間をかけず無理なくトイレに行けるよう、寝室はトイレに近い場所が望ましい。

2　×　出入口の戸は、開閉のためのスペースが少なく、引き開き加減の調節が簡単で風による影響が少ないこと、ドアのそばまで行って開閉する為の姿勢が安定していることから開き戸よりも引き戸の方が望ましい。

3　×　一般的に、人は音の大きさが 70 デシベル以上で騒がしいと感じる。睡眠には 40 デシベル以下の環境が良い。

4　×　階段の手すりは、片側のみの場合、降りる時に利き手で持てる側に設置する。

5　×　老化に伴う機能低下により、視力低下も想定でき、同色の壁紙と手すりを見た場合、2 つを識別することが難しくなる。よって壁紙と手すりは異なる色とし、コントラストを変化させ、手すりが目立つようにする。

問題 84　解答 4
体位変換の方法
1　×　右片麻痺がある利用者を仰臥位から側臥位に体位変換する際は、健側の左手で患側の右手を保護し、胸の上で組むようにする。その結果、身体が小さくまとまり、体位変換しやすくなる。
2　×　左片麻痺がある利用者を仰臥位から側臥位に体位変換する際は、健側の右側を下向きにする。患側（麻痺側）を下向きした場合、循環障害が生じやすい。さらに危険物に接触してケガをしたとしても、それに気づかず、状況を悪化させてしまうおそれもある。
3　×　右片麻痺がある利用者を仰臥位から左側臥位に体位変換する場合、頭部が左側に移るため、左側に枕を寄せ、頭と枕の位置にずれが生じないようにする。
4　○　左片麻痺がある利用者を仰臥位から側臥位に体位変換する場合、まず利用者が健側の右膝を立てる。次に介護福祉職が患側の左膝を立てて支えるようにする。
5　×　側臥位から端座位への体位変換では、てこの原理を活用し、利用者の臀部を支点とし、弧を描くように介護福祉職のほうに引き寄せながら上半身を起こす。

問題 85　解答 5
実行機能障害のある利用者への調理の介護
1　×　メニューを決める際には栄養バランスを考慮しながら、利用者の好みや希望を取り入れることが大切である。食べてもらえるのが大前提である。
2　×　実行機能障害になると計画や順序立てた行動が困難になるので、食材はまとめて渡すのではなく、必要なタイミングに合わせて渡す。
3　×　食材選びは、旬のものを考慮しながらも利用者の好みを重視しないと食べてもらえない可能性がある。
4　×　実行機能障害がある場合、メモで見るだけでは理解できないことが多く、調理の手順を隣で1つずつ伝える必要がある。
5　○　調理しやすい環境は本人への負担が減り、調理に気持ちが向きやすくなる。

問題 86　解答 5
クーリング・オフ制度
1　×　クーリング・オフ制度とは、訪問販売等で契約しても契約日から一定期間内ならば無条件で解約できる制度である。訪問販売では、クーリング・オフ可能な期間は8日間である。
2　×　電話勧誘販売や特定継続的役務提供（エステティックサロン、語学教室等）の場合、クーリング・オフができる期間は、8日間である。

3 × 連鎖販売（マルチ商法）や業務提供誘引販売（モニター商法等）の場合、クーリング・オフできる期間は20日間である。なお、連鎖販売（マルチ商法）とは、会員が新規会員を誘い、その新規会員がさらに別の会員を勧誘していく連鎖型の販売・取引の仕組みをいう。

4 × 通信販売には原則としてクーリング・オフ制度が適用されない。

5 ○ 書面の記載内容に不備がある時は、所定の期間を過ぎていてもクーリング・オフできる場合がある。なお、クーリング・オフについては、最寄りの消費生活センター等に相談するとよい。

問題87　解答4
変形性膝関節症である要支援の利用者に対する助言

1 × 「近所の商店街に歩いて出かけて、自分で食材を選んで作りたい」という気持ちがあるので、不適切である。

2 × 「近所の商店街に歩いて出かけて」という気持ちがあることや、要支援2で一人暮らしであることを考えても、歩く機会を減らすことは望ましくない。

3 × 介護タクシーでは買物はできるが歩く距離が減ってしまうので、体力の低下につながる危険性もあり、適切ではない。

4 ○ 膝の調子が悪いときやふらついても調理ができるように、台所の

環境を整えることは大切である。

5 × 「自分で食材を選んで作りたい」と考えているので、宅配サービスは不適切である。

問題88　解答2
皮膚の乾燥が強くなった高齢者の入浴介護

1 × 42℃以上のお湯の場合、皮脂が失われ、保湿機能が低下し、皮膚の乾燥が助長されるため、38℃前後のぬるま湯が良い。

2 ○ 弱酸性の石鹸は皮膚への刺激が少ない。

3 × 洗身用のタオルを使う場合は、柔らかい木綿生地のタオルが良い。

4 × 入浴剤の成分に硫黄が含まれている場合は、皮脂を落とし皮膚の乾燥を助長させるため使用は避ける。

5 × 入浴後、しっかりと水分をふき取る前に保湿したほうが乾燥予防に効果がある。

問題89　解答4
高血圧症の利用者に対する入浴介助

1 × 室温の差から生じるヒートショックによって心臓に負担をかけることになるため、高血圧症や心疾患がある利用者に対しては、脱衣室と浴室の室温に差が生じないように配慮する必要がある。

2 × 入浴介助においては、入浴時間の目安を15分程度とし、長湯を避ける必要がある。特に高血圧症や心疾患がある利用者に対しては、長

湯は避けなければならない。

3　×　高血圧症や心疾患がある利用者が入浴する場合には、**浴槽内の水位を心臓より下にすることによって、心臓への負荷を軽減する必要がある**。肩までしっかりとつかると、静水圧の影響により心臓に負担をかけることになってしまう。

4　○　一般的に高血圧症の人が42℃程度以上の熱い湯につかると、心臓に負荷がかかるため、39℃程度のぬるめの湯につかるように配慮する必要がある。

5　×　入浴すると発汗作用によって体内の水分量が減り、血液の濃度が増し、血栓が生じやすくなるため、**入浴後の水分摂取は望ましい**。心不全等があって水分制限が必要な場合は、医師の指示に基づいた量の水分を適切に摂取する必要がある。

問題90　解答4
福祉用具とその説明の組み合わせ

1　×　説明文がバスボードの内容である。よって、適切でない。

2　×　説明文が**スライディングボード**の内容である。よって、適切でない。

3　×　説明文がシャワーチェアの内容である。よって、適切でない。

4　○　**バスリフトは、入浴する際に、電動で座面が昇降して、浴槽から立ち上がる動作を補助する福祉用具である**。一人で立ち座りや浴槽をまぐことが困難な人に適している。

5　×　ウォーターマットの内容である。床ずれ防止用具の1つで、水を使用することにより、体圧を分散させる効果がある**マットレス**のことである。よって、適切でない。

問題91　解答3
安眠への支援と効果

1　×　医師への相談で睡眠薬は処方されるが、その前に介護福祉職は、利用者の安眠の支援をはかるべきで**安易に睡眠薬を勧めない**。睡眠薬は習慣化するおそれもある。

2　×　心不全の既往歴があり、心臓の機能が低下していれば全身に必要な血液量を送ることが困難になる。就寝直前に熱い風呂に入ることは、**静水圧による心臓の負担**が考えられ危険であるとともに、深部体温が上昇し眠れなくなる。

3　○　日中の活動量の増加により**適度な疲労感があるとよく眠れる傾向**にある。また、日光を浴びると**メラトニンが分泌抑制**し、夜間の暗い環境でメラトニン分泌促進により、眠る態勢ができるので、車いすでの散歩は有効である。

4　×　日中の昼寝が長いと、**概日リズム**がくずれ、**昼夜逆転**する生活になるおそれがある。朝の起床時にカーテンを開け日光を浴びることで、概日リズムは回復する。規則的な日課を習慣化し、日中の過ごし方を工夫することが望ましい。

5　×　心不全を発症する以前にはス

イミングをしていたが、心臓の負担、呼吸の苦しさが増長するおそれがあり、再度始めることは命に関わる危険行為である。

問題92　解答3
クロックポジション

1　×　クロックポジションでは、視覚障害者がイメージしやすいよう、時計の文字盤の位置を利用して物の場所を知らせる。汁物は3時の方向に置く。利用者から離れた位置に置くと取りにくい。

2　×　主食（米飯）は9時の方向に置く。主食（米飯）は、手を伸ばしてすぐに取れる位置に置くと、食事がしやすい。

3　○　箸やスプーンは、最も手前（6時の位置）に置くことが基本である。

4　×　主菜は12時の方向に置く。食事を摂るためのバランスの良い配置が求められる。

5　×　箸やスプーンは、基本的に一番手前に置く。小鉢は、11時などの方向に置かれることが多い。

問題93　解答5
次亜塩素酸ナトリウムを主成分とする衣類用漂白剤

1　×　次亜塩素酸ナトリウムを主成分とする衣類用漂白剤は、塩素系漂白剤に該当する。塩素系漂白剤は、毛・絹製品には使用できない。

2　×　塩素系漂白剤は強い脱色効果があり、色柄物の漂白には適さない。

3　×　塩素系漂白剤を熱湯で薄めると、成分が分解され、漂白効果がなくなる。また塩素ガスを大量に発生させて危険なため、熱湯は使わない。

4　×　塩素系漂白剤は、インフルエンザやノロウイルスの感染予防目的の消毒に適している。ただし、アルカリ性が強いため、皮膚や目に触れないようにし、誤って付着した場合は応急処置としてすぐに流水で洗う。インフルエンザの場合は、アルコール製剤も有効である。

5　○　塩素系漂白剤は、ほかの漂白剤より脱色効果が強く除菌効果も大きい。

問題94　解答5
機能性尿失禁

1　×　機能性尿失禁では、下部尿路系に器質的な障害が認められないにもかかわらず、身体障害や認知症などの要因によって、トイレに間に合わないために排泄の失敗をしてしまう。そのため、水分摂取を制限することは、症状の改善につながらないだけでなく、脱水症状を生じるおそれもある。

2　×　機能性尿失禁は、下部尿路系に器質的な障害が認められないという特徴がある。よって、尿路の疾患が疑われるものではない。

3　×　身体障害者の場合、トイレを洋式に変更することで、排泄が容易になるが、トイレの設備を変更しても、直接的に機能性尿失禁の改善に

つながるものではない。

4　×　機能性尿失禁の場合、下部尿路系に器質的な障害が認められないという特徴があることから、尿意などにも問題はないため、できる限り排泄はトイレで行うことが望ましい。よって留置カテーテルを使用する必要はない。

5　○　機能性尿失禁の場合、尿意などには問題はないが、トイレに間に合わないために排泄の失敗をしてしまうことから、早めのトイレ誘導や居室をトイレに近い場所に変更する、ポータブルトイレを設置するなどの対応を図ることが大切である。

問題95　解答4
脱水症状と介護福祉職の支援

1　×　便秘ではなく、下痢が続くと体内の水分も一緒に排出されてしまい、脱水症状を引き起こしやすい。脱水症状がみられたら、経口補水液等で水分と電解質を補給する。

2　×　脱水とは、必要な水分やナトリウム等の電解質が不足した状態で、そのシグナルとして口唇や口腔内、皮膚が乾燥する。しかし、高齢者は口渇感を感じにくくなり、脱水を引き起こしやすいため、本人の自覚に関係なく、こまめな水分補給で脱水予防を心がける。

3　×　脱水になると口唇や口腔内、皮膚の乾燥に加え、発熱、食欲低下、場合によっては意識障害を引き起こす。脱水による意識混濁がある場合、

水分を飲ませようとすると誤嚥のおそれもあるため、急いで救急車を呼び、医療機関に搬送する。

4　○　脱水症状が出た際は、温かい飲み物に比べ、冷たい飲み物のほうが、吸収率が良い。よって、適度に冷たい飲み物を提供する。

5　×　緑茶や紅茶、コーヒー等にはカフェインが含まれている。カフェインには覚醒効果に加え、利尿作用があり、必要以上に水分を体外に排出させてしまうおそれがあるため、脱水症状が出た際、緑茶を水分補給として提供するのは適切ではない。

問題96　解答3
睡眠

1　×　ノンレム睡眠は一般的に「脳の眠り」といわれるように脳が休息しているが、筋肉の活動は休止されていない状態をいう。レム睡眠では身体は深く眠っているが、脳は覚醒に近い状態である。

2　×　夏と冬によって寝室の室温は調整する必要がある。例えば、室温は、夏は26℃前後、冬は20℃前後が望ましい。湿度は、乾燥を防ぐためにも60%前後が望ましい。

3　○　牛乳には安眠につながるトリプトファンが含まれている。また、温かい牛乳を飲むことでリラックス効果も得られ、副交感神経が優位になることも安眠につながるといえる。

4　×　身体の中心部の温度のことを深部体温といい、入浴によって深部

体温を上げ、その後、徐々に下がることによって寝つきがよくなる。しかし、就寝する20分前の入浴の場合、まだ**深部体温が上がったままの状態**であるため、かえって**寝つきが悪くなる**おそれがある。

5　×　夜食をとると、**胃や腸が消化活動を始めてしまったり、体内時計が乱れてしまったり**する。そのため、眠りが浅くなって途中で目が覚めてしまう等、ぐっすりと眠ることができなくなるおそれもある。また、**多量の飲酒**は、かえって**睡眠の質を低下**させる。

問題97　解答2
手浴・足浴

1　×　手浴や足浴で用いる湯温は、**39℃程度のぬるめの湯**とする。特に足は皮膚の表面温度が低く、湯温を熱く感じやすい。また、認知症対応型共同生活介護事業所の利用者には認知症があるため、湯温が熱いことをうまく介護福祉職に伝えられないケースも考えられるので、熱めの湯（**約42℃以上**）は避ける。

2　○　手浴または足浴では、手または足をしばらく湯に浸すことで、**血行が促進される**だけでなく、皮膚がふやけて**汚れを落としやすくなる**。

3　×　手指に拘縮があると手の中が蒸れ、汚れがたまりやすく、嫌な臭いが発生する場合もある。そのため、手指に拘縮がある際は入浴日以外にも手浴を行い、手の中の**清潔保持**を

図るようにする。さらに手浴の際に手指のマッサージや運動を行えば、拘縮予防や拘縮の悪化防止にもつながる。なお、拘縮とは関節が硬くなり、関節の動く範囲（関節可動域）が制限された状態を指す。

4　×　足浴は、冷え性の利用者や足に疲労が残っている利用者に加え、**浮腫（むくみ）がある利用者**にも効果がある。**血行が良くなり老廃物の排出が促進され、浮腫が改善される**。また、リラックス効果を高め、眠気を誘う効果もある。なお、下腿とは足の膝から足首までの範囲をいう。

5　×　白癬は、いわゆる**水虫**のことを指す。足に白癬があっても、足浴は行えるが、白癬菌は湿度を好むため、足浴後は、水分をしっかりと拭き取り、乾燥した状態にする必要がある。その後、医師から処方された薬を塗り、清潔な靴下を履く。

問題98　解答3
けいれん発作の対応

1　×　けいれん発作中の抑制は行わない。

2　×　どのような形でけいれん発作を起こしたのかを検証する必要はあるが、Ｆさんの周囲に散乱している物で、Ｆさんが発作中に切り傷などを負うおそれがある場合には、その物（危険物）を遠ざけて、**外傷の防止**を図る必要がある。

3　○　けいれん発作の際には、柔らかいものを頭部に置いて、頭部を保

護する必要がある。

4　×　咬舌を予防する目的で口腔内に物を入れようとしてはならない。

5　×　けいれん発作中ではなく、治まった後に、気道が開通しているかどうかを確認する必要がある。

問題99　解答1
咀嚼・嚥下機能が低下している利用者への食事介助

1　○　咀嚼・嚥下機能が低下している場合、患側の口ではさらに咀嚼がうまくできないため、健側の口から入れるとよい。

2　×　食べ物の逆流や誤嚥、窒息を防止するため、食後はすぐに臥床せず、しばらく座位姿勢を保つ。

3　×　立ったまま食事介助すると、利用者の顎が上がって頭が後ろに傾き、嚥下しにくく、誤嚥しやすい姿勢になってしまう。また、介護福祉職が利用者を見下ろす形で介助するため、利用者に失礼である。

4　×　食事形態をミキサー食にし、口腔に流し込むような全介助は利用者の尊厳を無視する行為である。また、嚥下機能が低下している場合、ミキサー食だとかえって喉に残りやすく、寝ている間に誤嚥する危険性もある。

5　×　ベッド上で仰臥位のまま食事介助すると、食べ物が気道に入りやすく誤嚥しやすいので、座位姿勢で上半身を起こす必要がある。

問題100　解答4
排泄介助

1　×　ポータブルトイレを活用する場合には、利用者の体型や障害の特性などに合ったものを、利用者自身が選定できるように支援することが適切である。

2　×　腹圧性尿失禁の場合には、医療的治療を必要としないなど、尿失禁について、必ず医療的治療を要するわけではない。

3　×　摘便や浣腸は、長期的に便秘が続く場合に行うことがあるが、便秘の予防とはならない。便秘予防には、定期的な水分摂取、規則正しい食事、適度な運動などが効果的である。なお、介護職は、摘便は行えず、浣腸は市販薬のみ使用できる。

4　○　トイレまでの移動が間に合わない利用者が排泄の自立を図るための有効な方法には、ポータブルトイレの活用、定期的なトイレ誘導、トイレに近い部屋へ移るなどがある。

5　×　高齢者に下痢がみられた場合に水分摂取量を制限すると、脱水症状を生じる危険性があるため、水分摂取量を制限する必要はない。

問題101　解答4
胃ろうの留意点

1　×　カテーテルが抜けた原因を探ることは大切だが、時間がかかると、穴（ろう孔）が自然に閉塞してしまうため、まずは医療職に報告する。

2　×　カテーテルの抜去について、

特に問題ないと判断することは不適切である。速やかに医療職に伝える。

3 × 穴（ろう孔）が閉塞するのを待って、医療職に報告するのでは対応が遅すぎる。速やかに**医療職に報告**する。

4 ○ カテーテルが抜去した場合、時間がたつと、穴（ろう孔）が自然に閉塞してしまうため、速やかに主治医などの**医療職に報告**する。穴が閉塞する前に新しいものに交換するなど医療職の対応が必要となる。

5 × カテーテルの抜去の原因には、自然抜去、自己抜去、脱落などの種類がある。事例文から、Gさんのカテーテルがなぜ抜けたかは判断できない。よって、Gさんが自分で抜いたと判断することは不適切である。さらに、Gさんに抜かないように注意することも不適切である。

問題 102　解答 3
口腔ケア（こうくう）

1 × 高齢者は、加齢に伴って、歯と歯の隙間が広くなることや唾液分泌量（だえき）が低下することなどによって、むし歯や歯周疾患を生じやすい。

2 × 機械的清掃法には、歯ブラシによるブラッシングなどの方法があり、口腔洗浄剤を用いる**化学的清掃法**よりも効果的に口腔内の清掃を行うことができる。

3 ○ 口腔ケアの効果には、味覚の回復、嚥下反射の改善（えんげ）、唾液分泌量の改善、咳反射の改善（がい）、歯周病など

の口腔疾患の予防などがある。

4 × 経管栄養を行っている高齢者であっても、唾液分泌の減少によって自浄作用が低下するため、口腔内が不衛生になりやすい。よって、**適宜口腔ケアを実施する必要がある**。

5 × 口腔の機能には、咀嚼（そしゃく）、嚥下、発音、口呼吸がある。

問題 103　解答 1
食事制限のある利用者の食事

1 ○ 骨粗鬆症の利用者には、ビタミンAとカルシウム（Ca）を多く含む乳製品、豆類、小魚の摂取を勧める。

2 × 糖尿病の利用者には、食物繊維を多く含む野菜や海藻類の摂取を勧める。

3 × 慢性腎臓病の利用者には、たんぱく質、塩分、カリウム、リンと水分を制限した食事を提供する必要がある。特に生野菜や海藻類はカリウムを多く含むため不適切である。

4 × 高血圧症の利用者には、1日6g以下の塩分制限の食事を提供する必要がある。

5 × 脂質異常症の利用者には、脂肪の少ない魚料理を勧め、揚げもの料理や肉、バターを控えた食事を提供する必要がある。

問題 104　解答 2
終末期介護での介護福祉職の対応

1 × 意識がなくなった場合であっても、聴覚機能は比較的維持されて

いるので、利用者の家族に声かけをするように勧める必要がある。

2　○　利用者の死後は、利用者の家族に対し、死別の克服に向けた心理的なケアなどの支援を実施する。

3　×　グリーフケアとは、悲嘆ケアともいい、介護福祉職やカウンセラーなどが連携して行うものである。

4　×　終末期介護では、患者に対し、手を握るなどのスキンシップを図ることにより、不安や苦痛を軽減し、安心感が得られるように対応する。

5　×　終末期介護は、医師、介護福祉職、カウンセラーなどの専門職が連携して対応するチームアプローチが基本である。利用者は、**身体的苦痛、精神的苦痛、社会的苦痛**などの苦痛を感じているので、その種類に応じて適切な専門職が対応する。

問題 105　解答 1
死期が近づいた利用者への介護

1　○　全身の倦怠感を訴えている場合は、体力消耗を最小限にとどめるため、部分清拭(せいしき)が良い。

2　×　死期が近づいている利用者には、エネルギー補給よりも、本人が**食べたいものを食べたいときに摂取**できる工夫が必要である。

3　×　チアノーゼは、心臓機能と呼吸機能が低下し、全身の循環障害が起こっていると出現する。呼吸がしやすい起座位(きざい)に体位を変換するか、末梢神経を温罨法(おんあんぽう)で温める。

4　×　アイスマッサージは嚥下(えんげ)反射

を誘発させるために行う。死期が近づくと、呼吸を口で行うため、口腔内が乾燥しやすい。**少量の水分を口に含ませる**などのケアを行う。

5　×　傾眠状態が続いても、朝には、**日光を浴びたり、部屋の空気の入れ替えをしたりしてよい**。常に部屋を暗くする**必要はない**。

領域 介護
12 介護過程

問題 106　解答 5
介護過程の展開

1　×　介護過程は、利用者に関する情報収集に始まり、介護計画の作成をもって終了するのではなく、アセスメント（情報収集を含む）、介護計画の作成、介護の実践、評価などの過程をたどるものである。

2　×　アセスメントにおいて収集する情報は、利用者本人から聴取した情報が基本である。また、利用者の家族などから得た情報、援助者が利用者を観察して得た情報なども含まれる。

3　×　作成した介護計画は、利用者の心身状態の変化などに応じて、適宜、変更する必要がある。

4　×　実践に際しては、**他職種との連携が必要**である。

5　○　評価では、介護計画を作成した際に設けた**目標**について、利用者がどの程度到達できたかなどを確認する。

問題 107　解答 5
介護計画の目標設定

1　×　介護計画の目標は期限を明確にして、期待される結果が現れるのか、いつ評価するのかを定めて、目標と実態が合わない場合には目標の変更を検討しなければならない。

2　×　マズローの欲求階層説では、一般的に下位の欲求ほど優先順位が高いと考えることができる。下位の欲求は、食べ物や、水、空気、睡眠など生命維持のための本能的な欲求、生理的欲求である。

3　×　長期目標や短期目標は、利用者が実際に取り組める目標であることが重要である。

4　×　生活課題を利用者がどのように解決するのか、利用者を主語とした取り組みの目標を記述する。

5　○　利用者が望む自己実現を目指す。一人ひとりの生活習慣や価値観を尊重し、利用者の意向に沿った目標は個別的なものである。

問題 108　解答 4
居宅介護支援と介護過程

1　×　サービス担当者会議は、利用者や家族、介護支援専門員、サービス提供者などが参加して、ケアプラン（居宅サービス計画）を検討する。

2　×　原則として、インテークの段階では、ケアマネジメントを開始する契約を結ぶ。その後ケアプランの原案が作成され、サービス担当者会議を経てケアプランが完成する。ケ

アプランに基づいて、サービス提供事業者にサービスが依頼される。

3　×　訪問介護計画は、ケアプランに基づいて、**訪問介護サービス事業者**が作成する。

4　○　個別援助計画（この場合、訪問介護計画）では、原則として、ケアプランで確認された「**総合的な援助の方針**」「**生活課題（ニーズ）**」「**長期目標**」「**短期目標**」を共有しなければならない。

5　×　在宅においては、介護支援専門員は、サービスが開始（実施）されたら、少なくとも1か月に1回は、利用者の居宅を訪問し、モニタリングを行う。

問題 109　解答 4
ICF の視点　環境因子

1　×　手先が不器用になりお金を財布から取り出すのに時間がかかることはICFの視点では**身体構造**の問題で、関連して**活動**の内容である。

2　×　利用者は「欲しいものを選んでも、自分でお金を支払わないと買った気がしない」ことが不満であると考えられる。利用者個人の感じ方であるので個人因子である。

3　×　特に買い物が利用者の楽しみであることは、ICFの視点では**心身の状況**のカテゴリーに入る。

4　○　「遅い、早くして」と他の客から苦情があっても、介護福祉職が支払いをせず、利用者が支払うことを優先していれば、利用者の楽しみ

を奪うことはなかったはずである。利用者が支払える環境の一部として介護福祉職の存在があると考えられるので環境因子と言える。

5　×　買い物の代金を支払うことは、活動とみることができる。

問題 110　解答 4
Jさんの再アセスメント

1　×　短期目標は 3 か月と設定期間が区切られているため、その期間内に起こったことを全て踏まえて分析しなければならない。

2　×　Jさんが嘘をついていると判断する根拠は事例文には特にない。認知症の症状として発言に一貫性がないことはあるが、Jさんにはその状況にあたる説明は特にない。

3　×　Jさんは入浴時間に対して何か感じているわけではなく、「風呂場が怖い」と発言している。この言葉を介護福祉職としてどう解釈するかが再アセスメントをする際に重要となる。

4　○　Jさんが発言している言葉からその思いを解釈することが、再アセスメントとなる。

5　×　Jさんの発言から、「風呂場が怖い」ために、入浴を断っていたということがわかる。Jさんは入浴自体を嫌がっているわけではないので、介護計画に入浴に変わる新たな短期目標を設定することは、再アセスメントとして適切ではない。

問題 111　解答 3
チームアプローチの基本

1　×　チームアプローチでは、他のチームメンバーの役割や専門性などを十分に理解しておく必要がある。

2　×　地域住民やボランティアなど、利用者にとって必要な社会資源であれば、チームメンバーに加わることができる。

3　○　チームアプローチでは、メンバー間で情報を共有し、援助目標などについて共通認識の下、支援を行っていくことが大切である。

4　×　チームメンバーは、利用者の支援内容や支援段階などに応じて、流動的に変化するものである。

5　×　医療職が主導し、介護福祉職は補助的な役割を担うものではない。チームアプローチは、チームメンバーが連携・協力し、利用者にとって適切な支援を提供するものである。

問題 112　解答 4
介護計画の評価

1　×　Kさんが困っている情報があり、安全性が脅かされている可能性もあるので、計画は順調であるとは言えない。

2　×　短期目標である転倒は確かに確認できていないが、よろけている情報があるので、長期目標は達成できていない。また、屋内よりも屋外の方が転倒した場合、大きいけがをする可能性が高いことにも配慮する。

3　×　ご近所からの情報は大切だが

頼りにするのではなく、事業所や専門職などの情報も参考にしてから次の判断を行うべきである。

4　○　Ｋさんの状況と計画の間に、ズレが生じてきているので、訓練内容を見直す時期と考えられる。

5　×　本人の希望や電動車いすの必要性も確認できていないので、まずは正確に状況を把握するべきである。ただし、転倒を防ぐためにも、早急に行うべきである。

問題113　解答5
介護過程における利用者のニーズ把握

1　×　問題文のなかで「料理は苦手」と発しているが、「おいしい料理をつくりたい」とは発していないため、Ｍさんの思いとはいえない。

2　×　問題文のなかで「夫に家事に専念しなさいと言われている」と発しており、Ｍさんが家事に専念したいとは発言していない。

3　×　問題文のなかで、夫と長男と農業をしている旨の記載があり、後継者を探している状況ではない。

4　×　問題文のなかで「収穫は楽しい」と発しており、また現在、リハビリテーションにも意欲的に取り組んでいることから、「家でのんびりしたい」という気持ちとはいえない。

5　○　問題文のなかで「収穫は楽しいし、採れたての野菜を近所のお友達に配ると喜んでもらえるのよね」と、家族とともに農業にかかわりたい気持ちを伝えている。

問題114　解答4
罹患していると考えられる認知症

1　×　前頭側頭型認知症（ぜんとうそくとうがた）は、脳の前頭葉から側頭葉が萎縮（いしゅく）して生じる認知症で、40歳以上65歳未満の初老期に多くみられること、同じ行動を繰り返す常同行動、急に怒りっぽくなる性格変化、痴漢や万引き等をする反社会的行動等を特徴としている。Ａさんにはこれらがみられない。

2　×　血管性認知症は、脳血管障害によって引き起こされる認知症で、片麻痺や言語障害を伴いやすく、初期症状として頭重感（ずじゅうかん）や眩暈（げんうん）（めまい）、耳鳴り等がある。Ａさんにはこれらの症状がみられない。

3　×　軽度認知障害（MCI）は認知症になる一歩手前の状態であり、認知症ではない。記憶障害はあるものの、日常生活への影響も少ない。

4　○　レビー小体型認知症は、レビー小体という物質が脳の神経細胞にたまって生じる認知症である。表情が乏しい仮面様顔貌（かめんようがんぼう）、歩き始めの一歩が出しづらいすくみ足といったパーキンソン症状に加え、症状が1日の中で変化する日内変動、実際には見えない人が見える等の幻視、睡眠中に大きな声を出したり、手足を大きく動かしたりするレム睡眠行動障害を特徴としている。Ａさんにはこれらがみられるため、レビー小体型

認知症であると考えられる。

5　×　アルツハイマー型認知症は脳が全体的に萎縮して生じる認知症である。女性に多いこと、症状がゆるやかに進行する等の特徴があるが、Aさんにはこれらがみられない。

問題115　解答2
Aさんが入所する施設

1　×　要介護2のAさんは、介護保険法に基づく施設サービスを行う介護保険施設には入所できる。一方、障害者支援施設は障害者総合支援法に基づく施設で、入所には障害支援区分4以上が必要なため、適切ではない。

2　○　介護保険施設の1つである介護医療院は「長期にわたり療養」が必要である者に対し、療養上の管理、看護、医学的管理の下における介護および機能訓練その他必要な「医療」並びに「日常生活上の世話」を行う施設である。Aさんが利用する施設として適している。

3　×　介護保険施設の1つである介護老人福祉施設は、原則として要介護3以上の利用者が入所できるが、Aさんは要介護2であるため、現時点での入所は原則不可能である。

4　×　介護保険施設の1つである介護老人保健施設は、①居宅（在宅）復帰支援、②リハビリテーションを提供する機能維持・改善の役割などを主に担う。Aさんが利用する施設にはこれらのサービスが確認できない。

5　×　介護保険法に基づき国が定めた基準を満たした有料老人ホームや軽費老人ホーム（ケアハウス）、養護老人ホーム等を「特定施設」と呼ぶ。入居者に対して行われる日常生活上の世話や機能訓練、療養上の世話のことを特定施設入居者生活介護といい、居宅サービスに位置づけられる。Aさんは施設サービスを利用することにしたので適切でない。

問題116　解答2
慢性閉塞性肺疾患（COPD）があるAさんの日常生活上の留意点

1　×　Aさんには慢性閉塞性肺疾患（COPD）があり、息切れや咳が出て、痰が絡むのでエネルギーを使うほか、体力を消耗しやすいため、高カロリーの食事を摂取する。

2　○　慢性閉塞性肺疾患（COPD）では、1回の食事量が多いと胃が膨れ、呼吸しづらくなる。また、呼吸自体に多くのエネルギーを使ううえ、食事の時間が長くなると体力を消耗してしまう。よって、1回の食事量を減らし、回数を増やす。

3　×　慢性閉塞性肺疾患（COPD）では、立ち上がる時に息を止めると呼吸が苦しくなってしまう。息を吸い、口をすぼめてゆっくり息を吐く口すぼめ呼吸を行えば、多くの酸素を取り込むことができる。

4　×　慢性閉塞性肺疾患（COPD）の場合、湯温が高かったり、長湯をす

第3回

ると身体への負担が増すため、39℃程度のぬるめの湯温で短時間の入浴が望ましい。また、頸部まで湯に浸かると静水圧の影響で胸部を圧迫して呼吸が苦しくなるため、みぞおちくらいまでの半身浴にとどめる。

5　✕　慢性閉塞性肺疾患（COPD）だからといって運動を控えていると筋力や体力が低下し、かえって疲れやすくなり症状が悪化するおそれもある。医師と相談し、歩行や体操等、軽い運動を無理のない範囲内で行うことが望ましい。

総合問題
事例問題2

問題117　解答5
骨粗鬆症の予防策

1　✕　牛乳、チーズ等の乳製品には骨をつくる**カルシウム**が含まれている。一方、納豆には骨の健康維持を支える**ビタミンK**が含まれている。よって、骨粗鬆症の予防のためには乳製品だけでなく、納豆も摂取することが望ましい。

2　✕　干ししいたけやニシン等には**カルシウムの吸収を促すビタミンD**が含まれている。よって、骨粗鬆症予防のために、骨をつくる**カルシウム**を含む乳製品に加え、干ししいたけも摂取することが望ましい。

3　✕　豆類には乳製品と同様、骨をつくる**カルシウム**が含まれている。よって、骨粗鬆症の予防のためには

乳製品に加え、豆類も摂取することが望ましい。

4　✕　歩行等、適度な骨への負荷は骨の形成を促したり、骨を強くしたりする効果がある。よって、無理のない範囲で運動を行うことは骨粗鬆症の予防につながる。

5　○　骨を形成するカルシウムの吸収を促す**ビタミンD**は紫外線を浴びることでもつくられる。よって、外出して太陽光による紫外線を浴びることは骨粗鬆症の予防につながる。ただし、紫外線を長時間浴びると皮膚が赤くなる等、皮膚の健康を損ねる恐れがあるため、注意する。

問題118　解答1
Bさんに生じた骨折の種類

1　○　橈骨遠位端骨折は橈骨が手首付近で折れる骨折で、転倒して手をついた時に生じやすい。その症状として手首の腫れや痛みに加え、折れた骨によって神経が圧迫され、指がしびれることもある。Bさんは転倒して右手を地面についた結果、右手首の腫れや痛み、指先のしびれが生じている。このことからBさんは橈骨遠位端骨折の可能性が最も高い。

2　✕　上腕骨顆上骨折は上腕骨の遠位部に生じる骨折の1つで、子どもに発生しやすい。Bさんの症状は手首の腫れや痛み等であるため、上腕骨顆上骨折の可能性は低い。

3　✕　上腕骨近位端骨折は上腕骨の

肩関節よりの部分に生じる。Bさんの場合、その症状は手首の腫れや痛み等であるため、上腕骨近位端骨折の可能性は低い。

4　×　上腕骨外科頸骨折は腕の付け根に生じる骨折である。転倒して肘をついた際に発生しやすい。Bさんの場合、その症状は手首の腫れや痛み等であるため、上腕骨外科頸骨折の可能性は低い。

5　×　大腿骨頸部骨折は大腿骨の付け根が折れる骨折である。転倒して大腿部をひねったり、打ちつけたりした時に生じやすい。Bさんの症状は手首の腫れや痛み等であるため、大腿骨頸部骨折の可能性は低い。

問題 119　解答 3
介護保険制度に関する説明

1　×　介護保険法の第1号被保険者は市町村に住所を有する65歳以上の人である。Bさんは58歳で65歳未満であるため、介護保険法の第1号被保険者に該当しないので、この説明は不適切である。

2　×　介護保険法の第1号被保険者は市町村に住所を有する65歳以上の人である。Bさんは58歳で65歳未満であるため介護保険法の第1号被保険者に該当しないので、この説明は不適切である。また、介護保険制度のサービスを利用するためには保険者である市町村に申請後、要介護認定を受け、要支援または要介護状態であることが認められなけれ

ばならない。よって、申請すればサービスを利用できると説明することも不適切となる。

3　○　介護保険法の第2号被保険者は市町村に住所を有する40歳以上65歳未満で医療保険に加入している人である。Bさんは58歳で国民健康保険の加入者であることから、介護保険法の第2号被保険者に該当する。第2号被保険者が介護保険制度のサービスを利用する場合、特定疾病によって要支援または要介護状態であることが認められなければならない。Bさんの場合、特定疾病の1つである骨折を伴う骨粗鬆症が該当すると考えられるため、要介護認定を受ければ、介護保険制度のサービスを利用できる可能性があると説明することは適切である。

4　×　Bさんは58歳で国民健康保険に加入していることから介護保険法の第2号被保険者に該当するため、介護保険法の被保険者ではないと説明するのは不適切である。また、介護保険制度のサービスを利用するためには保険者である市町村に申請後、要介護認定を受け、要支援または要介護状態であることが認められなければならないので、要介護認定を受けずにサービスを利用できると説明することも不適切となる。

5　×　介護保険制度のサービスを利用するには、保険者である市町村に申請後、要介護認定を受け、要支援または要介護状態であることが認め

られなければならない。よって、申請すればすぐにサービスを利用できると説明するのは不適切である。

総合問題
事例問題3

問題120 解答4
Cさんの認知症の種類と症状

1 × 振戦は手のふるえ等のことで、レビー小体型認知症の主な症状であるがCさんにはみられない。

2 × 興奮は、アルツハイマー型認知症のBPSD（行動・心理症状）でみられることがある。Cさんの場合、「なんでもっと早く来てくれなかったのか」と泣いて怒ることもあれば、介護福祉職に会うと「うれしい」「ありがとう」と言ってすぐに泣き出すこともあり、興奮というよりは感情のコントロールができていない状況が考えられる。

3 × 人格変化は前頭側頭型認知症にみられる主な症状で、他人へ配慮ができなくなったり、周囲の状況にかかわらず、自分の思いどおりに行動してしまったりする。Cさんにはこれらの症状はみられない。

4 ○ Cさんには脳梗塞の後遺症があることから血管性認知症の可能性が高い。介護福祉職に会うと「うれしい」等と言って、すぐに泣き出したりするのは、血管性認知症の主な症状の1つである感情失禁と考えられる。感情失禁は、すぐに泣いたり

怒ったりする等、感情のコントロールが利きにくくなった状態をいう。

5 × 常同行動は前頭側頭型認知症にみられる主な症状である。例えば、毎日同じ行動をとらないと気がすまないというように、同じ行動を繰り返すことである。Cさんには、この症状はみられない。

問題121 解答2
左片麻痺の利用者の散歩への対応

1 × Cさんには左片麻痺があるが、健側の右手を活用すれば、自分で着替えることができる。介護福祉職は、できる部分はCさんに行ってもらい、できない部分を支援する中で、Cさんの残存機能の活用や自立支援を後押しする必要がある。

2 ○ 片麻痺のある利用者は麻痺側（患側）斜め後方に倒れやすい。よって、左片麻痺のCさんが杖歩行する際は、介護福祉職はCさんの左側斜め後方に位置する必要がある。

3 × 片麻痺のある利用者が杖を使って階段を上がる場合には、杖→健側の足→患側の足の順に出すことになる。よって、左片麻痺であるCさんの場合は、杖→右足→左足の順に出すとよい。

4 × 歩行中は、Cさんの表情を観察するとともに、「気分は悪くないですか」等、適度に声かけを行い、体調を確認する必要がある。また、声かけは楽しく散歩できる雰囲気づくりを促す面からも重要となる。

5　✕　散歩のルートで危険な箇所は避ける必要があるものの、「どこに散歩に行きたいか」等、散歩の目的地や場所については**利用者の希望を聞き、できる限りその希望を尊重する**。それは、**利用者本位や自己決定の尊重**という意味でも重要となる。

問題122　解答3
認知症と利用できるサービス

1　✕　共同生活援助は、地域において共同生活を営むのに支障のない障害者（身体障害者、知的障害者、精神障害者、難病患者等）を対象としており、主として夜間、共同生活を営むべき住居（グループホーム）において援助を行う障害者総合支援法におけるサービスの1つである。Cさんは「できる限り自分の家で過ごしたい」と希望しているため、共同生活援助は不適切となる。

2　✕　同行援護は、移動に著しい困難を有する視覚障害のある人に対して外出支援を行う障害者総合支援法におけるサービスの1つである。事例を読む限り、Cさんには視覚障害があることを確認できないため、同行援護は対象外となる。

3　○　認知症カフェは、認知症になっても住み慣れた地域で安心して生活し続けられるよう、認知症の人やその家族が地域住民や専門家と相互に情報を共有し、お互いに理解し合う場のことで、Cさんも利用できる。

4　✕　介護予防・生活支援サービス

事業の対象者は、要介護（支援）認定で「要支援1」「要支援2」に認定された人等になる。Cさんは要介護2であるため、介護予防・生活支援サービス事業は対象外となる。

5　✕　居宅介護支援は、介護支援専門員（ケアマネジャー）が居宅サービス計画（ケアプラン）を作成し、サービスを提供する事業所等と連絡・調整する介護保険サービスの1つである。すでにCさんは居宅介護支援によって訪問介護や通所介護等のサービスを利用している。

総合問題
事例問題4

問題123　解答2
放課後等デイサービス

1　✕　放課後等デイサービスの利用対象は学校（幼稚園・大学を除く）に就学している6～18歳の障害児（身体障害、知的障害、精神障害、発達障害等がある小学生・中学生・高校生）である。ただし、引き続き利用が必要と認められた場合は満20歳に達するまで利用できる。

2　○　放課後等デイサービスの利用にあたり、障害の種類別に身体障害者手帳や療育手帳、精神障害者保健福祉手帳を有している必要はない。専門家により放課後等デイサービスを必要とする状況にあると認められた児童も対象となる。

3　✕　放課後等デイサービスは学校

第3回

の授業終了後のほか、夏休みや冬休み等の長期休業中にも利用できる。

4　×　一般的に学校から事業所、事業所から自宅までは**放課後等デイサービス事業所が送迎を行う**。家族が必ずしも送迎する必要はない。

5　×　放課後等デイサービスは、2012（平成24）年4月に児童福祉法に位置づけられた。

問題124　解答3
自閉症スペクトラム障害のある児童への職員の対応

1　×　自閉症スペクトラム障害の場合、音や振動、におい等の感覚刺激に対して過敏に反応してしまう特性がある。また、事例に、Dさんに聴覚障害があるとの記載はないため、返事がないという理由だけで大きな声で伝えるのは**適切でない**。

2　×　興奮状態が起きた際は、職員として、しばらく様子を見るのではなく、Dさんがなぜ興奮状態となったのか、その原因を把握する必要がある。職員として、その時の様子をしっかりと記録し、**家族や担当の医師に連絡する**。また、興奮時はDさん自身に加え、周囲の子どもたちに危険が及ばないよう、適宜介入することも重要である。

3　○　「○月○日に変更にならないというわけではない」等、二重否定を含んだ表現は**理解しにくい**ため、使わない。さらに口頭だけでなく、絵や図等の視覚情報も交えて、簡潔

明瞭にわかりやすく伝える。

4　×　自閉症スペクトラム障害の場合、話している相手と**目を合わせられない**、話している相手よりも特定のものに関心が向くといった特性がある。まず職員として、そのような**特性を理解し、その子どもを受容する**ことが求められる。自閉症スペクトラム障害には相手のことを考える等の想像力にも障害がみられるため、相手の目を見ながら話を聞くように促されても、なぜ、そうしなければならないのか、Dさん自身には理解できず、かえってDさんを混乱させてしまう恐れもあるため、このような対応は**適切でない**。

5　×　自閉症スペクトラム障害の場合、対人関係を持つことが苦手で、1人で遊ぶ傾向がある。Dさんも、1人で積み木をして遊んでいることが多い。職員は無理に仲間づくりをしようとはせず、その時々の状況に応じて、**無理のない範囲**で他の子もたちとDさんが交流の機会をもてるように支援していく必要がある。

問題125　解答1
個別支援計画作成に責任を持つ職員

1　○　児童発達支援管理責任者は、放課後等デイサービスのほか、障害児入所施設や障害児通所支援事業所、児童発達支援事業等において、個々の児童の状況に応じた**個別支援計画を作成する**とともに、その計画

に基づいた支援が行われるように**管理していく責任**がある。

2　×　児童自立支援専門員は、窃盗^(せっとう)や傷害等の非行問題がある児童等が入所する**児童自立支援施設**において、そうした児童の生活や学習、職業等に関する指導を行い、**社会的な自立**を支援する。

3　×　児童指導員は、放課後等デイサービスのほか、児童発達支援センターや児童養護施設、乳児院、障害児入所施設等で**児童の生活指導**等を行うが、個別支援計画を作成する際に責任を持つ職員ではない。

4　×　サービス管理責任者は、**生活介護**や**療養介護**等の障害福祉サービスを提供する事業所において、個別支援計画の作成や相談・助言、連絡調整等を行っている。

5　×　サービス提供責任者は、介護保険制度では**訪問介護事業所に配置**が義務付けられている。介護支援専門員（ケアマネジャー）が作成したケアプラン（居宅サービス計画等）に基づいて**訪問介護計画書を作成**したり、利用者に対して訪問介護員が訪問介護計画に沿ってサービスを提供しているかを確認したり、関係する機関・施設・事業所との連携・調整を図ったりしている。なお、**障害者総合支援法**では、居宅介護事業所にサービス提供責任者が配置されている。

第1回　介護福祉士試験　解答一覧

問題番号	解答番号	問題番号	解答番号	問題番号	解答番号
人間の尊厳と自立		問題41	⑤	問題82	①
問題1	②	問題42	③	問題83	①
問題2	⑤	問題43	④	問題84	⑤
人間関係とコミュニケーション		問題44	①	問題85	③
問題3	③	問題45	④	問題86	③
問題4	①	問題46	⑤	問題87	①
問題5	⑤	問題47	③	問題88	④
問題6	④	問題48	④	問題89	④
社会の理解		**障害の理解**		問題90	④
問題7	②	問題49	①	問題91	④
問題8	⑤	問題50	②	問題92	②
問題9	②	問題51	③	問題93	⑤
問題10	③	問題52	⑤	問題94	①
問題11	⑤	問題53	④	問題95	③
問題12	④	問題54	③	問題96	③
問題13	⑤	問題55	①	問題97	②
問題14	②	問題56	②	問題98	④
問題15	④	問題57	②	問題99	②
問題16	②	問題58	④	問題100	⑤
問題17	①	**医療的ケア**		問題101	④
問題18	③	問題59	④	問題102	②
こころとからだのしくみ		問題60	③	問題103	⑤
問題19	④	問題61	②	問題104	④
問題20	⑤	問題62	①	問題105	②
問題21	④	問題63	②	**介護過程**	
問題22	③	**介護の基本**		問題106	①
問題23	①	問題64	④	問題107	②
問題24	③	問題65	③	問題108	④
問題25	②	問題66	⑤	問題109	⑤
問題26	③	問題67	③	問題110	③
問題27	⑤	問題68	③	問題111	①
問題28	⑤	問題69	②	問題112	④
問題29	①	問題70	①	問題113	⑤
問題30	④	問題71	③	**総合問題**	
発達と老化の理解		問題72	④	問題114	③
問題31	①	問題73	①	問題115	⑤
問題32	①	**コミュニケーション技術**		問題116	②
問題33	⑤	問題74	①	問題117	③
問題34	④	問題75	③	問題118	③
問題35	⑤	問題76	④	問題119	①
問題36	④	問題77	⑤	問題120	②
問題37	④	問題78	⑤	問題121	③
問題38	⑤	問題79	④	問題122	④
認知症の理解		**生活支援技術**		問題123	④
問題39	④	問題80	④	問題124	②
問題40	④	問題81	④	問題125	④

第2回　介護福祉士試験　解答一覧

問題番号	解答番号
人間の尊厳と自立	
問題1	⑤
問題2	②
人間関係とコミュニケーション	
問題3	④
問題4	①
問題5	①
問題6	①
社会の理解	
問題7	⑤
問題8	①
問題9	⑤
問題10	④
問題11	⑤
問題12	④
問題13	④
問題14	①
問題15	③
問題16	③
問題17	①
問題18	④
こころとからだのしくみ	
問題19	①
問題20	④
問題21	②
問題22	⑤
問題23	④
問題24	④
問題25	②
問題26	②
問題27	③
問題28	③
問題29	②
問題30	③
発達と老化の理解	
問題31	⑤
問題32	①
問題33	③
問題34	④
問題35	⑤
問題36	②
問題37	③
問題38	③
認知症の理解	
問題39	①
問題40	④

問題番号	解答番号
問題41	⑤
問題42	④
問題43	④
問題44	④
問題45	②
問題46	②
問題47	②
問題48	⑤
障害の理解	
問題49	①
問題50	⑤
問題51	①
問題52	⑤
問題53	②
問題54	⑤
問題55	②
問題56	②
問題57	④
問題58	①
医療的ケア	
問題59	③
問題60	②
問題61	②
問題62	①
問題63	②
介護の基本	
問題64	⑤
問題65	②
問題66	③
問題67	④
問題68	③
問題69	④
問題70	②
問題71	①
問題72	③
問題73	②
コミュニケーション技術	
問題74	④
問題75	③
問題76	②
問題77	③
問題78	⑤
問題79	①
生活支援技術	
問題80	③
問題81	②

問題番号	解答番号
問題82	④
問題83	⑤
問題84	①
問題85	②
問題86	③
問題87	②
問題88	④
問題89	⑤
問題90	①
問題91	⑤
問題92	⑤
問題93	②
問題94	⑤
問題95	①
問題96	④
問題97	②
問題98	④
問題99	②
問題100	④
問題101	④
問題102	①
問題103	⑤
問題104	④
問題105	③
介護過程	
問題106	①
問題107	②
問題108	⑤
問題109	③
問題110	④
問題111	④
問題112	②
問題113	①
総合問題	
問題114	⑤
問題115	①
問題116	②
問題117	①
問題118	③
問題119	④
問題120	②
問題121	③
問題122	③
問題123	③
問題124	④
問題125	④

第3回 介護福祉士試験 解答一覧

問題番号	解答番号	問題番号	解答番号	問題番号	解答番号
人間の尊厳と自立		問題41	4	問題82	4
問題1	5	問題42	4	問題83	1
問題2	3	問題43	5	問題84	4
人間関係とコミュニケーション		問題44	4	問題85	5
問題3	2	問題45	3	問題86	5
問題4	4	問題46	3	問題87	4
問題5	2	問題47	5	問題88	2
問題6	5	問題48	2	問題89	4
社会の理解		**障害の理解**		問題90	4
問題7	1	問題49	1	問題91	3
問題8	5	問題50	5	問題92	3
問題9	3	問題51	1	問題93	5
問題10	2	問題52	4	問題94	5
問題11	1	問題53	2	問題95	4
問題12	2	問題54	3	問題96	3
問題13	4	問題55	1	問題97	2
問題14	1	問題56	5	問題98	3
問題15	4	問題57	1	問題99	1
問題16	5	問題58	1	問題100	4
問題17	1	**医療的ケア**		問題101	4
問題18	2	問題59	5	問題102	3
こころとからだのしくみ		問題60	1	問題103	1
問題19	1	問題61	4	問題104	1
問題20	2	問題62	4	問題105	1
問題21	1	問題63	5	**介護過程**	
問題22	2	**介護の基本**		問題106	5
問題23	1	問題64	5	問題107	5
問題24	2	問題65	5	問題108	4
問題25	2	問題66	5	問題109	4
問題26	1	問題67	4	問題110	4
問題27	1	問題68	4	問題111	3
問題28	1	問題69	3	問題112	4
問題29	1	問題70	1	問題113	5
問題30	2	問題71	4	**総合問題**	
発達と老化の理解		問題72	2	問題114	4
問題31	4	問題73	4	問題115	2
問題32	4	**コミュニケーション技術**		問題116	2
問題33	1	問題74	1	問題117	5
問題34	2	問題75	3	問題118	1
問題35	4	問題76	2	問題119	3
問題36	4	問題77	2	問題120	4
問題37	2	問題78	2	問題121	2
問題38	3	問題79	4	問題122	3
認知症の理解		**生活支援技術**		問題123	2
問題39	2	問題80	2	問題124	3
問題40	5	問題81	3	問題125	1

※矢印の方向に引くと解答・解説編が取り外せます。